中国礼儀

一天、一年、一生和一家

常峻 等 著

上海大学出版社

图书在版编目(CIP)数据

中国礼仪:一天、一年、一生和一家/常峻著.—
上海:上海大学出版社,2017.12
ISBN 978-7-5671-3015-9

Ⅰ.①中… Ⅱ.①常… Ⅲ.①礼仪-基本知识-中国
Ⅳ.①K892.26

中国版本图书馆 CIP 数据核字(2017)第 292241 号

本书受到上海市教委科研创新项目
"汉语国际教育与文化传播策略研究"资助
(项目编号:14YS015)

责任编辑　陈　强
封面设计　缪炎栩
技术编辑　金　鑫　章　斐

中国礼仪

一天、一年、一生和一家

常　峻　等著

上海大学出版社出版发行
(上海市上大路 99 号　邮政编码 200444)
(http://www.press.shu.edu.cn　发行热线 021-66135112)
出版人　戴骏豪

*

南京展望文化发展有限公司排版
上海叶大印务发展有限公司印刷　各地新华书店经销
开本 890mm×1240mm　1/32　印张 7.5　字数 181 千
2017 年 12 月第 1 版　2017 年 12 月第 1 次印刷
ISBN 978-7-5671-3015-9/K·172　定价 34.00 元

前 言
FOREWORD

记得张爱玲曾在文章中发感慨道:"现代的中国是无礼可言,除了在戏台上。"(《洋人看京戏及其他》)她看到学生们鱼贯上台领取毕业文凭,便觉得当时的中国人大都不会鞠躬,民国时期新流行的握手礼仪,也还没有成为人们的习惯,磕头见礼的旧礼仪废除后,人们在交际场合有时便不免手足无措了。她认为:"西方的握手的习惯已有几百年的历史,因之握手成了自然的表现,近于下意识作用。中国人在应酬场中也学会了握手,但在生离死别的一刹那,动了真感情的时候,决想不到用握手作永诀的表示。"(《洋人看京戏及其他》)敏感的作家体味到了社会变革、文化更新之际的礼仪变迁。民国时期的一首民谣也体现了当时社会风貌的变化:"新礼服兴,翎顶补服灭;剪发兴,辫子灭;爱国帽兴,瓜皮帽灭;天足兴,纤足灭……鞠躬礼兴,跪拜礼灭……"表面的礼仪形式的更替背后是礼仪内涵的弃旧迎新。

中国古代的"礼"包括礼仪、礼制、礼俗等多重内容,涵盖了人们社会生活的各个方面,用以"定亲疏、决嫌疑、别同异、明是非",古人认为"道德仁义,非礼不成;教训正俗,非礼不备,分争辩讼,非礼不决"。古代的"礼仪"内涵既指典章制度、道德教化,又指人们在社会生活中应遵守的以律己敬人、建立和谐关系为目的的行为准则或规范。作为行为准则和规范的礼仪不是一成不变的，会随着时代、地区、社会、政治、经济、宗教及意识形态而发生变化，但也有一些基本的规则稳固地传承下来，恒久不变。

对礼仪的重视由来已久，今天，对礼仪回归的呼唤也声声入耳。

关于礼仪的起源，一般认为，礼是人类脱离动物界组成人类社会后，在长期的社会实践中逐渐形成的，是人与人之间的关系的自觉认识和行为选择的结果。在原始社会时期，原始人类在共同的采集、狩猎等劳动和饮食生活中逐渐形成的习惯性语言、动作是形成礼仪的最初萌芽；不同氏族、部落成员之间进行交往，为了求得信任、谅解和协作而使用的一些语言、表情、姿势被普遍采用，便成为礼仪的最初形态。在母系氏族社会和父系氏族社会时期，随着社会分工和等级权威的出现，逐步形成了一些协调原始群体内部相互关系的不成文的礼制和礼俗；随着阶级的出现和国家的产生，人类社会进入文明时代，随之形成了完全意义上的礼仪。礼仪维护现存的社会秩序，成为礼治的内容和德治、法治的必要补充，用以调节人际关系，维持社会生活秩序。

中国礼仪文化在历史发展中几经变迁。作为具有悠久文化的文明古国，中国素有"礼仪之邦"的美称，"礼"是中国传统文化的主要内容之一，占有重要地位。礼，繁体字为"禮"，"禮，履也。所以事神致福也"（《说文》）。"禮"，从示从豊，豊兼表字音。"示"表示神，或专指地神；"豊"是祭祀使用的食器，形状似高足盘。汉代文字学家许慎从造字法分析，礼与原始宗教信仰密切相关，是原始人敬神祈福的仪式、礼节。炎黄时期，礼仪不断严密，逐渐纳入礼制的范畴。古书记载："神农既后，以强胜弱，以众暴寡，故黄帝为君臣上下之义，父子兄弟之礼，夫妇匹配之合，内行刀锯，外用甲兵，故时变也。"(《商君书·画策》)尧舜时代,礼仪已具有了系统性。"自伏羲以来,五礼始彰,尧舜之时,五礼咸备"(《通典》)。夏商周三代,礼仪基本形成,特别是到了周代,"周公摄政……六年制礼作乐"(《尚书大传》)。到了春秋战国时期,礼仪进入变革时期,孔子虽要求复兴周礼,但并不是完全因袭,而是做出了一定补充和发展,奠定了儒家学说在传统礼仪文化中的核心地位。《周礼》《仪礼》《礼记》三部典籍更全面阐述了传统礼仪文化的内容,是关于各种礼制的百科全书。

孔子强调"不知礼,无以立",把礼看做一个人生存于社会的根本。他认为仁是礼的主要内容,仁是实施礼的基础,礼是仁的外在形式体现。失去了仁的内涵和真意,只追求礼,礼也就成了形式主义。孔子辩证分析仁和礼的关系,仁为根本,但毕竟是抽象的道德、品质;礼是表露仁的最具体的形式,失去了礼,仁无以体现,最终将消失殆尽。同时,在不断实施礼的程序、塑造自我美好形象的过程中,不断培养、强化仁的感情、道德,使仁得到升华。因此,礼乐文化是儒家思想的核心,孔子也十分重视向学生传授礼乐,正是用授礼的方式,使人达到人生艺术化。孔子的学生颜渊曾感叹:"夫子循循然善诱人,博我以文,约我以礼。"孔子关于礼、乐、仁的表述,蕴涵着人生艺术化的思想,赋予礼更深广的内涵,体现礼的生命价值和审美价值。

周作人在《生活之艺术》一文中谈到:"生活之艺术这个名词,用中国固有的字来说便是所谓礼。""从前听说辜鸿铭先生批评英文《礼记》译名的不妥当,以为'礼'不是 Rite 而是 Art,当时觉得有点乖僻,其实却是对的,不过这是指本来的礼,后来的礼仪礼教都是堕落了的东西,不足当这个称呼了。"从礼乐教化乃人生艺术化的角度看,周作人和辜鸿铭都把握住了礼的深刻内涵。

秦汉时期直到清末,儒家的礼学向束缚人们思想的封建礼教发展，僵化刻板，终至衰落。民国以来，西学东渐，时移世变，几千年的中国文化传统如何传承延续，吐故纳新，成为无数先哲思考、实践的课题，严复、梁启超、蔡元培、鲁迅、胡适、周作人、梁漱溟等，这一名单可以很长很长。发展到21世纪的今天，科学、民主、自由、平等的观念深入人心，新的价值观念、礼仪标准得到传播与推广，而另一方面，中国人与中国的传统文化也有了深深的隔膜。了解中国传统文化，了解中国礼仪精髓，在跨文化交流的平台上，既立足传统文化之根，又广泛摄取现代文明之光，发扬中国礼仪文化的精华，浸润人心，循循善诱，现代中国礼仪的新风貌必然展现。

本书正是基于介绍中国礼仪的初衷，以平凡中国人的一天、一年、一生、一家中的日常生活礼仪为结构线索，描述一天中的晨昏定省礼仪中通过问候、关心体现出的父母亲子关系和亲情的滋润；一年中的年节礼仪、往来馈赠探视中表现出的中国人与自然、人际社会的互动关系；一生中的生、婚、丧礼仪展示了对生命的尊重，对幼者的爱护，对老者的敬重；一家人的礼仪围绕家庭教育、家训等揭示中国家庭礼仪对人格修养、家风传承的重要意义。最后一章从尊师、重友、为官、从商礼仪入手，反映个人立足社会的礼仪规范和要求。全书既是对中国传统礼仪的解读，又结合现代社会发展，以跨文化视野呈现中国礼仪的发展演变。

本书面向中国中学生、大学生、汉语国际教育专业的研究生，以及中高级汉语水平的外国留学生，希望对读者理解中国礼仪及独特的文化内涵有所助益，对提升个人礼仪修养略尽微薄之力。

常　峻

2017年8月

目录
CONTENTS

第一章　中华传统礼仪源流及发展 / 1

第一节　礼之源流 / 2
一、礼之源,在祭祀 / 2
二、礼之定,国制入民间 / 4
三、礼之衰,物极而反 / 8
四、礼之变,文明新 / 9

第二节　礼之谓 / 12
一、国礼与家礼 / 12
二、礼仪要素 / 16

第三节　礼之用 / 19
一、礼乐立国 / 19
二、诗礼传家 / 21

第四节　礼之吁 / 23
一、礼之内涵 / 23
二、礼之失 / 24

第二章　中国人的一天 / 27

第一节　晨昏间的孝亲 / 27
一、何谓"孝亲" / 28
二、晨昏定省话请安 / 29

第二节　迎送中的酬客 / 32
一、迎客 / 32
二、做客 / 35
三、宴饮礼仪 / 36

第三节　筷子中的奥妙 / 40
一、筷子文化 / 41
二、筷子使用基本礼仪 / 44
三、筷子使用中的禁忌 / 45
四、筷子和刀叉 / 47

第四节　围炉夜话 / 51
一、家风传承 / 52
二、父母何在 / 53

第三章　中国人的一年 / 57

第一节　爆竹声声品团圆 / 57
一、春节 / 58
二、元宵节 / 66
三、中秋节 / 69

第二节　焚香祭祖表恩情 / 72
一、清明节 / 73
二、中元节 / 76
三、冬至 / 79

第三节 驱邪敬神得庇佑/ 81
　　一、端午节/ 82
　　二、腊八节/ 85
第四节 求寿乞巧共祈福/ 87
　　一、重阳节/ 88
　　二、七夕节/ 90
第五节 古今中外话节庆/ 93
　　一、酌古斟今/ 94
　　二、中外大观/ 97

第四章 中国人的一生/ 100
第一节 摇篮里的祝福/ 101
　　一、洗三/ 101
　　二、满月/ 103
　　三、百日礼/ 105
　　四、抓周/ 106
　　五、寿诞祝福/ 107
第二节 束发下的笑容/ 109
　　一、男子成年礼——冠礼/ 111
　　二、女子成年礼——笄礼/ 113
　　三、成年礼的今昔/ 115
　　四、中外成年礼的异同/ 117
第三节 盖头下的红妆/ 119
　　一、传统六礼/ 121
　　二、媒妁之礼/ 126
　　三、传统婚俗举隅/ 128

四、杂融新旧——中西交融的上海婚姻习俗／129

　　五、中式婚礼与西式婚礼／133

第四节　素服上的追思／135

　　一、初终、设床／136

　　二、发丧、吊唁／138

　　三、小敛、大敛／140

　　四、出殡、安葬／141

　　五、慎终追远／144

第五章　中国人的一家／147

第一节　家和方能万事兴／147

　　一、父慈与子孝／148

　　二、夫义与妻顺／152

　　三、兄友与弟恭／155

第二节　庙堂上的敬奉／157

　　一、昭穆称谓不可乱／157

　　二、年节祭祀不可废／161

　　三、家规族训不可忘／162

第三节　居住上的古今／164

　　一、四合院里的阳光／165

　　二、竹楼上的火塘／166

　　三、弄堂里的中西／168

第六章　中国人与社会／171

第一节　身份称谓话礼仪／171

　　一、名、字、号——"直呼其名"为大不敬／172

二、尊称与谦称——屈己敬人的称谓原则 / 175
　　三、谥号与讳称——一字见褒贬 / 178
第二节　金兰之友重信义 / 182
　　一、初识——互投名刺与相见礼 / 182
　　二、相识——以文会友与以武会友 / 184
　　三、相知——结拜与连宗 / 188
第三节　金榜题名入仕途 / 191
　　一、升学拜师与尊师礼仪 / 192
　　二、为官之道与忠恕之意 / 195
第四节　商海浮游辨义利 / 199
　　一、诚实守信是为商道 / 199
　　二、为富当仁是为人道 / 201

参考文献 / 205

附录 / 210
　　一、常用亲属称谓表 / 210
　　二、历代家训族规选录 / 215

后记 / 226

第一章
中华传统礼仪源流及发展

"自从盘古开天地,三皇五帝到如今",上下五千年的历史文明积淀成"礼仪之邦"的中国。中国人自古就重视礼仪文化,传承千年的礼仪制度在先秦时期就已经基本形成,后代礼仪的发展都是在先秦基础上的细化或者精简。《周礼》《仪礼》《礼记》是记载先秦礼仪制度的经典之作,被后世称为"三礼",其中《周礼》重点记载周代的政治制度,《仪礼》是对行为规范及其仪式的记述,《礼记》则更侧重对具体礼仪的解释。

中国古代礼仪不仅是对人的行为的规范,也是对政治制度的规定。"礼"和"乐"是儒家推崇的治国之道,礼乐文明在朝代更替中被统治者按照他们的需求进行调整,服务于各个王朝的统治,不同王朝统治者对礼仪的态度奠定了礼仪对王朝统治的作用所及,开放的礼仪文明缔造了万国来朝的盛唐气象,而过分强化的礼教制度则构筑了明清统治者"天朝上国"的美梦。晚清对礼教的强化导致了近代以来追求民族进步、国家发展的先驱者对传统礼仪的拒斥,以至于中国在近现代发展的道路上弱化了与传统礼仪文明的联系;在现代经济发展的大潮之下,人们又过分地追求物质文化,而忽视了精神和道德的提升,于是社会上出现了许多"人而无礼,不知其可"的行为。随着中国经济发展,国际地位提升,提高国民素质、塑造良好的国家形象的呼声日高。这就要求我们回溯中华传统文化,以现代理性的态度重新审视中国传统礼仪,汲取和传承传统礼仪的精华,重塑中华民族"礼仪之邦"的大国风范。

第一节 礼之源流

一、礼之源,在祭祀

关于礼仪的起源,说法众多,有"祭祀说""饮食说""节欲说"等。在众多起源说中,"祭祀说"的支持者相对较多,其次具有较大影响的是荀子提倡的"节欲说"。

"祭祀说"不但有经典古籍的支持,现代考古发现也为礼仪起源于祭祀提供了支撑。在《礼记》的"礼运"和"祭统"等篇章中,就明确地指出祭祀是礼的祈愿。"礼运"篇中记载:"夫礼之初,始诸饮食。"这里所说的"饮食"并不是指我们日常的三餐饮食,而是祭祀典礼上的饮食,祭祀饮食遵循既定的程序,这是礼的初始表现。另外,在"祭统"篇中记载有"凡治人之道,莫急于礼。礼有五经,莫重于祭",可见祭祀是礼仪执行得最为彻底的方面,可以说,这从侧面证明了礼仪与祭祀之间的密切关系。

对近现代出土的古文化遗址的考古发现,也证明了祭祀对于先民而言有着十分重要的地位。考古学家发现,在山顶洞人的墓穴中,尸骨都有特定的姿势和朝向,而且在尸骨的周围随葬有骨坠、石珠、兽牙等装饰物,这说明山顶洞人在埋葬死者的时候遵循一定的规范和仪式。另外,在尸骨的周围还发现了红色的矿物粉末,人类学家分析这是一种巫术仪式的体现,山顶洞人企图通过这个巫术仪式来模拟血液在人体内的流动,希望通过这种巫术行为来挽救死者的生命。这种在墓葬时的既定程式是早期祭祀仪式的体现,先民相信灵魂不死,希望通过举行祭祀仪式来实现生命的延续。除了灵魂不死的信仰,先民还坚持万物有灵的信仰,认为日、月、树、木都能够为人们提供庇护,从而对它们举行祭祀仪式,并且在日常用具或者祭祀用品上描画出这些信仰物的图形。在殷墟卜辞中有着对太阳信仰仪式的记载;考古学家在仰韶、屈家岭等文化遗址中发掘出大量的陶瓷,从陶瓷纹饰上也推断出先民具有太阳信仰。

祭祀的仪式体现了先民的信仰内涵,是原始信仰在仪式上的表现,具有不易变化的特性。祭祀中既定的仪式作为规范,约束着先民在祭祀时的行为举止,随后便定型成为礼仪,这就是"祭祀说"对礼仪起源的解释。

人作为社会的产物,每天都会受到来自社会的诱惑,欲望是人在生活世界中的众多需求的总和。对欲望的过分追求会让人丧失理智。"节欲说"认为礼仪是对欲望的节制和规范,通过礼仪把人的行为限定在规范的框架之内,以实现社会的安定有序。这一说法的代表人物是儒家思想的继承者荀子。《荀子·礼论》篇第一则就有记载:

> 礼起于何也?曰:人生而有欲,欲而不得,则不能无求。求而无度量分界,则不能不争;争则乱,乱则穷。先王恶其乱也,故制礼义以分之,以养人之欲,给人之求。

荀子认为,人生来就有欲望,人人追求个人的欲望而无节制无限度,就会引起争斗;争斗引起祸乱,祸乱陷入困境。古代圣王厌恶祸乱,所以制定礼仪规范来确定人们的名分,调养人们的欲望,满足人们的要求,使欲望不因外物而得不到满足,外物也不因欲望无穷而枯竭。对欲望有所节制,"物"和"欲"互相制约增长,这是"礼"的起源。

他进一步说明:豢养牲畜,种植稻粱,五味调香,用来养口;椒兰芬芳,用来养鼻;在器具上精雕细刻,在礼服上彩绘花纹,用来养目;钟鼓管磬,琴瑟竽笙,用来养耳;明亮的房间,深邃的朝堂,柔软的蒲席,矮桌垫席,用来养体。因此,他总结道:"故礼者养也。"在荀子看来,礼是调养人的欲望的,是"人欲"与"外物"的平衡,是为了预防因人的无穷欲望造成社会无序混乱而制定的,有助于限制人对欲望的无限追求,从而实现社会有序发展。

"祭祀说""节欲说"这两种说法都从各自的角度对礼的起源做出了解释,不同的是,"祭祀说"从信仰的角度出发,关注到人与自然的关系,涉及宗教的世界;而"节欲说"则着眼于人的生活世界,从人的欲望出发。"祭祀说"认为礼之源,在祭祀,由信仰生发的远古祭祀仪式、器物、行为等成为礼仪的源头;而"节欲说"则是对礼仪在生活世界规范人们行为的解释,是人的欲望与外物如何相互节制、平衡发展的阐释。

二、礼之定,国制入民间

《礼记·曲礼》中说:"礼不下庶人,刑不上大夫。"礼,从制定之初起,其适用范围就是王公贵族和士人,普通民众的生活中并不要求遵循礼的规制。这是因为礼的执行需要遵守相应的仪式,并且对器物有着严格的要求,对于物质条件并不充裕的平民百姓而言,他们没有足够的经济条件来执行"礼",所以只需要遵从适用于平民阶层的习俗即可。到了唐宋时期,经过了魏晋南北朝大家士族的发展,家规礼仪逐渐产生,礼的发展过程产生了从国家制度进入到民间寻常百姓家的变迁。

礼,是文明伊始人类对待天地自然、神灵、社会以及人际交往所应遵循的规则。随着人类社会的发展,礼仪代有更替,但是礼的内容变化却并不大,前后朝代之间在礼仪上也有沿袭。夏商周三代相对应的夏礼、殷礼和周礼,它们之间前后延续,后者是对前者的继承和改革,之后的历代礼仪也是如此。正如孔子所说:"殷因于夏礼,所损益可知也;周因于殷礼,所损益可知也。其或继周者,虽百世可知也。"这三个朝代的礼仪,后者是对前者的继承和改革,通过观察这些变化的内容就可以预知后世礼仪制度的情况。三者之中,夏礼最为简朴,不过夏礼虽然简朴却已基本形成了中国礼仪的"忠孝传统";周礼则因为孔子"克己复礼"的推崇,而被奉为后礼仪的典范。"周公制礼"是古代经典认为的礼制由来,孔子对周礼也是倍加推崇,他所倡导的"克己复礼"便是强调用周礼规范人们行为的重要性,正所谓"非礼勿视,非礼勿听,非礼勿言,非礼勿动"。礼仪经典"三礼",即《周礼》《仪礼》和《礼记》被认为是对周礼制度内容的记载与解释。"三礼"从行为举止、宴饮、制度、祭祀、婚丧冠、学、乐等方面规定了士以上阶层需要遵循的社会礼仪等差制度,体现了儒家对礼仪和社会的认知,被后世奉为儒家礼仪的经典。

秦王朝以法家思想治理国家,因此秦朝建立统治后的短短15年中,礼仪在社会中的重要性并不突出。儒家倡导的礼仪制度成为统治者治国之道起自于西汉初期,汉武帝推行"罢黜百家,独尊儒术"的政策,并且采取了"尊民以礼""劝学兴礼"等措施,儒家思想在政治统治上的地位得以确立,这也代表着儒家推崇的礼仪制度的政治地位得以确立。先秦时期的礼所包含的主要内容可归纳为"五礼",即"吉、凶、军、宾、嘉","五礼"涉及的对象主要是君王和诸侯等贵族阶层。从汉代起,礼开始对普通民众的生活进行约制,但是这种约制主要体现在道德规范的界限上。"三纲"和"五常"在历史上被奉为礼教的核心内容。"三纲"指的是"君为臣纲、父为子纲、夫为妻纲",“五常"指的是"仁、义、礼、智、信"。东汉时期才女班昭写的《女诫》是一篇教导女性行为道德的文章,它包括"卑弱、夫妇、敬慎、妇行、专心、曲从、叔妹"等七章内容,涉及女子日常生活的各个方面,其中不乏要求严苛的内容,这对后世产生了很大的影响。

老子《道德经》中有云:"大道废,有仁义;智慧出,有大伪;六亲不合,有孝慈;国家昏乱,有忠臣",可见在老子的思想中善和恶是福祸相依的,因为有恶的存在,才会凸显善的美好。虽然儒家并没有如此思想,但是从历史发展过程来看,在动乱时期,礼仪确实得到更多的强调或者较大的发展。春秋战国时期儒家对于周礼的推崇使得"仁义"成为其思想核心,而在魏晋南北朝时期,礼仪在动荡的社会中被强调,"孝"和"廉"是地方上推举人才的重要标准之一,同时礼仪开始向下关注民众的家庭和生活。北齐颜之推所著《颜氏家训》是中国历史上第一部内容丰富、体系宏大的家训,被誉为"中国家训之祖",全书共七卷二十篇,内容涉及家庭教育的各个方面,被后世推崇为家礼的典范。

礼仪进入到唐宋时期,发展日趋完备,仪式程序的内容被完整地记录下来。唐玄宗时期修订的《大唐开元礼》,在前代礼仪的基础上进行损益修正,更加系统完整,书中记载的礼仪程序在近现代的礼俗中依然可见。例如《大唐开元礼》中将丧葬分为66道程序,从初终、复、设床到小殓、大殓,再到入土安葬,每一个环节都被列举出来,近现代的丧葬礼俗不过是在此基础上的简化而已。宋代理学盛兴,"存天理,灭人欲"的思想对礼仪产生了重大的影响。理学所谓的"天理",是万物处于善恶平衡状态的呈现,也可以说是"中庸",而"人欲"是最容易破坏这种善恶平衡状态的力量。"存天理"是要把握这种善恶平衡状态,"灭人欲"是要剔除人性中邪恶的欲望,并不是否定人的正常欲求。要通过"格物致知"或者"敬""诚"等方法来实现对"理"的把握。如果说荀子讨论"礼"是基于

"物"与"欲"的相持平衡,那么,理学家则提出了善恶平衡状态的"理",为社会伦理秩序的合理性提供理论依据。

虽然"存天理,灭人欲"从理论上并不是否定人的正常欲求,但是在实践中出现了过于严苛的礼仪规定,以至于压抑人性,扭曲道德规范。这一点尤其体现在对女性行为的约束上,如为了限制女性的行为,男子借审美标准为由提倡女性缠足,以"三寸金莲"的足形和"弱柳扶风"的走路姿势作为女性美的标志,这一畸形的审美在后世的几个朝代里摧残了无数汉族女性的身心。

宋代是中国商业最为繁荣的时期,市民阶层崛起,儒家学者开始将视线投入到民间社会,致力于对礼俗的规范化,这主要体现在对家庭礼仪的强调和家训的撰写上。家庭礼仪是传统中国修身治家的工具,它源于《周礼》,经过《孔子家语》和《颜氏家训》的发展,到宋代出现了司马光的《书仪》《温公家范》以及朱熹的《朱子家礼》而基本定型。

《温公家范》简称《家范》,是反映中国传统家庭道德关系的伦理学著作,书中宣扬了儒家的修身、齐家、治国的思想。《家范》分为上、下两册,共10卷。在"家正而天下定,礼为治家之本"的宗旨下,对家庭成员之间的关系、不同地位等根据礼仪规范做出解释,提出了家庭教育的原则与方法,并从"治家"和"治国"的关系上论述了家庭教育的重要社会意义。

《朱子家礼》共五卷,第一卷是"通礼",即百姓日用的常礼,第二卷是"冠礼",第三卷是"婚礼",第四卷是"丧礼",第五卷是"祭礼",此外有一卷"附录"。《朱子家礼》一改古代礼书的烦琐而呈现出简便易行的面貌,在内容上也与平民之家的生活和劳作的规律基本一致,并且各种礼仪十分详备,所以备受欢迎,在明清时期成为平民之家的家教之法。

唐宋以后,礼从"不下庶人"开始向着国家制度和民间礼仪两个方向分头发展,并且在内容和程序上也得以定型。走向民间的礼仪与我们现在对礼仪的认识更加接近,即对民众人生阶段和日常生活中的行为的规范。

三、礼之衰,物极而反

中国的元明清三个朝代,专制统治日趋加深,礼仪受到政治的影响也朝着极端方向发展。物极必反,礼仪的僵化使得它的教化功能也朝着制约民众生活的反方向发展。

元朝是游牧民族建立的中国历史上版图最大的朝代。元朝统治者虽然在表面上沿袭宋代礼制,也有尊孔的言行,但是统治者把民众按人种进行蒙古人、色目人、汉人和南人的分类,又把职业区分成十个等级,作为知识分子的儒生学习继承儒家礼乐文化,却在职业等级上排列第九,仅高于乞丐。"万般皆下品,唯有读书高"一直是古代社会中民众的共识,然而在这个"马上得天下"、也在马上治天下的朝代里,读书人的地位却连工匠和娼妓都不如。可见,元朝统治者事实上并没有继承儒家礼仪文化的治国之道,就更不用谈发展了。

明朝虽然恢复了汉族的统治,但是和元朝相比,专制统治不但没有削弱,反而增强了不少。东厂、西厂和锦衣卫是明朝统治者设立的三个特务机构,通过这三个机构,统治者加强了对官吏和民众的监督和控制。在礼仪上,明代统治者严格规定官吏和民众衣食住行各方面的等级差异,不同级别的官吏被赐予绣着不同图案的补服,日月、龙凤等形象是帝后专属,庶人不能用明黄色的布料,也不能佩戴金玉饰物,就连民众的住房大小、间数,酒器、桌椅材质都被严格地限制。苛刻的限制使得当时的社会陷入僵滞的状态,民众对礼制的畏惧多于尊敬。

清朝又是一个游牧民族统治的王朝,虽然满人入关后,并没有像蒙古人那般对汉人和儒生进行严酷压制,但是满汉文化的冲撞中,清代统治者为了巩固统治,对等级制度的强化也是显而易见的。单就官场而言,我们在清宫戏中经常看到那些朝廷命官在皇帝面前不但卑躬屈膝,而且还以"奴才"自称,可见地位高低、等差秩序被规定得多么严格。这一时期,满族的礼仪开始进入汉人社会,"打千"本是满族的见面礼仪,随着满族统治者进入汉族民众的生活,其也成为平民之间互相问候的礼仪。满人入主中原后要求汉族男性改易衣冠,更换发型。清朝统治者通过颁行"圣谕"强化了宗族制度,宗族对于族人的司法和管制的权利得到国家政权的认可,宗族成为基层社会治理的单位,儒家的伦理纲常也借此得到强化。而这种强化对男女长幼的区分和限制更为严苛,礼教的负面效应被暴露出来,到了清朝后期,这种负面效应更是让礼教成为一种"吃人"的工具。

物极必反,当礼仪被政治严格控制,礼制高压下的社会必然会进入不稳定的阶段,求新求变或者逾越礼制的行为都会在这个时候产生。明代后期,经济发展,商业繁荣,积累了大量财富的民众开始向统治者规定的礼仪制度发起冲击,庶民越礼逾制的行为愈演愈烈,社会风气不断奢华,社会观念被扭曲,唯利是图的观念占据了民众的思想,忠孝节义这些传统礼仪文化也被抛弃。而清代正是世界地理大发现的时期,西方文化开始进入东方人的视野之中,尤其是清末的几次战争,丧权辱国条约的签订,进化论的观点传入中国,西方文化被开眼看世界的中国知识分子视为先进的文明,传统礼仪作为封建礼教的外在表现形式,被视为是首先需要改变的对象。

四、礼之变,文明新

男人的脑袋后面拖着一条长辫子,这是清末西方世界对中国人的认识。在中国积贫积弱的年代,西方文化被视为进步的文化,而中国传统的文化则是封建落后的,因而,受过西式教育的知识分子开始批判中国文化,其第一步便是对文化象征物进行挞伐。鲁迅在散文《藤野先生》中这么描写留日清朝学生的辫子:

> 上野的樱花烂漫的时节,望去确也像绯红的轻云,但花下也缺不了成群结队的"清国留学生"的速成班,头顶上盘着大辫子,顶得学生制帽的顶上高高耸起,形成一座富士山。也有解散辫子,盘得平的,除下帽来,油光可鉴,宛如小姑娘的发髻一般,还要将脖子扭几扭。实在标致极了。

形象而生动的描述让讽刺的效果入木三分。

辛亥革命彻底推翻了中国的封建统治,也开启了移风易俗的潮流。同满人入关后要求汉人剃发穿长衫马褂一样,辛亥革命的易俗之举首先也是从头发和服饰开始,剪辫和易服之后就是对传统礼仪中代表封建礼教的那些因素的改革,如提倡妇女放足、男女自由恋爱等。五四新文化运动倡导科学和民主,运动首先以对封建礼教的批判为开端,打出"打倒孔家店"的口号。五四运动是对传统文化彻底的批判,那之后的中国,开始全方位地接受西方文化,不可否认的是,传统文化在民众思想观念中地位的丧失也是从那个时期开始的。

上海在新旧礼仪之变中可谓是开风气之先。1843年11月上海按照《中英南京条约》的条款正式开埠。上海沦为殖民地的同时也成为中西文化的交流之所。在积贫积弱的社会背景下,西方文化被认为是优于中国传统文化的新文明,也是中国强国之路的学习对象。上海自开埠之后,受到西方文化从器物到精神全方位的广泛而深刻的影响,在中西文化的交汇下,上海人开始接受西方的礼仪文化,吃西餐、穿洋装、信仰西方宗教,甚至学习西方的语言,一时之间,上海滩的绅士和名媛便成了中国新文明的形象。时至今日,从旧上海走来的老人,在接受访谈者留影邀请时,仍会坚持请对方稍候片刻,等她梳妆打扮,换上精美的旗袍才让摄像机留下她的身影。当社会进入新的篇章,旧社会的文化成为新中国立新之前需要破除的东西,在西方文化影响下的上海人的礼仪举止便被冠以"假斯文"之名,也成了打击的对象。然而,当中国人接受西式握手礼成为见面问候的方式的时候,还有不少人坚持简洁且方便的拱手礼,左右手一手握拳在内,另一只手包住握拳的手,双手晃动结合鞠躬,是中国人表达对人的尊敬的问候方式。这种在尧舜时代就形成的拱手礼在现代社会的保留,表明了中国传统礼仪文化依然可以适用于现代社会。

新中国成立之后,移风易俗进入到新的阶段,新的社会对现代礼仪的诉求使得政府的文化建设取得了不小的成就,现代礼仪规范在约束社会关系方面卓有成效,社会风气大有好转。然而,在20世纪50年代后期到70年代初的近20年时间里,中国社会走的弯路对礼仪和社会秩序产生了严重的影响,中华民族的传统美德被当作"四旧"看待,很多良风美俗被当作清扫的对象,基本的礼貌被说成是"假斯文",民众的思想观念受到深刻的影响,礼仪修养水平下降。

进入改革开放后的新时代,经济发展成为社会发展的重点。虽然在建设经济文明的同时政府也关注精神文明建设,推行"五讲四美"的文明礼貌活动,但是在现代社会中,我们可以看到传统文化的缺失带给民众的精神空虚,对物质的过度追求助长了拜金的风潮。近年来的新闻报道中有多篇涉及好心人帮助摔倒老人反而被讹的案例,社会上发出"扶不起"和"不是老人在变坏,而是坏人在变老"的声音。这样的现实让我们看到助人为乐、诚实守信这些中华民族的传统美德在现代社会的缺位,这是盲目割裂与传统礼仪文化之间的联系所带来的民族之痛。

中国踏入近现代之后,礼仪文化的"现代化"是通过引介西方礼仪来展开的,这在革命之初有着不可取代的革命意义,但是对传统文化的盲目批判也造成现代社会民众的精神空虚,生活在现代社会的我们,应该而且也不得不重视我们的传统礼仪文化在思想道德建设方面的重要性。

第二节 礼 之 谓

礼是什么?我们现在所说的礼仪是为了维系社会秩序而对人提出的行为规范,从其表象来看,礼仪是人们的行为及其体现的仪式;而从内在来看,行为和仪式是人的道德修养的载体,礼仪对人的作用在于培养符合社会需求的道德规范。而传统文化中的"礼"是礼仪制度的简称,它不但包括我们现在说的"礼仪",还包括了对政治制度和社会等级制度的规定,其中礼的政治功能是重点。

中华民族自有历史书写的时期起便是一个注重礼仪文化的民族,礼仪文化在上下五千年的历史长河中经历了从国家礼制向下进入家庭礼仪的发展变化历程。下面让我们从礼仪的上下指向和它的内容要素两个方面来对传统礼仪展开认识。

一、国礼与家礼

中国传统礼仪文化,我们可以从两个角度来理解:一方面是规定国家等级制度的礼制,另一方面是约束人们行为规范的礼仪,后者与我们现在所说的"礼仪"内涵相近。这两个角度体现在历史文化中分别为国礼和家礼。

不同的礼仪典籍对礼有不同的分类,《周礼》将礼分为"吉、凶、宾、军、嘉"五礼,《仪礼》则分为"士冠礼、士昏礼、士相见礼、乡饮酒礼、乡射礼、燕礼"等 17 个篇目,而《礼记》在"王制"篇中则提出"冠、昏、丧、祭、乡、相见"六礼。可见,礼的分类并没有严格统一,但是从各个朝代的礼制来看,作为国家制度的礼主要体现为"五礼",而《礼记》中归纳的"六礼"则更侧重于民间礼俗。

1. "五礼"

《礼记》指出"礼不下庶人",因为礼是明确君王和诸侯、士人这些贵族阶层的等级差异的规范,其执行需要相应的地位及财力,所以礼所关涉的范围并不包含庶人。庶人阶层虽然不享有礼,但是他们的日常行为需要遵循一定的习俗,有些习俗也可以视为礼俗。《尚书·尧典》载有尧东巡岱宗,修五礼之说,《周礼·春官·大宗伯》将五礼列举为吉礼、凶礼、宾礼、军礼和嘉礼,此五礼明确了君王和诸侯之间的等差关系,以及在相应的等级上的行为规范。

吉礼是祭祀之礼。万物有灵,古代社会中祭祀的对象分为天神、地祇和人鬼三类,其中天地神祇又各有三等的区分。

天神第一等为昊天上帝,是百神之首,祭祀方式是天子于每年冬至在国都南郊的圜丘用"禋祀"祭祀;第二等为日月星辰,祭祀采用"实柴"之祀;第三等为日月星辰之外的自然物和自然现象,如风、雨等,这一等祭祀采用"槱燎"之祀。另外还有祈求风调雨顺、五谷丰登的雩祭,天子在南郊之旁筑坛,天子用乐、舞祭祀被称为"舞雩",而诸侯的雩祭只能称为"雩"。《论语》中孔子对弟子公西华"浴乎沂,风乎舞雩"之志的认可,便是因为其志向是为君王祭祀而能体现孔子"克己复礼"思想之故。

地祇一等为社稷、五祀、五岳,用血祭;二等为山林、川泽,用"貍沈"之祭;三等为四方百物,用"疈辜"之祭。

这两类中天神一等和地神一等是君王才能祭祀的对象,诸侯只能祭祀其他几等神祇。

人鬼之祭的祭祀对象主要是祖先,祭祀场所为庙,然而并非每个人都享有在庙祭祖的权利。周代礼制规定天子七庙,诸侯五庙,大夫三庙,士一庙,平民并不能建庙祭祀祖先。

凶礼是救赈灾患的礼仪,分为丧礼、荒礼、吊礼、襘礼和恤礼五种。丧礼是古代最重要的礼仪之一,它通过服丧者的衣着和服丧期限来规定服丧者与死者之间的亲疏关系,在分封制的社会里,如果诸侯去世,那些兄弟亲戚之国也要依照规定为他服丧。荒礼是在荒年所需要采取的措施,如《孟子·梁惠王上》中梁惠王对国内荒年的政策是"河内凶,则移其民于河东,移其粟于河内。河东凶亦然"。吊礼是在遭遇水火之灾时,采取的措施或对受灾地的吊问。襘礼是在发生重大财物损失时,筹集钱财或物品救助之礼。恤礼是在一国经受内忧外患之时对其的慰问。

军礼是关于军队规制和征战的礼仪。军队的等级象征着国家的大小或者其统治者的爵位等级。按照规定,天子六军,诸侯国之中,大国三军,次之为二军,小国一军。另外,还有按照战车数量来区分的方法,天子万乘,诸侯千乘,大夫百乘。军礼分为大师之礼、大均之礼、大田之礼、大役之礼和大封之礼五种。大师之礼是天子亲征之礼;大均之礼是兵农合一的社会中对各级规模的划定;大田之礼是诸侯在四季参加狩猎的礼仪,其目的在于检阅军队;大役之礼是役使民众营造宫室、堤防等建筑的礼仪;大封之礼是战争之后重新封土植树划定疆界之礼。

宾礼是天子、诸侯接见宾客的礼仪。诸侯在四季轮流进王城面见天子的礼仪根据季节的不同有不同的名称:"春见曰朝,夏见曰宗,秋见曰觐,冬见曰遇";诸侯在天子征伐不顺从的诸侯时见天子则叫"会";天子十二年未巡守时,四方诸侯前往京城面见天子叫"同"。此外,士族之人相见以及各地藩王朝见天子这些也属于宾礼,需要按照一定的礼仪进行。

嘉礼是关于人际沟通的礼仪,包括饮食、婚姻、昏冠、宾射、飨燕、脤膰、庆贺等方面的礼仪。《周礼》将嘉礼的功能概括为"以嘉礼亲万民:以饮食之礼亲宗族兄弟,以昏冠之礼亲四方之宾客,以脤膰之礼亲兄弟之国,以庆贺之礼亲异姓之国"。此外,天子巡守之礼、即位改元之礼、会盟之礼等都属于嘉礼的范围。这些礼仪使人与人、国与国之间建立良好的交际关系,所以说"嘉礼亲万民"。

吉、凶、军、宾、嘉这五礼的适用范围以君王和诸侯等贵族阶层为主,虽然平民百姓也有婚丧、宴饮、加冠和及笄等人生阶段和生活需求,但是民间并不需要如此繁杂的礼仪。家庭是中国传统社会的基本单位,家族是基层社会自治的单位,在民间,家礼才是最为普及的礼仪,而家礼的内容也与我们现在所理解的礼仪更为贴近。

2. 家礼

儒家倡导修身、齐家、治国、平天下,《孟子》中强调"天下之本在国,国之本在家,家之本在身",可见个人的道德修养关乎家庭教育,并且最终影响到治国抱负的实现,所以后世又有"一屋不扫何以扫天下"的说法。家礼的内容没有"五礼"那么复杂,它是一些对家庭成员之间关系的界定和言行举止的规范。家庭关系是社会关系的基础,儒家将社会关系分为"五伦",即君臣、父子、夫妇、兄弟和朋友,其中三个是家庭成员之间的关系,父慈子孝、兄友弟恭、夫妻和睦是家庭伦常和顺的表现。《礼记·曲礼》是对人的言语、饮食、洒扫、应对、进退的方法的规定,它要求子女对父母要做到"出必告,反必面",路遇长者要"趋而进,正立拱手",这是为人最基本的礼仪。

正式对家庭礼仪著书立说是在魏晋以后,北齐人颜之推所著的《颜氏家训》从教子、兄弟、后娶、治家、风操、慕贤、勉学、文章、名实、涉务、省事、止足、诫兵、养心、归心、书证、音辞、杂艺、终制等方面来阐述自己在教育子女问题上的观点与要求。宋朝理学大师朱熹所著《朱子家礼》是对古代礼仪的简化,更加适应庶人的生活。《朱子家礼》共五卷:一为通礼,是关于祠堂、深衣之制的;二为冠礼;三为昏礼;四为丧礼;五为祭礼。虽然后世考证《朱子家礼》并非朱熹之作,但是其简便易行的内容对有宋以后的家庭产生了很大的影响,成为家庭礼仪的经典书籍。

二、礼仪要素

礼的表现不仅包括个人的仪容、言语和举止,还包括仪式和器物,而这些外在所体现的实质便是礼的内涵——等差秩序和制度义理。我们可以从礼法、仪容、辞令、礼器等表象和等差、礼义等内涵出发来认识礼仪的要素。

礼法是指行礼的章法和程式,包括行礼的时间、场所、人选,行礼者的服饰、站立的位置、使用的辞令、行进的路线、使用的礼器、行礼的顺序等,概括来说,礼法就是对礼仪的外在表现形式的规定。是否按照礼法规范来执行是判断礼与非礼的标准。如《礼记》中对饮食的规定非常细致,进餐时餐桌上食物的摆放需要遵守的礼仪是:左边放带骨的熟肉,右边放切片的熟肉,饭食放在人的左边,羹汤放在人的右边,切细的肉与烤熟的肉放在外边,醋与酱放在里边,葱姜佐料放在末端,干肉的末端朝向右边。在吃饭的时候,如果客人的地位低于主人,就应该拿着饭起身辞谢,主人也要起身向客人推辞并请客人就座。就餐之前还需要行祭礼,主人引导客人从先端上的食物开始遍祭所有食物。在客人吃过三口饭之后,主人要请客人先吃纯肉,然后再逐一品尝各种食物,最后吃到带骨的熟肉。在主人还没吃遍各种食物之前,客人不能饮酒漱口。

仪容是指行礼者的容貌和仪态,针对不同的仪式和场合,行礼的人需要在仪容上做相应的准备。昏冠、丧祭、射飨、觐聘,是主要的仪式场合,孔子认为在这些场合中的仪容体现了行礼者对仪式的诚敬之心,"颜色称其情,戚容称其服"。行礼者的仪容是出自内心的德行的表现,如果容貌表现得不够庄重,就会有伤于德行。《礼记·祭义》中说"心中斯须不和不乐,而鄙诈之心入矣。外貌斯须不庄不敬,而慢易之心入矣",指的就是仪容与德行之间的关系。礼仪中美好的仪容正是行礼者对礼仪内涵的表现,来自其对"仁"的认知和掌握,而仪容符合礼仪规范,有利于德行的培养和保持。在孔子看来,只有真正的"仁"者,才能表现出这种仪容与德行之间高度和谐的自然状态。

辞令是人与人之间交流沟通的工具,孔子教授弟子德行、言语、执事、文学四个科目,其中之一就是言辞。礼仪中的言辞有着规定的格式,《仪礼·士昏礼》中纳采、问名、纳吉、纳征、请期、亲迎六个环节之中,参与者都有固定的言辞,现在一些少数民族婚礼中的哭嫁歌就是女子在结婚离家时必须遵守的礼仪规范。人际交往中的言辞需要体现说话者的自谦和对对方的敬重,这一点在称谓语上表现得最为直接。在礼仪场合中,针对不同身份地位的人有不同的称谓,《礼记·曲礼下》中对不同等级的贵族之妻的称呼为"天子之妃曰后,诸侯曰夫人,大夫曰孺人"。另外,在不同的场合,同一个人的称呼也是不同的。《礼记·曲礼下》中对女子的自称就有三种场合的规定:"夫人自称于天子曰老妇,自称于诸侯曰寡小君,自称于其君曰小童。"现代交际中,敬称和谦称也是在交流中需要注意的,例如男性在介绍自己的妻子时可以用到"爱人、妻子"等称谓,但若是使用"夫人"一词则是自大、不知礼的表现。

礼器是礼仪中所需要用到的器物,首先,从材质和用途上来看,有食器、酒器、乐器、玉器等类别,每一种类的器物,在功能上是固定的、不可混淆。如盛放食物的器具中,簋用来盛放黍稷,簠用来盛放稻粱,笾用来盛放脯、枣、栗等干燥的食物,豆则用来盛放菹、醢等有汁水的食物。其次，礼仪中器具使用的数量也有规定。如在饮食中，盛放煮熟的肉的鼎用单数，而簋则用双数，笾和豆配合使用且都为双数。玉器是古代礼仪中重要的器物，其使用非常广泛，而且种类名目繁多，同一类型的玉器之下还有细分，如璋有大璋、小璋、边璋、牙璋和琢璋等区别。《诗经》有云"谦谦君子，温润如玉"，君子佩玉首先是身份的象征，如玉圭和玉璧。天子所用为镇圭，长度为一尺二寸；公侯分别执九寸长的桓圭和七寸长的信圭；伯所执的玉圭虽然也长七寸，但名为躬圭；子和男只能执玉璧，分别为谷璧和蒲璧。

等差是礼仪表现中体现的特征，等级差异是区分"礼"和"俗"的标志。"礼不下庶人。"庶人共享的只是"俗"，贵族才受到"礼"的规范和约束，而不同等级的贵族，所行的礼也有等级之差。在祭祀礼仪中，天、地、大雩是天子专享的礼，诸侯不得僭越。再如礼器的数量上体现的等级差异，"九鼎八簋"是天子才能用的规制，诸侯为"七鼎六簋"，大夫则是"五鼎四簋"。《左传·宣公三年》所载楚王问鼎的典故便是表明楚庄王制九鼎取代周天子的意图，因此"问鼎"一词在汉语中有取得天下的意思。虽然多数情况下，礼器的数量多的一方为等级中的尊贵方，但是，有三种情况是相反的：在宗庙祭祀的时候，"礼有以小为贵者"，尊贵的人用爵进献，而地位低的人用散进献；祭祀器物上，以不加雕琢的为尊，天子祭祀时所佩大圭为不雕琢的玉器，祭祀时所用的大羹，即肉汁，是不加调料的，故曰"礼有以素为贵者"；天子祭天用"特牲"，只有一头牛，所以说"礼有以少为贵者"。

礼义是礼的内核，是礼仪形式的思想依托。孔子曾说："礼云礼云，玉帛云乎哉？乐云乐云，钟鼓云乎哉？"意思是说礼仪的实质并不只是仪式上的玉帛、钟鼓这些器物，而是器物和仪式所承载的思想内核，即礼义。礼义指向的是道德品行，制定礼仪的目的就是为了限定人的行为举止,以规范社会秩序。丧葬仪式中的丧服制度,斩衰、齐衰、大功、小功、缌麻五种材质的丧服体现了服丧者与死者之间的亲属关系,守丧者在守丧期间的行为举止也受到礼的约束而不能逾越。

第三节 礼 之 用

一、礼乐立国

在儒家的礼仪文化体系中,礼和乐相辅相成,两者的关系形同天地,"乐由天作,礼以地制"。礼乐结合就是天地万物秩序的体现,"乐者,天地之和也;礼者,天地之序也。和,故百物皆化;序,故群物皆别"。礼和乐的关系密切到可以这样说:没有乐的礼就不是真正的礼,没有礼的乐也不是真正的乐。乐如此之重要,它的含义已经完全超出了我们现在理解的"音乐"的概念。中国传统的乐的观念,有特定的内涵和深刻的哲理,《礼记·乐记》中说:"乐者,非谓黄钟大吕、弦歌干扬也,乐之末节也。"那些抑扬顿挫的旋律不过是乐的末节而已,而乐的大节是"德",乐发出的是"德音",这是中国与世界诸古文明音乐思想相区别的基本点。

儒家倡导礼乐立国,虽然礼与乐之间关系相当密切,但是在实际操作中,两者有各自的分工。礼作为人的举止规范,将人的行为规定在适宜的范围之内,是在表象上体现出执行者的德行;而乐的功能在于陶冶人的性情,引导德性与行为能够合二为一,从而使修养和表象结合,成为真正意义上的有"礼"之人。在治国思想上,儒家倡导德治,就是通过礼乐开展教化,使人从内而外遵循礼的规范,从而形成秩序井然的社会,进而实现国家的有序和安定。

乐的功能如此之重要，自然对演奏乐的器物和曲谱、曲调也有严格的规定，并非所有的乐器演奏出来的音乐都是"乐"。《礼记·乐记》有云："君子乐得其道，小人乐得其欲。以道制欲，则乐而不乱；以欲忘道，则惑而不乐。"在儒家的分类中，只有合于道德的才是"乐"，因为只有这样的"乐"才能对人的行为起到克制作用，并且让听的人从乐中汲取道德的训导，而像《诗经·郑风》中的那些只能算是"音"，而且有些还是靡靡之音。春秋时期的乐也有古今之争，相对于春秋而言的古乐是黄帝、尧、舜、禹这些圣贤所作的"德音"，分别为《咸池》《大章》《韶》《夏》。古乐节奏缓慢、庄重，被认为是圣贤在确立父子君臣纲纪之后，用音乐、舞蹈和语言的方式施行教化而作的音乐，所以在聆听这些古乐、欣赏乐舞的过程中，君子可以从中领悟蕴含于其中的圣贤的义理，进而思索修身齐家治国之道。

乐的功能当然不仅限于传递德音，更是民众自然情感的抒发。孔子评价《诗经》曾说"郑声淫"，郑玄还将《郑风》中的《出其东门》和《溱洧》指为淫诗。这些"国风"采集的是诸侯国民间的歌谣，是当世民众情感的抒发，尤其是《郑风》，其所代表的新乐没有古乐的庄重典雅，不能起到教化的作用。然而这些来自民间的歌谣，体现了采录时的民风，虽然没有乐教的功能，但却具有判断政治得失的作用。《魏风·硕鼠》就是一首有着鲜明的讽刺意义的诗：

　　硕鼠硕鼠，无食我黍！三岁贯女，莫我肯顾。
　　逝将去女，适彼乐土。乐土乐土，爰得我所。

　　硕鼠硕鼠，无食我麦！三岁贯女，莫我肯德。
　　逝将去女，适彼乐国。乐国乐国，爰得我直。

硕鼠硕鼠，无食我苗！三岁贯女，莫我肯劳。
逝将去女，适彼乐郊。乐郊乐郊，谁之永号？

《毛诗》解释这首诗的意义在于这是魏国人对其国君的讽刺，讽刺其国君横征暴敛，欺压蚕食百姓，国政混乱，贪婪怯懦，像大老鼠一样；朱熹则解释为借"硕鼠"而讽刺其官僚机构；我们现在对这首诗的理解是醒悟的奴隶对奴隶主剥削的反抗和对乐土的向往。不论何种解释，都反映了魏国在政治上已渐失民心。

《礼记·王制》记载帝王有定期巡守四方之礼，天子每到一处，地方官员须呈上当地流行的民歌作为他们述职的内容之一，从民歌中可以体现地方官员为政是否有德。君王的随行官员也会记录地方纯正无邪的歌谣，并且带回推广，这就是古时候的"采风"。《诗经》中周南、召南是周公和召公采风所得，而十五国风就是十五个诸侯国民间的歌谣。这种"采风"也是以乐观俗，据以察时政、施德教的治国制度。

二、诗礼传家

《论语·季氏》中，陈亢问孔鲤，他作为孔子的儿子是否受到特殊的教育。孔鲤的回答是孔子对他教育的特殊之处只在于两次问答，第一次问他是否学《诗》，第二次问是否学礼。这就是孔子对诗和礼的评价，"不学《诗》，无以言"与"不学礼，无以立"的典故由来。这个故事给人的启示体现在文末陈亢的感慨中："问一得三：闻《诗》，闻礼，又闻君子之远其子也。"说的是陈亢从孔鲤的回答中学到了《诗》和礼的用途，知道了圣人之家传给子女的家风是"诗"和"礼"。"诗礼传家"四个字，旧时常常悬挂在书香人家的门上，以标榜门风，"知书达礼"是读书人教育子女的标准。

《礼记·曲礼》是对人的言行举止、待人处事等方面的规范，

"经礼三百,曲礼三千",经礼是指礼的大节,而曲礼指的是礼的小目。《曲礼》的内容可以概括为四个部分:一是对"礼"的阐释;二是对日常生活的礼仪要求;三是对丧葬礼仪的记载;四是对天子与诸侯遵循的礼仪的记载。在家庭礼仪上,《曲礼》较为明确地规定为人子女对父母应如何洒扫应对,如何与他人相处,怎样尊老与敬师。

"百善孝为先",为人子女,在居住、行为上需要做到"居不主奥,坐不中席,行不中道,立不中门。食飨不为槩,祭祀不为尸。听于无声,视于无形。不登高,不临深。不苟訾,不苟笑。孝子不服暗,不登危,惧辱亲也。父母存,不许友以死,不有私财"。短短七十个字,就规定了为人子女在日常生活中的言行举止怎样做到"孝"和"敬":让父母住好的房间,不能限制父母的饮食;无论做什么事情都需要在下决定前考虑自己的父母,不能做让父母担心的事情;要时刻谨记照顾父母、为父母养老的责任和义务;父母在世不能做以性命相抵的承诺。传统礼仪中,子女对父母的孝敬,首先需要做到的便是"父母在,不远游,游必有方",这并不是说父母在世时子女不能远行,而是要求子女在远行时有明确的目的地,并且告知父母,《曲礼》中也有"出必告,反必面,所游必有方"之说。

尊敬老人也是家礼的要求之一,《曲礼》中有"谋与长者,必操几杖以从之。长者问,不辞让而对,非礼也"的礼仪要求。年幼者与长者商议事情,需要拿着凭几和拄杖前往;长者问话需要谦让回答;路上遇到长者需要面容恭敬地退让,让长者先行;如果长者拉着幼者的手,幼者需要双手捧长者之手来表示尊敬。

尊师,是家礼的另一个要求,因为诗礼传家需要延请先生教授课业。尊师重道,是传统教育的重点之一。"遭先生于道,趋而进,正立拱手",意思是说在路上遇到先生,就要快步上前,正立拱手与先生相见。传统礼仪中,教师不仅是知识的传授者,而且也是道德行为的规范者,一日为师终身为父,这一点在古代社会得到一贯的传承。

传统社会中,社会分工并不明确,家庭教育同时兼顾社会道德的训练,家庭礼仪对国民素质的养成和道德品性的锻炼具有十分重要的地位,可以说,传统社会中人的品行和性格大多都是在家庭环境中养成的。

第四节 礼 之 吁

一、礼之内涵

礼是什么?现代汉语对"礼"这个词有以下六种解释:

(1) 祭神祀祖。如《管子·幼官》上说"将心礼上帝"。

(2) 表示恭敬,以礼相待。如《史记·周本纪》上说的"王以上卿礼管仲"。

(3) 礼节、仪式等道德规范。如《礼记·曲礼上》说的"夫礼者,所以定亲疏、决嫌疑、别同异、明是非也。礼,不妄说人,不辞费。礼,不逾节,不侵侮,不好狎。修身践言,谓之善行。行修言道,礼之质也"。

(4) 礼物。如《晋书·陆纳传》上说的"乃受礼,唯酒一斗,鹿肉一样"。

(5) 书名,指代"三礼",即《周礼》《仪礼》《礼记》。

(6) 姓。

从这六个解释中,我们可以看到,礼的范围非常广泛,它既可以是行为动作,也可以是抽象的道德规范,还可以是具体的物品,其范围之大,很难用简单的几句话来归纳它的内容。

"仪"是指仪式、法度、规范,它的释义与礼相近。在古代的诸多典籍中,会将"礼"和"仪"结合起来使用,指代人在社会中需要遵守的道德和行为规范,但是两者还是存在内涵和外在的区别。"礼"是内涵,而"仪"则是外在的表现,两者密切联系而不可分割,一个懂"礼"之人的"仪"必然也是符合规范的。

礼仪是一种社会道德和行为规范,它规定了同一个群体中的成员在特定场合下的言行举止。成为社会规范的礼仪在执行的过程中具有强制性,统治阶级将一些礼仪条目列入政治规范,将它上升为国家意识,而另外一些规范人的日常行为的礼仪则依靠民众的自律和自觉来实现其对人的约束作用。礼仪的传承并非一成不变,它随着历史的前进而发生变化,也随着文化的交流碰撞而相互吸收借鉴,不同文化背景下,礼仪既有共性,也存在差异。

我们现在说的礼仪,更多的是指在社会生活和交际中的道德规范和行为准则,相比于传统社会中的礼而言,其内涵有很大程度的缩小。

二、礼之失

传统礼仪在中国进入到近现代社会之后,在中西文化的冲突中,受到严重冲击。西方文化以民主、科学、平等、文明、先进的标志进入中国而受到盛赞,中国传统文化遭到全面抨击,传统礼仪中"礼教"、等差尊卑、伦理纲常等思想对人的束缚被无限放大,礼仪对人的德性的教化作用被选择性地忽视,"礼教"被视为是吃人的工具而被大加挞伐,与传统文化的联系被割裂,造成了中国社会在发展过程中与文化根基的断裂。过去的一个世纪中,中国社会经历了太多的变革,辛亥革命、五四运动、新中国建立之后的"文化大革命",剧烈的时代变革导致传统文化的失落。进入改革开放时期,商业大潮席卷呼啸,缺乏传统文化根基、缺少传统礼仪规范的社会，人们的精神无所寄托，行为没有底线，道德失范的行为在新闻媒体上频繁地被报道。

尊老爱幼、尊敬师长是每个人从小就开始接受的道德教育，然而，在社会生活中却屡屡出现幼者无视尊长、长者"为老不尊"的现象，长幼互相指责，引起社会舆论发酵。

一些老人在公交车上不但强行要求乘客让座，还对人恶语相向，或动手打人，而不是与人好好商量；广场舞作为社会交际和锻炼身体的工具，它在给中老年人带来娱乐和健康的同时，却也占用了大量的社区空间，并且造成了噪声污染。尤其是在高考期间，考生家长与广场舞大妈之间的斗智斗勇经常成为新闻的热点。在路上摔倒的老年人，无论善意救助的对象是工薪阶层还是未成年儿童，受伤老人一家讹人的事件也曾见诸媒体，"扶不起"成为无奈的流行语。

职业道德的缺失，让教师、医生这些神圣的职业也染上污点。公众对"教授"与"叫兽"、"专家"与"砖家"称谓的对等调侃绝不是一笑而过的幽默，反映的是对"为人师表""悬壶济世"的传统信念的崩塌。神圣职业从业者的堕落给社会带来的震惊之大让人们难以接受。

社会如此混乱，家庭是否安然？答案依然是否定的。在社会学的研究中，很多地区存在老年人因子女不尽赡养义务，而选择自杀来了结余生的案例；更有甚者，还有老人担心子女不来埋葬他而在事先挖好的坟中自杀。在子女教育问题上，虽然人们已经认同"棍棒底下"并不能真正地"出孝子"，但是仍有一些接受现代教育的家长放弃与子女对话的方式来教育子女，对子女拳脚相向。

当然，以上列举的事件并不是社会中的普遍现象，社会也并没有变质到如此不堪的地步。虽然我们在讨论"扶不扶"的问题，但是还是有热心的女孩在烈日下扶着摔倒的路人，为她打伞，陪她等待救护车的到来；虽然有不择手段挪取项目基金的科研人员，但是还有坚持在教学一线、把枯燥的数学讲解得生动易懂的大学教师，有奋不顾身地搭救溺水儿童的幼儿园园丁；虽然有收受红包、拐卖新生儿的医生，但是还是有坚守医德、十几年如一日在病历卡上给患者留下自己的联系方式、接受患者 24 小时咨询的仁医；虽然有将古稀老人弃于铁皮屋的不孝子女，但是还是有几十年如一日照顾父母的好子女、背着母亲上学的好儿郎……

每年，我们都会看到有人站在"感动中国""全国道德模范"的颁奖舞台上；每天，我们都在网络和报纸上看到先进事迹报道，让我们相信，人情虽有冷暖，但大爱依然无疆。然而，老子的"大道废，有仁义；智慧出，有大伪；六亲不和，有孝慈；国家昏乱，有忠臣"也在提醒我们，当我们的社会大力宣扬这些美好的道德品行，我们被感动的同时也需要反思，善行的宣扬背后往往是缺善的社会现实，伴随着对礼仪的赞美而来的是对遵礼的思想道德回归的呼吁。

第二章
中国人的一天

我们的生活是由一天一天的日子积累起来的,每一天,从日出到日落,我们都在为柴米油盐而奔波:城市里的人游走在城市的各个角落,接触各色各样的人;农村里的人游走于田间地头,为一家人的生计辛勤地耕耘。每一天,我们过得或开心,或忧愁,或顺利,或坎坷,这样一天天的日子积累起来,我们从中阅遍人生的喜怒哀乐,尝尽生活的酸甜苦辣。

第一节　晨昏间的孝亲

对我们每个人而言,无论在外遇到什么困难,父母永远是子女的依靠,家庭永远是温暖的港湾。在家庭关系中,成员被按照代际区分,代际之间存在着抚养和赡养的义务与责任。传统礼仪通过"孝"来平衡代际关系,"百善孝为先",为人父母者身体力行,奉养老人,子女们在父母的举动中受到潜移默化的教育,待父母们老去,子女就会做他们的父母曾经做过的事情。

一、何谓"孝亲"

什么才是孝呢？孔子评论"孝"时说道："今之孝者，是谓能养。至于犬马，皆能有养；不敬，何以别乎？"孔子指出了"孝敬"与"孝养"的区别，对父母没有敬意的"孝"并不是真正的"孝"。给父母衣食无忧的生活只是"孝"的表象，从内心尊敬父母才是真正的"孝"。

从《礼记·曲礼》的记载来看，孝亲需要做到四个方面：

首先，听从父母的召唤，"父命呼，唯而不诺，手执业则投之，食在口则吐之，走而不趋"。父母召唤之时，子女赶快清晰响亮地答应，而不是拉长腔调懒洋洋地应声；无论是在学习还是在饮食，都必须放下手上的事情，吐出口里的食物，赶紧小跑着去见父母，不可拖延怠惰。没有内心的敬意，就不会这样做。

其次，要关心父母的饮食起居，"父母有疾，冠者不栉，行不翔"。父母生病，子女忧心父母身体，无心修饰容貌，走路自然也就做不到健步如飞了。

再次，不让父母为自己担心，"夫为人子者，出必告，反必面，所游必有常"。子女出行必须告诉父母去向，回家后需要与父母相见，告诉他们已经平安到家，不让父母担心。

最后，在与父母相处时要和颜悦色，只有敬爱自己父母的人，才能保持和善温婉的气质，"孝子之有深爱者，必有和气；有和气者，必有愉色；有愉色者，必有婉容"。敬爱父母的人，脸上必是和悦温婉，不会有厌烦、恼怒之色。

做到以上四点之外，还需要将孝心和孝行扩散到更大的范围，进入社会，为自己甚至家庭获得更高的社会地位，从而为父母争光，光耀门楣是更高层次的"孝"。

让我们将视野缩小到一个昼夜的时光，孝亲，在短短的一天十二个时辰里面最多的表现还是关心父母衣食住行上的冷暖和方便。

二、晨昏定省话请安

一天中的礼仪,从早上到父母面前看望、问安开始,到晚上再次问候父母、服侍就寝结束,晨昏定省,子女对父母的关心敬爱贯穿始终。《礼记·曲礼上》中说道:"凡为人子之礼,冬温而夏凉,昏定而晨省,在丑夷不争。"子女尽孝,首先要做到的就是要让父母在冬天感到温暖,夏天感到清凉,早晨和晚上须到父母面前问候,询问身体是否安好,与平辈的人友好相处,不争斗。

一天中,出门前向父母禀告,回家后当面告诉父母已归来,若是出游,需要让父母知道自己去的地方,免得父母担心,这就是"出必告,反必面,所游必有常"的礼仪规定。传统社会中,村落里多是聚族而居,大家庭几代同堂,这样的居住状态下,父母与子女在生活上保持着密切的联系,不论子女是否与父母住在同一个屋檐下,早晚向父母问安是子女的基本礼仪。我们读《红楼梦》,书中讲到贾宝玉从学堂回来,首先去见的是祖母贾母,通常贾母见到她的宝贝孙子的第一句话会是"去见过你的父亲来"。同样,贾宝玉的父亲贾政从朝堂回到家中,第一件事也是去见过他的母亲。可见,在一个大家庭里,向长辈问安是子孙需要奉行的基本礼仪。

关于请安礼仪,《仪礼·乡饮酒礼》中有"请安于宾"的记载,指的是古时乡饮礼上主人留客时的礼仪,回归到当时的场景,这是请求宾客继续安坐,享受宴饮的礼仪。请安礼仪衍变成为相见礼仪是在明清时期,衍变后的请安礼,就是我们今天在电视荧幕上经常看到的那种屈膝下跪的礼仪。这种单膝下跪的请安礼源于明代军队礼仪,从等级制度上来讲,无论是官场还是军队,下级见到上级官员需要双膝下跪行礼,但是在军队之中,士兵身上穿着厚重的盔甲不方便双膝下跪行礼,所以礼仪放宽了对士兵的要求,他们只要单膝下跪,或者屈半膝来向上级军官行礼。久而久之,这种行礼方式被固定下来，并且在不穿盔甲的时候也被使用，渐渐的，这就成了日常相见礼仪。在实际应用中，男女行礼的方式有所区别：男子行礼时先端正姿势，然后左腿向前迈，左手扶膝，右腿半跪，右手下垂，眼睛平视；女子行礼时左右腿的距离较男子稍近一点，动作幅度更小一些，双手扶左膝下蹲。

单膝下跪的行礼方式在日常生活中通常是社会地位低下的人向地位较高的官员，或者家丁向主人行礼时才被使用的。而女子在传统社会中的地位从来就是低于男子的，所以不论哪一阶级的女子，在需要她行礼的场合，一般都使用这种行礼方式。

但是，这种从军队礼仪演变而来的请安礼并不适用于文人之间的行礼。以孔子为师的儒生之间的行礼方式是我们现在看到的孔子像中展示的：端正的面容，两手自然弯曲，左手放在右手外面，身体稍稍向前呈鞠躬状，这是文人士大夫之间互相行礼的方式。

清朝入关以后，满族八旗军官和绿营中仍然保留单膝下跪的礼仪。但是清朝统治下，满族男性特有的行礼方式被推广到社会，"打千"成为清朝男子之间见面时互相问候的礼仪。打千，是满族人对主人行的礼仪，演变成为下对上通行的男子请安礼。清朝人穿马蹄袖的服装，行礼时需要将挽起的袖口放下来，所以打千的动作是首先掸下袖头，然后左腿前屈，右腿后蹲，左手扶膝，右手下垂，头与身体略向前倾，并向对方说："请某某大安。"但是，对于汉族的平民百姓而言，他们穿不起长袍马褂，他们的衣服就是普通的长衫，农民就穿着短袄短衫，普通百姓的衣服大多不会有"马蹄袖"的形式。虽然衣服不具备掸袖头的条件，但是在行礼的时候，还是需要象征性地在左右袖口处掸一下，然后垂下右手，屈膝行礼。清朝实行"男从女不从"的移风易俗政策，男性需要接受满族男性的发式和服装，女性则可以保持原有的习俗，也不用变换行请安礼的方式。

明清时期对传统礼仪文化有着极端的强调,统治者认可宗族在社会基层治理上的功能,家庭礼仪在这一时期也得到了强化,日常请安成为子女每日对父母应尽的"功课"。但是在向父母行请安礼时,并不严格要求行礼方式,常见的问安礼是垂首站立,向父母问好。早上问候父母的身体健康,而晚上回家后向父母问安的时候需要接受父母对学业或每日事务的询问,事无巨细,只要父母关心都应该向父母汇报,但是一些会让父母担忧的事情是例外,因为孝敬父母就不能让父母为自己担忧。

《孝经》是儒家关于孝道礼仪的经典之作,在它的第一篇《开宗明义》里就对孝的基础和最高阶段作了说明,"身体发肤,受之父母,不敢毁伤"这是孝之始,而"立身行道,扬名于后世,以显父母"则是孝之终。现代社会里,这种"身体发肤,受之父母"的观念已不再流行,而父母也不会以扬名显耀来要求子女。在人口流动性日益加快的现代社会中,我们之中大多数人都选择离开父母去奋斗,有人北漂,也有人南下,随着国际交流的增多,到异国他乡求学和工作的人也越来越多。随着与父母之间空间距离的拉大,我们与父母之间的交流越来越少,虽然交通工具不断提速,通信工具更新换代,但是我们每个月打电话回家的次数和每年回家看望父母的次数一样少得可怜。《常回家看看》本是 1999 年春节联欢晚会上一首催人泪下的歌曲,传唱 14 年后竟被写入法律。定期回家看望父母,理应是为人子女的基本义务,却需要通过法律来保障执行,这在我们这个文明古国、礼仪之邦未免显得有点讽刺。

近来报纸上常出现"子欲养而亲不待"的令人唏嘘的新闻,因子女离家工作,电话也打得少,甚至父母意外离世多日,子女竟然还不知道。看着这些抱憾终身的子女,那种深深的愧疚和心痛怎不令人心酸。行孝要及时,趁着父母健在,常回家陪陪父母,跟妈妈说说生活的烦恼,和爸爸谈谈工作的事情,"哪怕给妈妈刷刷筷子洗洗碗……哪怕给爸爸捶捶后背揉揉肩",父母的健康和笑容才是我们做子女最幸福的事。"忙""没时间"不应该成为我们不回家的理由,更不能成为不给父母打电话的理由。我们每天有时间花在看手机、刷微博、聊微信、转发朋友圈上,为什么就不能将其中的三五分钟让给父母;我们有时间关心美食美景,为何不能将关心分一点给父母。让我们来回顾一下那个没有电视、电脑、手机的时代里,与父母生活在一起的子女每日向父母问安行礼,离家的游子定期书写家书,我们是不是应该有所反思,并且有所行动呢?

第二节　迎送中的酬客

巍巍黄山,奇松、怪石、云海、温泉四绝使它秀于五岳,赢得了"黄山归来不看岳"的赞誉。松树,是黄山上最奇绝的一景,玉屏楼左侧,文殊洞上方,那棵向一侧伸出枝丫的松树,宛如在伸手迎接远道而来的客人,而在玉屏楼的右侧道旁,站着另一棵松树,虬干苍翠,侧伸一枝,仿若是在作揖送客——"迎客松"和"送客松",它们站在登山曲径的左右两旁,迎来送往几百年,那谦恭的姿态,形象地体现了中华民族礼仪之邦的好客之心。

一、迎客

《礼记·曲礼》中有"礼者,自卑而尊人"的说法,意思是,礼就是人们在相互交往时通过自谦来表示对他人的敬重。

迎客并不是一方的礼仪,它是一个互动的过程,有迎客者必有做客者,而说到做客,必然就会有礼物。挚,同"贽",即雉,也就是野鸡,是古代士人相见时作为宾客的一方带给主人的礼物。用雉做礼物,是因为古人认为雉是一种有气节的动物,它不会被食物引诱,不会被威严震慑,被捕获的雉以死相抗,不会被活着蓄养,这种死守节义的气质让士引以为自我气节的象征。士相交,需要向交往的对象表示自己具有相应的节操,所以士用雉的这种宁死不屈的性格来隐喻自己的节操。雉鸡难养,作为相见礼的雉通常是死雉,冬天寒冷尚可直接相送,夏天炎热,食物容易腐烂,就要用风干的雉来作礼物,风干后的雉叫做"腒"。

既然古代社会中礼是规范上层阶级行为举止的,而且行礼时需要遵循严格的仪式,那么士人之间相见,并不是简单的宾客携雉直接登门造访,而是需要寻找一个中间人帮他沟通,向主人转达自己希望求访的请求,再传回主人的回答,这个中间人被称为"将命者"。主宾双方协调好见面的日期与时间,宾客才能携雉拜访。为了表示对主人的尊敬,宾客怀里捧着的雉需要将头朝向宾客身体的左侧放置,在得到主人的允许后,宾客才能进门。进门的时候,宾客需要从大门的左侧进入。商周时期以左为尊,雉头朝左是宾客对主人的尊敬,而客从左入,是主人对宾客的尊敬。

在宾客到达主人家门口,并与主人相见的过程中,有一系列互相客套推让的对话,经过主人的"请返""辞挚"等士相见礼中的程式,体现了主宾之间互相尊敬并且自谦的礼数和态度。主宾尚未见面,宾客需要在门口通过他人向主人行礼,这个协助者被称为"摈者"。宾客首先要表示希望拜见主人但没有机缘,再说明近日受"将命者"之命拜见主人。主人则需要表示"将命者"曾命他去见宾客,然而宾客到访令他不敢受,还请宾客回家等待主人上门拜访。这是第一次"请返"。主人请返,宾客继续表示他与主人见面的强烈愿望,主人继续表示请宾客回家,他日定将拜访的请求。这是第二次"请返"。宾客需再三坚持求见:"某不敢为仪,固以请。"这一次主人终于答应出门见客,但因宾客携挚(雉)前来,需要辞谢宾客的礼物，虽然主人"辞挚"，但宾客仍需表示若不携挚则无颜面见主人。主人再次"辞挚"，宾客再一次表示无礼不敢面见主人。在两次"请返"和两次"辞挚"之后，主人这才表示不得不遵从宾客的意思，迎接宾客进门："某也固辞，不得命，敢不敬从。"主人出门与宾客相见，向宾客行再拜之礼，宾客以同样的礼仪回敬主人。主人在门的右侧，揖让延请客人进门，客人将雉头朝左，从左侧进门。进门后，主人再次行再拜之礼，接受礼物，而宾客也回以再拜之礼，送上挚。受挚之后，宾客出门，主人通过"摈者"向宾客表示请求见面相谈，宾客返回，与主人见面叙话。

这一套程式在我们今天看来似乎像是"逢场作戏"的繁文缛节，但是从礼仪的内核上来看，这是主客之间在见面时自谦和礼敬对方的真诚举动。当代社会生活与两千多年前相去甚远，但是做客和迎客礼仪中谦卑、敬人的思想本质却是一以贯之的：主人在迎接客人来访前需要把家中洒扫整理干净，准备好美味的食物，给客人上好茶，尽自己所能让宾客感受到自己对宾客来访的欢迎和喜悦，以及让宾客"宾至如归"的希望。说到迎客的热情，不得不说的是我国众多热情好客的少数民族的迎客礼仪。蒙古族和藏族在迎接尊贵的客人时都要献上哈达，洁白的哈达蕴含着对客人热烈的欢迎和诚挚的敬意。美酒是很多民族在寨子门口迎接客人的第一道"关"，只有客人将美酒饮尽方能显示主人的热情和对主人的尊重。

在上海的社交礼仪中，主人在迎接客人的时候需要尽到"地主之谊"，要尽心陪伴客人，客人到了就要马上为客人倒茶，喝茶的时候时刻关注客人的茶杯，及时添茶。客来敬茶是基本的待客礼仪，请客人坐下之后，主人要面带笑容地为客人倒茶，并把茶送到客人面前。主客相会，一边喝茶一边叙话，当客人将茶喝到还剩茶杯的三分之一或者一半的时候，主人就应该为客人添茶，在一次相见饮茶的过程中,主人至少要给客人添三次茶水。上海人做事精细、讲究,在以茶待客的时候,会根据不同的客人选择相应的茶杯。家里的常客就用常用的茶杯或者茶盅,如果是贵客到访,就要用带盖子的茶碗来迎客。茶有很多种类,在待客的时候也可以根据不同的群体来上茶,老年人爱喝红茶,女士比较喜欢茉莉花茶,而大部分年轻人则可用绿茶招待。

二、做客

上文所述的迎客礼仪在《仪礼》中被归纳为"士相见礼"。所谓"相见",就是说宾客登门并不是完整的礼仪,还需要主人回访,主、客双方互相造访对方,这才完成了相见礼仪,这就是《礼记·曲礼》中所说的:"礼尚往来。往而不来,非礼也;来而不往,亦非礼也。"

在迎客礼仪中,主人与客人叙话结束,客人就应该"知趣地"离开了,即"请辞",主人将客人送到门外,需要再一次行再拜之礼。宾客来访的第二天,主人需要携带前一日宾客送来的挚回访,此时,前一日的主人就成了宾客,而此行的目的则是还挚。到达主人家门口后,宾客直言此行目的是请求将挚还给"将命者"。主人需要辞挚,宾客重申还挚的请求,主人再次辞挚,宾客再三请求还挚。三次推辞之后,主人方同意收回挚,并请宾客进门:"某也固辞,不得命,敢不从?"宾客进到中庭,主人行再拜之礼迎接,宾客行再拜之礼送还挚。还挚之后,宾客离开,主人送至门外,行再拜之礼。至此,一套完整的士相见礼仪才告完成。

从这套士相见礼仪中,我们可以看到,古人执挚相见,是向对方表达自己的敬意。在相互拜访的过程中,挚是表现拜访者品行的礼物,但挚在相见礼仪中的往返,体现了君子之交不以财物衡量的高洁性质。而无论是拜访者还是主人,不管是相迎还是相送,见面之时都要行以再拜之礼,再拜是对他人的敬重。我们现在做客,也需要做到对主人的敬重。无论与主人的关系多么密切，都应该在拜访之前通过电话或者短信、邮件等方式与主人协商好见面的日期和时间，还需要带上一些小礼物显示对主人的诚意，礼物不论价格高低，贵在其中包含的心意，即所谓的"礼轻情义重"。

当今的社会生活中，迎客送客并没有如此繁琐的礼仪，虽然程式已经简化，但是仪式体现的主宾之间的敬重之情在送客的时候仍然需要。若客人要离开，主人首先需要挽留，而不是起身送客；主人挽留之后，客人执意离开，那主人就要将客人送至门外。敬茶，是中国传统的待客之道，客人来了上好茶，主客相谈不能忘了给客人的茶杯续水；若茶凉未续水，便是主人有送客之意，"识相"一点的客人就应该适时结束拜访并起身离开，如果此时客人还与主人叙话不止，那这客人便有不知礼之嫌了。我国的传统文化一向敬重他者，在送客之时，无论是客人主动请辞，还是主人暗示结束，为主人者都要做得有礼有节，让宾客在往来之中体会到主人的敬重之心。

做客的时候，仪表整洁是首先要注意的一点。上海的礼仪中，出门做客前需要换上干净的衣服，如果头发长了最好去理个发，男性还要将胡子刮干净。做客的时候要考虑到主人家的成员，为老人或者小孩准备一些礼物，礼物不在贵重，能够表达心意就可以了。到了主人家之后，需要向主人家的家庭成员打招呼，尤其是主人家的长辈，经过主人邀请，客人才可以就座，坐的时候要保持端正的坐姿。做客的时候，主人敬茶添水，客人需要站起来双手接过，并且向主人道谢，在喝茶的时候不能把茶水喝干，杯中要留有一定的茶水等主人添水。

三、宴饮礼仪

古代社会中大型的宴饮活动有两种：一个是君臣之间的"燕

礼",另一个是一乡之人欢聚的"乡饮酒礼"。相比而言,后者的社会基础更为广泛。"乡饮酒"初为乡人的聚会,因被注入儒家尊贤养老的思想,而成为具有教化意义的宴饮仪式。乡饮酒礼在古代社会中得到了一贯的传承,直到清道光二十三年(1843)才被政府废止,它在传统社会中对维持社会秩序、实现德育教化发挥着重要的作用。

乡是古代的行政单位,天子所居都城一百里之内的区域为郊,郊的区域又分为六乡,乡下面还有州、党、族、闾、比五个等级的行政单位。乡的长官叫乡大夫,乡有乡学,称为"庠",乡学的教师由致仕回乡的官员担任。乡学招收的学生三年学成,从乡学毕业就成为"学士"。古代三年一次在乡学选举贤能之人推荐给天子或诸侯,乡饮酒礼就是每三年的正月,乡大夫与乡中选举出来的贤能之士饮酒的聚会,此举意在倡导尊贤重士的风气。乡饮酒礼并不是单纯的聚会,这种宴饮需要体现对贤能之人的尊重,所以宴饮有既定的程式。它的内容也不仅仅只是饮酒,在"礼乐治国"的社会里,乡饮酒礼作为一个乡的重要宴席,必须要把礼和乐结合起来,并且结合舞蹈,按照相应的礼仪规范执行,每一个环节都需要显现出尊贤的思想内核。乡饮酒礼的仪式由"谋宾""迎宾""献宾""乐宾""旅酬""无算爵乐"和"宾返拜"七个环节组成。下面我们来对这七个环节一一说明:

(1)谋宾。乡饮酒礼的主人是乡大夫,谋宾是指乡大夫根据完成学业的学生的德行和才能决定宾的人选,这个被选为"宾"的人就如同是科举考试中的"状元",他会被推荐给天子和诸侯。再在位列前茅的其他学生中,选一位定为陪客"介",选三位做众宾之长。另外,乡大夫从属吏中挑选一位德行好的人协助自己行礼,称为"僎"。

(2)迎宾。宾、介的人选确定后,主人,即乡大夫,亲自依次前往他们的家中通报邀请。虽然宾、介的人选已经确定了，但两人还是需要推辞一番，乡大夫行再拜之礼坚持，两人才会接受。举行乡饮酒礼那天，主人先到"宾"和"介"家中召请，随后主人在乡学门口迎接参加的众人：宾、介和众宾。主人在门口和"宾"互行再拜之礼，和"介"行一拜之礼，对众宾行拱手礼。行礼结束，客人入门，众宾在门内等候，宾、介在主人陪同下前行上堂。上堂后，主人行礼拜谢宾的到来，宾回礼，礼毕，主人和几位宾客按照尊卑方位就座。

（3）献宾。献宾是乡饮酒礼的中心环节，是主人和宾之间敬酒、回敬和共饮的仪式，分别称为献、酢、酬，一个完整的仪式称为"一献之礼"。献时，主人需要下堂为客人洗爵，再次下堂为斟酒而洗手，宾需要随主人下堂，辞谢主人。主宾再次上堂之后，宾要拜谢主人，主人斟酒后，宾要拜受，主人拜送，宾收到酒爵，做食前祭祀后再将酒饮尽，整个过程有"辞降""辞洗""拜洗""扬觯""拜受""拜送"这几个主宾之间的礼仪互动。宾酢主人的仪式与献相同，只是行动者之间互相交换。酬的过程减少了辞洗的环节，主人先作食前祭祀，饮酒后下堂洗手洗觯，再次上堂为宾斟酒，宾拜饮。到这里，"一献之礼"就完成了。随后，主人以稍加精简的仪式与介、众宾饮酒。

（4）乐宾。乐宾是在宴饮中为使宾客欢愉而演奏乐曲，表示对宾客的尊敬，由升歌、笙奏、间歌和合乐四个部分组成。升歌由两人鼓瑟，两人唱歌，唱的是《诗经·小雅》中的《鹿鸣》《四牡》《皇皇者华》等赞美宾客的歌曲。笙奏是由笙吹奏《诗经·小雅》中的《南陔》《白华》和《华黍》三章。升歌在堂上表演，而笙奏在堂下表演。间歌是升歌和笙奏轮流演奏，互相呼应，分别为《鱼丽》和《由庚》，《南有嘉鱼》和《崇丘》，《南山有台》和《由仪》，这些诗歌都含有尊敬宾客、礼敬贤者的意思。合乐是升歌与笙奏共同演奏，内容为《诗经·周南》中的《关雎》《葛覃》和《召南》中的《雀巢》《菜蘩》《采蘋》。期间，主人还要向乐工献酒。

（5）旅酬。旅酬是在宾提请告辞，被主人留下之后，在座众人按照尊卑顺序，由尊者向下劝酒的环节：宾酬主人，主人酬介，介酬众宾，众宾再按照长幼依次相酬。与献宾相比，旅酬的规矩相对较少，不需要祭酒，也可以站着饮酒。

（6）无算爵乐。无算爵乐分无算爵和无算乐，无算爵是指主宾之间互相举杯饮酒，不必像献酒时那样计算爵数，而无算乐是指乐工不间断地演奏乐曲。直到这个时候，才不用严格地按照礼仪规范来饮酒，宴饮气氛相对轻松起来。

（7）宾返拜。一番欢愉的饮酒之后，宾告辞离开，乐工演奏《陔》这首乐曲，主人将宾送至门外，行再拜之礼。次日，宾前往主人家，拜谢主人款待。

这就是一套完整的乡饮酒礼，在孔子看来，这种宴饮已经远远超出了饮酒作乐的范畴，在仪式的各个环节中，体现了分明的贵贱等差关系。虽然如此，仪式还是关照到了在场的每一个人，带给一乡的人合于礼的快乐，让人看到了一个长幼有序的社会，君子之间互相尊敬、揖让，这样的社会才能有序，有这样的君子治国，天下自然安定。

除了乡范围内举行乡饮酒礼，在乡之下的几个行政单位中，州在每年春、秋两季的射礼前，党在每年十二月大蜡祭时都会举行饮酒礼，这些仪式与乡饮酒礼相似，前者也是选拔有技艺和德行的青年，而后者则是倡导尊老养老。

儒家思想推崇尊贤和敬老，在乡饮酒礼中，这两个思想被贯彻于仪式之中，时至今日，我们在宴饮中仍然坚持着这两个观念。如果宴饮席上有老人和受尊敬的贤能的人，他们首先会被奉为上宾，坐在上座。席上上来的美味佳肴需要让他们先品尝，敬酒也需要从这些受人尊敬的对象开始。与乡饮酒礼这种严肃而庄重的宴席相比，我们今天的酒宴上有时会出现无限制地劝酒，这显然是没有礼的表现。礼是对人的行为的限制，它将人的言行举止限定在不逾矩的范围里，过犹不及。了解宴饮酒席上的礼，是非常有益的，可以让自己的一言一行做到有礼且有节，体现出真正的文明和礼貌。

在现代社会的交往中，宴饮是谁都离不开的社交环节。宴席有主客和长幼之分，在宴席开始的时候，主人需要邀请客人就座，客人应该稍加推辞，并请主人家的长辈或者客人中的年长者首先入席。席上朝南方向或者正对着门口方向的座位为上座，应该让长辈、尊贵的客人和主人坐，客人在入席的时候需要尽量避开这些座位，以显示对主人和长者的尊敬。宴席上菜肴丰盛，客人应该等主人先拿起筷子夹第一口菜后，再开始吃。而主人则通常在主要的肉类菜肴上来之后，分别夹给在座的客人。宴席上饮酒需要节制，面对主人的劝酒，客人应尽量辞谢。客人的酒如果没喝完，主人就不能先吃饭，如果还没有客人开始吃饭，主人也不能先用饭，而最后一位客人的饭没吃完，主人就不能放下碗筷离席。

第三节　筷子中的奥妙

"眠则俱眠，起则俱起。贪如豺狼，赃不入己。"这是一则记载于《魏书》的谜语，谜底是我们日食三餐的工具——筷子。"贪如豺狼，赃不入己"虽描述的是一个负面形象，却也体现出这一双七寸六分长的筷子，并不只是中国人夹取食物的工具，在上下五千年的历史长河中，筷子已经融入社会生活的各个方面，成为中国文化的象征之一。从功能上来看，筷子可以作乐，"箸击盘歌"发出的是自然之音；筷子可以起舞，饰以彩绸的筷子敲打肢体，表达的是真挚的喜悦;筷子还可以作为武器,"筷子功"是造诣较高的武术师才能练到的层次。从文化意义上来看,金银玉箸是身份地位的象征,"纣为象箸"是国家衰败的象征,龙凤喜箸是"快生贵子"的象征。筷子的功能如此之丰富,文化意义如此之多样,筷子的前世今生与中国文化息息相关。

一、筷子文化

常言道"广厦千间,夜眠仅需六尺;家财万贯,日食不过三餐",我们每天辛勤工作,加班加点,却终究只不过一日食三餐。不论贫穷还是富贵,既然日食不过三餐,那富者便在食物的精细上下文章,吃的文化越做越细。有人总结说,中国文化是一部"吃"的文化:岗位叫做"饭碗",谋生叫做"糊口",受人欢迎叫"吃香",受到照顾叫"吃小灶",受人伤害叫"吃亏",办事不力叫"吃干饭",嫉妒叫做"吃醋",就连夸赞女性美貌也有"秀色可餐"这个优雅的成语。虽然这只是个带有玩笑意味的段子,却也不无道理。中国社会中,无论是家长里短的矛盾,还是千头万绪的工作,只要到了餐桌上,再大的问题也能轻松化解。

筷子,是我们饮食的工具,七寸六分长的一双筷子,可以夹菜,也可以送汤,若不是考究一点的情况,一双筷子便可以完成一顿饭所有的送递工作。"日出而作,日落而息。"虽然我们已经远离了农耕文化的历史,但却仍然保持着这种作息,家庭和社会是我们每天接触的两个点。我们的三餐大部分情况下也是与这两类人共享,与家人共餐可以融汇亲情,与朋友聚餐则可以增进感情。三餐就像我们的饮食工具——筷子一样,同样长短的两根木棍,平衡着夹取食物的力道,完成了夹菜送饭的工作。三餐平衡了家庭和社会的关系,推动我们的生活一天一天地平稳前进。

筷子,古语称为"箸",《说文解字》如此解释:"箸,饭攲也。从竹,者声。"就是说箸是吃饭时使用的工具。因为箸是帮助进食的工具,所以箸又写作"筯"。考古发现,远在六七千年前,我们的祖先就开始在饮食上使用"箸"这种辅助工具了。学者研究认为,箸的出现与先民"热食""粒食"的饮食习惯以及碗装容器的使用有关。古代中国北方以黍、稷等为主食,南方以稻米为主食,这些食物加水蒸煮成饭或粥,虽然古代已有类似我们现在的勺子的工具——匕,但是匕的形状平扁,在以碗状容器为装盛器物的情况下,匕并不适合在这样的容器里舀取食物,相比之下,两根小竹棍做成的箸既可以夹取米饭、黍、稷这样颗粒状食物,又可以配合碗状容器直接送食羹汤、粥这样的流质食物,操作相当方便。归纳来说,筷子在使用的时候同时具备了夹、拨、撕、挑、扒等功能。当然,从进餐礼仪上来说,进餐时除了酒樽,不能把其他的容器端起来,所以羹汤类的食物的食用方式是用筷子夹食其中可以夹取的食物,而流质汤汁则应该用勺子舀取食用。中国菜肴的烹调方式也决定了手抓或者舀取等方式并不方便取用加工成块、丝、丁、片状的食物,相比之下,箸是最适合中国人饮食方式的工具。而且,在烹煮菜肴的时候,筷子也是很好的帮手,今天我们在早餐店里可以看到翻滚的油锅旁,熟练的餐点师傅用长长的筷子翻动着美味的油条。

从名称的使用历史来看,"箸"是古代社会对"筷子"最为普遍的称呼,这个词最早出现在公元前 301 年楚、燕、赵、魏、韩五国联合攻打秦国后所刻的《诅楚文》刻石中。而在《礼记》中,箸还有另外一个称呼——梜,"羹之有菜者用梜,其无菜者不用梜",梜是用来夹取食物的工具,从字形上来看,左木右夹,"梜"形象地展现了这个工具的制作材料和功能。三国和魏晋南北朝时期,"筯"字出现,与同音的"箸"指代相同的对象,唐宋时期的众多文学作品中都有这个词。如李白在《行路难》写道:"金樽清酒斗十千,玉盘珍羞直万钱。停杯投箸不能食,拔剑四顾心茫然。"当时社会中,"箸"和"筯"同时使用。相比而言,"筷子"的称呼略显通俗,这个口语化的词语最早记载于明代陆容的《菽园杂记》,在一段讲述吴中百姓因忌讳而改变了他们对某些物品的称呼的文字中作者写道:"民间俗讳,各处有之,而吴中为甚。如舟行讳住,讳翻;以箸为快(筷)儿,幡布为抹布。"吴中地区即在今天鱼米之乡的江南地区,是河网密布的地方,渔民是当地除了农民之外的另一大群体。在信仰丰富的民间,各行各业都有各自的禁忌,渔民忌讳渔船停止不前和翻覆,在现代社会,以船为家的人在船上吃鱼都保持了不能给鱼翻身的忌讳。发音同"住"的"箸"便需要用一个更加吉利的词来替代。民众广为流传的"快儿""快子"等口语化的称呼,到了文人士大夫群体中,就被加上了一个竹字头,从此字形和拼读方面更加形象生动——"筷子"。据考证推测,"筷子"这个名字最迟在明朝时被使用,但在书面使用时仍然以"箸"字居多,四大名著中就仍然使用"箸"这个词。

"筷子""箸"和"筯",这三个名称相同的是偏旁,从竹,表明在制作选材上,竹子是常见的制作筷子的材料。事实上,制作筷子可选取的材料十分广泛,金银玉石,竹木骨牙,加以磨制都可以做成一副用来进食的餐具,若是遇到特殊情况,即便折两根秫秸也可以当作筷子。竹子和木头是制作日常生活所用筷子的常见材料,木筷中杨树和桦树这两种木材因为比较廉价,所以被广泛用在一次性卫生筷的制作上。虽然竹木材料在绝大多数情况下都不如金银玉石贵重,但是有些竹木制作的筷子却具有不亚于甚至高于金银玉筷的价值。《本草纲目》记载冬青木有"甘凉无毒,安五脏,养精神,乌发明目"的功效,女贞子有"乌须明目,滋阴补肾"的功效,这两种木材制作而成的筷子,自然也有这样的有利身体健康的药效。"天竺筷"从名字上来看,就是与佛教文化相关的筷子,它是由取自杭州天竺山一带的实心大叶箬竹制成。灵隐一带出售的天竺筷用佛像装饰，虔诚的香客们在进香时购买一副或者一套带回家中，时时提醒着自己要保持对佛祖的虔诚。对于西南少数民族和北方游牧民族来说，动物的骨头和角质地坚硬，是用来制作筷子的好材料，"刀箸"就是蒙古族独特的餐具。解食刀是牧民随身佩带之物，刀鞘一侧装有牛羊骨制成的骨箸，进餐的时候既可以用刀切肉吃，又可以用筷子夹取食物，这个组合非常适合草原民族游牧的生活方式。而金、银、玉、牙等材料本身就具有相当贵重的价值，用它们制成的筷子，其价值已经远远超过了餐具的范围。雕刻精美的金银玉箸，不是寻常百姓能够用得起的物品，只有在那些富商大贾、官宦人家和贵族阶级看来才是寻常之物。殷商最后一代君主纣王曾以象牙为箸，这一行为令箕子感到担忧。因为一旦使用了象牙制的筷子，便会随之追求配套的其他器物，也就不会满足于普通的饮食而要求山珍海味，不会满足于简单粗糙的服饰和居所，导致穷奢极欲追求享受。因而，无论是古代社会，还是现代社会，对于普通百姓而言，最实惠的就是用最为简单的竹子和木头做的筷子了。

二、筷子使用基本礼仪

筷子作为中国人的饮食工具，一日三餐离不开。小小的一双筷子，使用起来大有讲究，如果不掌握使用的正确方式和技巧，不但无法顺利夹取食物，而且也会做出失礼的举动。如食指翘起，筷子放在大拇指和食指中间，这种握筷方式是非常不礼貌的，民间认为是"骂大街"的意思。使用筷子的正确方式如下：

右手拿起两根筷子，大拇指指根处和无名指第一关节将下面的筷子固定住，小指自然弯曲抵住无名指。夹菜时，下面这根筷子不动，叫"静筷"；大拇指前端和食指、中指捏住上面一根筷子，夹菜时,食指和中指向内弯曲,使上面这根筷子靠近"静筷",从而将食物夹住,称为"动筷"。两根筷子在使用中,一动一静,"动筷"开合自如,自由活动,与"静筷"配合默契,夹取食物。

握筷的部位,一般应拿到筷子的 2/3 处,小孩子可以拿在筷子的中间,因为小孩手上没劲,如果太靠近筷尾,取食时力量不够,食物容易从筷子上滑落。

从礼仪上来看筷子,它是饮宴的一部分,而且是宴会场合中体现礼仪的最为敏感的部分,这种"敏感"表现在诸多禁忌上。首先,对于宴会的主人来说,宴客必须使用洁净的筷子,有条件的人家多另备一套用于宴客的筷子,与主人家日常使用的筷子区分开来。其次,宴饮开始之前需要把筷子摆放在餐桌上,摆放时需要注意摆放与进餐人数相同数量的筷子,尤其不可少放。还需要注意将筷子放在进餐者的右手位置,或放在右侧的筷架上。筷子在摆放时要做到整齐、并拢,切忌不能将筷头朝外,更不可以筷头、筷尾交错摆放,或一横一竖随便交叉放在桌上,也不能将形制、长短不同的筷子配对使用。

宴席以主人的招呼为开始,主人用"请用筷""请动筷"这样的礼貌语来表示对客人的热情和尊敬。在宴席进行的过程中,如果进食者需要暂停进食,可以把筷子竖向放在碗或碟子上。如果进食者已经吃饱,只要把筷子横放在碗或碟子上,在座的人就知道这个人已经吃饱了。无论在什么情况下,年长者都应该受到尊重,餐桌上也是如此,小辈为了表示对长辈的尊敬,需要等长者动筷了之后才能动筷,也应该在长者横筷之后才可以横筷。

三、筷子使用中的禁忌

以上只是使用筷子时最为基本的礼仪,在用餐过程中,使用筷子需要注意的事项更多。中国文化中对使用筷子有十二大禁忌,这些用筷禁忌还被冠以十分生动形象的名称：

(1) 仙人指路。仙人指路有两种情况：一种是上文中提到的食指翘起的握筷方式；另一种指的是用餐时拿筷子指向别人。食指伸出、拿筷子指向别人都意味着指责别人、骂人，十分不尊重他人。还有一种将筷子指向别人的方式是在不使用筷子的时候，把筷子夹在盘碟上，筷头翘起指向他人，这种方式被称为"千夫所指"，从名称中就足以看出这个行为是相当不礼貌的表现。

(2) 三长两短。指摆放筷子时，将筷子长短不齐地放在餐桌上。这种凌乱的摆法很不吉利，因为容易让人联想到灾难或死亡。中国传统的丧葬方法大多是土葬，人去世后要放进棺材里埋葬，棺材用三块长木板围起来，前后两块短木板封住，因而"三长两短"无疑是触犯了古人对"死"的大忌。所以筷子不能长短不齐地随意放置。

(3) 执箸巡城。指夹取食物时没有明确目标，用筷子在众多菜碟之间来回晃动，犹豫不决，却迟迟不下筷夹取。这是典型的目中无人、缺乏修养的表现。

(4) 迷箸刨坟。指用筷子在菜盘里不停地翻找、挑拣，好像盗墓刨坟。

(5) 泪箸遗珠。"快、狠、准"是使用筷子时需要做到的三点，当夹取了食物之后，需要尽快将食物放到自己的碗中或者吃掉。若在夹取的过程中不慎将食物或者汤汁滴落到其他菜中或者桌子上，也是失礼的行为，被称为"泪箸遗珠"。

(6) 击盏敲盅。过去乞丐求人施舍的时候，为了引起行人的注意，通常会用筷子击打手中的破碗。如果我们在进餐时也这样做，则无异于乞丐的行径。

(7) 品箸留声。古人教育子女有"食不言，寝不语"之说，年幼的儿童在吃饭时或许可以做到不言语，但是对于成年人来说，餐桌也是交际的平台,不言语就无法交流了。虽然餐桌礼仪允许说话,但是有一种声音是绝对禁止的,即嘬筷子的声音。筷子是单纯的夹取食物的工具,在筷子将食物送至嘴里之后,它就完成了任务,不能在嘴里停留,更不能把筷头含在嘴里来回嘬,并发出声响,这种嘬筷子的行为被称为"品箸留声"。

(8)定海神针。用餐时,用一根筷子去插盘中的菜,把筷子当叉子来使用,这也是对他人极不尊重的表现。

(9)当众上香。把筷子直直地插在盛有米饭的饭碗里,这是大不敬的行为。民间习俗中,只有为死去的人上香的时候才这样做。

(10)颠倒乾坤。筷子分筷头、筷尾,筷头一般圆润光滑,稍细一些,用来夹取食物。筷尾方正,一般有刻花刻痕,比筷头粗大一些。拿筷时,筷头朝下,筷尾朝上,这是不能颠倒的,只有饥不择食了才会有"乾坤颠倒"这种错误的举动出现。

(11)交叉十字。用餐时将筷子交叉放在餐桌上,类似于"打叉",被认为是对同桌用餐者的否定,是一种不尊重他人的行为。

(12)落地惊神。父母们通常教育子女吃饭的时候要求"饭碗要捧牢",除了饭碗,筷子也是需要牢牢握住的,人们相信筷子落地会惊动地下的祖先,这是大不孝的行为。

以上种种禁忌,将我们在餐桌上的行为限定在礼仪的规范里。小小的一双筷子,它承载的不仅是美味可口的佳肴,而且还有用餐时的道德修养和文明礼仪,这些用餐的禁忌约束和规范了用餐者的行为举止,让我们在品尝美味佳肴的同时不忘文化道义的责任。

四、筷子和刀叉

"十里不同风,百里不同俗。"在十里、百里如此小的范围内,风俗习惯尚且有差异,就更不用说世界的东方和西方了。当西方传教士进入中国,中西方在礼仪上的差异便凸显出来。利玛窦等早期传教士借"西儒"的名义传教,对中国传统祭祖敬孔的文化传统保持宽容的态度,这使得基督教在中国社会得以生根和发芽。然而进入到17世纪,随着基督教信徒的增长,以及教皇对中国教徒祭孔和祭祖行为的限制,中西文化的冲突愈演愈烈,以致在17世纪末开始了持续长达三百多年的中西礼仪之争。筷子和刀叉,是中西方饮食所使用的主要工具,也被视为是中西饮食文化的代表,蔡元培先生曾经如此评价筷子和刀叉:"中国远古时代也曾使用过刀叉进食,不过我们民族是一个酷爱和平的礼仪之邦,总觉得刀叉是战争武器,进食时使用它未免不太雅观,所以早在商周时代就改用箸,世代相传至今,中国人皆以用筷子为荣。"西方人用刀叉切割烹煮得并未熟透的肉类,切割的举动和肉块上的血丝,给人带来暴虐的张狂感;而东方人将经过切割的食物经过精心烹调后上桌,用筷子夹取食物,带给人的则是内敛和含蓄的感觉。罗兰·巴特尔在他的《符号帝国》中就把筷子评价为"和"的符号:"食物不再成为人们暴力之下的猎物,而是成为和谐地被传送的物质。"筷子和刀叉是中西文化的两大符号象征,从这两种工具所体现的宴饮礼仪上,我们也可以看到中西文化的异同。

筷子是儒家倡导的"和"文化的符号:两根筷子互相用力,张合之间,或夹,或挑,或拨,或撕,无论是条状、丝状、片状,还是块状、丁状、末状的食物,都能够很好地取得,这是饮食工具与食物之间的和谐,也是人和筷子之间的和谐;一桌人就餐,讲究的环境里,就餐者共用一双公筷分享美食,不考究的时候,多名就餐者的筷子可以同时伸向一个菜碟,互不争抢,各取所需,这是人与人之间的和谐;筷子尖圆尾方,应和了"天圆地方"的哲理,我们用筷子饮食就餐,用筷子击鼓起舞,还用筷子指点江山,这是天与人的和谐。

成双成对出现的筷子,又是幸福美好的象征:夫妻新婚,喜筷配合着桂圆莲子,就有了"快生贵子"的美好祝福;银婚、金婚的老夫妻,赠予他们镀银镀金的筷子,表达的是"快快活活,情牵久久"的祝福;若是对垂髫儿童,则是寄予"快快长大"的厚望;若是作为送人乔迁之礼,又是祝他"快快发家"的美好愿景。任它时代如何变迁,中国人手里的这双筷子历经几千年却从来不曾有过大的变化,这就像中国源远流长的传统文化,坚持着那份本真,以自己的不变来顺应世事的瞬息万变。

东亚文化圈深受中国文化的影响,从语言文字到妆容服饰,都有一段向中国学习的历史,饮食习惯上也是如此。日本、韩国、越南等都是使用筷子为进餐工具的国家。越南人在餐桌上使用筷子的礼仪与中国相似,对于越南家庭而言,筷子形状笔直,使用的时候需要对齐、配合夹取食物,这是家庭教育中寓意夫妻和谐、兄弟团结的形象。近几年,日韩潮流涌入中国,韩国烤肉和日本寿司也成为中国人喜欢的美食。从直观上来看,韩国和日本两个国家的筷子在形状上与中国的筷子有明显的不同。中国的筷子形状头圆尾方,头部略细,所用材料以木和竹居多,标准的长度是七寸六分;韩国的筷子以金属材料制成居多,而且前后宽度一致,呈扁细的条状;日本的筷子则更短一些,而且头部更尖。因地而制宜,饮食工具的形制离不开当地的饮食习惯。韩国使用金属筷一方面是往昔战乱期间保持筷子耐用性的需要,另一方面因为韩国饮食重烧烤,金属结构稳定,高温不会对筷子造成伤害,金属也不会对人体造成伤害。日本人分餐而食,一人一套餐具和食物,对筷子的长度要求不高,所以日本的筷子相对较短。日食精细,网上流行的"一粒寿司"就是日本料理的神奇之作,一粒米上做文章,足见日本人的精细程度。尖头的筷子方便夹取细小的食物,所以日本的筷子多做成头尖尾粗的形状。

孔子说过"食不厌精,脍不厌细",故而中国以及日韩等东亚国家在饮食上都崇尚精致,用多样的食材来烹饪色香味俱全的食物,重视食物的切割和调料的配合。虽然中西方之间在饮食习惯和食物类别上有着明显的差异,但是在对食物的精雕细琢上,具有异曲同工之处。西式餐点的主食以面包和肉类为主,不同的面包有不同的吃法,肉类不同,搭配使用的餐具也不一样。常见的西式餐具布置包括底盘、刀叉、餐勺、面包碟、杯子、餐巾等。底盘放在用餐者的正前方,刀叉按照左叉右刀的顺序分别摆放,刀叉的数量视食物的种类和多少而定,餐勺放在餐刀的右边,面包碟放在餐叉的前方或者左边,黄油刀横放在面包碟上面。餐刀前面从左到右依次放水杯、红葡萄酒杯、白葡萄酒杯。吃甜食用的餐叉和餐勺横放于底盘的正前方,餐巾折成一定的形状放在底盘上或水杯里。西餐用餐时按照由外向内的原则来使用刀叉和餐勺,一副刀叉只能用于食用一种食物。左手执叉,右手执刀切割食物,切割的量以一次能入口的食物为限,切割食物时不可发出响声,手肘下沉,不能横向以妨碍他人用餐。西餐在进食的时候强调就餐者之间的交流,并且关注不熟悉的人。聚餐是社交的工具,而分餐制则与西方文化个人主义的取向有关,各自享用自己盘中的食物也是西方文明对自由和平等追求的体现。

西餐礼仪被认为是高雅仪态的体现,其首要的原则是尊重女性,男士积极为女士递送调味瓶,并与之交谈。在就餐时,用餐者被要求谨慎地使用餐具,不使其发出声响,在进食的时候也需要噤声,正襟危坐以保持优雅的举止。西方饮食严格遵循分餐的习俗,用餐时禁止夹菜,饮酒时也不许劝酒,更不能出现觥筹交错的"乱象",这是与东方饮食习俗相异之处。虽然习俗大不相同,但是中西宴饮还是具有一些相同之处,那就是用餐者需要遵守礼仪规范,保持良好的举止姿态。然而,作为文化符号的筷子和刀叉,承载其上的是东西方各自文化和本民族的审美观念、价值观念和民族心理,正是东西礼仪文明的差异,造就了筷子和刀叉这一柔一刚两种完全不同的饮食工具及其使用者的性格。

第四节　围　炉　夜　话

在没有电灯照明,没有电话通信,没有电视和网络等的古代社会,不论平民百姓还是达官贵族,人人都因为简单的社会条件而保持着"日出而作,日落而息"的生活节奏。在如此单调的生活中,文人墨客有着属于自己的浪漫情怀,他们会对月起舞,把酒吟诗,踏月访友,登楼怀远,即使孤身一人,也可以有"举杯邀明月,对影成三人"的诗情。然而,对于胸中没有多少墨水的普通百姓而言,每天忙忙碌碌就是为了一家人的生计,父子、夫妻之间的对话也多少离不开柴米油盐和家长里短。普通百姓的三餐最为简单不过,早餐是前一天剩下的,午餐在田间地头解决,可能只有晚餐才是一家人团聚共享的一餐。对于忙碌了一天的人而言,晚饭后一家人围坐在炉火或烛光前,享受儿女绕膝的天伦之乐便是夜晚最大的幸福。

"寒夜围炉,田家妇子之乐也"。寒冷的冬夜,在昏黄的烛光下,一家人围坐在炉火周围,母亲腿上放着针线盒,为丈夫缝补衣服或为子女缝制新衣,而孩子们趴在祖父母的膝头,听他们讲传说故事,或者坐在父亲的身边,听父亲讲人生道理,这是多么温馨的画面。在传统社会里,没有全职妈妈,更没有全职爸爸,父母对子女的教育都是在劳作的间隙中进行的,寒夜围炉,就是父母向子女教授礼仪规范的最佳时机与最温暖的课堂。

现代社会把普通人的劳动时间固定在每周五天,每天八个小时,这样的时间分配,保证了现代人每天有属于自己的时间和每周两天可以与父母家人团聚的时刻。这看上去给了现代父母充足的教育子女的时间,然而事实上,商品经济下,购房买车的需求让人主动地把自己捆绑在工作上,年轻的父母以"赚钱养家"之名加班劳动,把孩子交给祖父母管教,却忽视了自己作为父母肩负着陪伴子女成长、教育子女礼仪规范的责任。且让我们来看看一两百年前的中国父母,是如何充分利用每晚饭后的时间来教导子女的。

一、家风传承

《围炉夜话》是一部成书于清代的儒家通俗读物,作者王永彬,一生经历乾隆、嘉庆、道光、咸丰、同治五个时期。他并不是一个有着远大治国理想的人,虽然富有才学,却不喜欢科举;他受到儒家思想熏陶,十分重视自我品行的培养,重"修身"先于"治学"。王永彬一生专注于著述授业,他在咸丰甲寅(1854年)二月写成这部通俗易懂地讲述儒家修身立世之道的著作。《围炉夜话》书中虚拟了一个冬日的夜晚,一家人围着火炉聆听教诲的场景。全书共221则,书中文字短小精悍,以"安身立业"为总话题,内容涉及修身养性、为人处事、持身立业、读书立志、安贫乐道、济世助人、持家教子、忠孝节义、为官执政等多个方面,阐释了儒家"立德、立功、立言"的精神要旨。

《围炉夜话》在开篇指出田家妇子于寒夜围炉,无论是相顾无言还是嘻嘻然言非所宜言,都不是真正的快乐之事。在作者看来,冬夜围炉真正的快乐在于一家人相聚,看着炉中煨烤的食物,听着家长的谆谆教导,虽然不同于学堂里老师所教授的孔孟之书,但是父辈的人生经验所凝结而成的语句同样教给子女为人处事、安身立命的道理:作为子女,一定要把孝顺父母、友爱兄弟作为基本规范,"士必以诗书为性命,人须从孝悌立根基";为人处事需要忠厚诚实,勤俭节约才能立业传家,"处事以忠厚为法,传家得勤俭意便佳";父母是子女学习的对象,以身作则是教育子女的最佳方法,"父兄有善行,子第学之或无不肖;父兄有恶行,子第学之则无不肖。可知父兄教子弟,必证身以率之,无庸徒事言辞也";安定的生活是建立在各司其职,各务本业的基础之上的,"世之言乐者,但曰读书乐、田家乐,可知务本业者,其境长安";为人处事必须保持良好的言行,因为"一言足以招大祸,故古人守口如瓶,唯恐其覆坠也;一行足以玷终身,故古人饬躬若璧,唯恐有瑕疵也"……

无论哪个朝代,并不是每一个接受孔孟之道教导的读书人都有登仕途、步青云的机遇,更不是所有的人都有进入学堂聆听圣人教训的机会,然而,身处于儒家文化为思想统治工具的传统社会,"安身立命、忠孝节义"等儒家文化内核早已在生活中潜移默化地影响着每一个中国人。即使是以耕作为本的田家农夫,也知晓一些"苟不教,性乃迁。教之道,贵以专"以及"养不教,父之过"的道理,即使无才便是德的妇孺也晓得孟母断织教子的故事。回首过去的千千万万个夜晚,千千万万平凡人家没有把酒临风、赏月吟诗的情趣,有的只是子女绕膝、围炉夜语的谆谆教诲,再看科技发达的现代社会里,父母又安在呢?

二、父母何在

父母是子女人生路上的第一任导师,这是全世界各个国家各个民族在家庭教育上的共识。在传统的中国社会中,父母借夜晚围炉之机来给子女讲他们的人生经历和他们所理解的人生道理;在西方社会,父母每晚为子女讲读故事来启发孩子思考,进而告知道理。然而,当时间进入现代中国,养育子女已经不像一百年前那样只要供其吃住上学即可了,"不能让孩子输在起跑线上"成为现代年轻父母的共识。一个孩子从他出生开始,父母就要给他最好的,用进口的奶粉、尿布,买昂贵的衣服、玩具,上学了要选择好的学校,每个周末还要去兴趣班学钢琴、舞蹈,我们把父母的这一切行为总结为"再穷不能穷教育,再苦不能苦孩子"。2005年,中国社科院公布了一组中国父母抚养孩子到16岁和高等院校毕业时所须花费的数据,分别为25万元和49万元,当时的这个数据让很多人表示抚养孩子压力很大。时过境迁,六年以后,一组新的数据出现,让年轻的父母"亚历山大"。从2011年算起,把孩子抚养到25岁,包括孩子的日常开支、义务教育的学杂费和择校费,周末兴趣班和高等教育的学费,再加上孩子大学毕业后买房的首付,育儿成本超过百万元。如此沉重的压力,让父母成了孩子的"奴隶"。父母们在费尽心力为子女赚取成长费用的同时,不得不将孩子交给他们的祖父母一辈来照管,隔代亲却在无意中导致了家庭教育中父母的缺失。

然而,比起隔代照顾儿童中祖辈对孙辈的溺爱不利于孩子养成良好的习惯来说,父母的不道德行为对子女道德品行的养成影响更大。2014年夏天,浙江金华一家四星级酒店里,一位爸爸抱着儿子在酒店卫生间的洗手池里小便,而且这个爸爸此后多次在带孩子去这家酒店的时候采用这样的方式让孩子小便,保洁人员多次劝阻都没有效果,双方还发生了争吵。这件事情被报道后,这位爸爸通过媒体解释他的苦衷很多:孩子对尿不湿过敏,小便必须要去卫生间解决,但是酒店的卫生间没有提供小孩的坐便器,厕所蹲坑太黑,孩子害怕,而成人的小便池太高,孩子又有点重,家长长时间把尿体力吃不消。这位父亲的理由很多,似乎他认为自己的行为不但是可以原谅的,而且还是极其正当的。从新闻中来看,这位父亲并没有对自己不文明的行为有过道歉的话语,或许他并不认为自己的行为是不文明的吧。酒店在设计的时候没有考虑到婴幼儿群体的生理状况,是酒店做得不周全,然而,这位父亲作为一个公民、一位父亲,在公共场合不遵守礼仪规范,不教子女遵守公共场合的礼仪,反而以"幼子无辜""事有苦衷"的理由来为自己的行为开脱,这样的教育方式定然是不利于孩子成长的。

2013年10月,湖南卫视的一档亲子真人秀节目在社会上引发热烈的讨论,但是从网络上正反两方的评价来看,很多负面的言论从节目的娱乐性质和邀请的嘉宾对象出发,认为《爸爸去哪儿》这档节目是纯粹的作秀,消费明星年幼的子女。然而,当我们抛开节目的娱乐性质,从亲子互动这个角度来看这档节目,我们看到的是几位身为明星的爸爸,在繁忙的工作中抽出时间来陪伴孩子的情景。母子互动对我们来说是司空见惯的事情,在我们的传统文化中,父亲一直扮演着"严父"的角色,他们很少花时间来陪伴子女,而节目中的几位明星父亲,在镜头前与他们的孩子相处,展现各自的家庭教育方式:有的爸爸用严厉的话语来批评、训诫犯错的孩子;有的爸爸虽然宠爱女儿,但在女儿无理取闹的时候会换上严肃的面孔;有的爸爸用讲道理的方式来告诉孩子怎么做才是正确的;还有的爸爸用换位思考的平等口吻,通过角色扮演来教导孩子人生道理。从电视荧幕上,我们看到这些名人的家庭教育方式既有值得借鉴的地方,也有值得探讨的地方。这个节目的播出,在社会上引起了对家庭教育中的父子关系的讨论,也催热了一系列以父子互动为主题的旅游探险活动。从节目引起社会对亲子教育中父子之间的沟通和教育方式的关注来看,我们就应该承认这个节目具有积极向上的价值。

父母何在?是物质化的社会对家庭带来的无奈的影响,为了给子女更好的物质条件,父母们不得不无奈地把更多的时间放在工作上。但是,冷静地思考一下,这真的是为了子女么?钱财永远赚不完,好的物质条件之上还有更好的物质条件,但是家庭始终是生活的核心,父母们不妨学学古人的围炉夜话,像电视节目里那几位明星父亲那样每晚在陪伴子女入睡之前与他平等地交谈一番,或是回忆一天中的点滴快乐,或是教导孩子是非曲直、举止规范。

第三章
中国人的一年

春生夏长,寒暑往来。中国人的一年,也随着时节更迭而作息。传统节日顺天时而成俗,在倡导天人和谐的观念中得以传承。中华民族历史悠久,传统岁时年节体系的萌芽,早在周代已初具形态。流传至今的春节、清明、端午、中秋,因其得到广泛认同而成为中国四大传统节日。我国节日类型多样,一年最少有9个主要节日、24个节气和140多个神诞日。少数民族的节庆更是不胜枚举。中国素以农业生产为本,花样繁多的节庆饮食中饱含了人们的美好祝愿。《礼记·礼运》云:"夫礼之初,始诸饮食。"古人认为礼起源于饮食,足见食与礼的深刻的渊源关系。由此,我们便可从这些传统味道里,体悟中国人的礼仪与温情。

第一节 爆竹声声品团圆

俗话说,家和万事兴。中国人家庭观念浓厚,《论语·里仁》中说:"父母在,不远游,游必有方。"孔子认为,子女首先应该孝顺父母,在有了明确正当的目标后,才可以外出奋斗。因而大部分年轻人恪守传统,传承家业。一些游子则背井离乡谋其仕途,只有节日临近才归家侍奉双亲。倘若服役、战乱,家人间的欢聚时光尤显难能可贵。春节、元宵节、中秋节等节日,就被更多赋予了团圆的意味。

一、春节

"百节年为首。"春节可谓饱含传统文化魅力的中华第一节。据研究,农历新年春节起源于商代的"腊祭",已有三千多年的历史了。腊祭是古代先民在年底举行的祭祀活动,是对天地神灵和祖先的答谢祭,感谢诸神保佑人们经过一年的辛勤劳作获得丰收。举行祭礼时,人们载歌载舞,气氛十分热烈。

春节活动遵循着千年来的礼仪规范,形成了丰富有趣的习俗。中国北方流传着这样一首民谣:"腊月二十三糖瓜粘,腊月二十四扫房日,腊月二十五磨豆腐,腊月二十六炖大肉,腊月二十七宰公鸡,腊月二十八白面发,腊月二十九贴门口(贴春联),三十儿晚上熬一宿,大年初一拜亲友。"春节的礼俗活动以日程安排的形式确定下来,形象地反映了人们忙碌、喜庆、热闹的场景。中国北方大部分地区称腊月二十三或腊月二十四为"小年",也有不少地区称冬至为"小年"。虽然说法各不相同,人们辞旧迎新的愿望都是一致的。过了腊月二十三,人们就开始洒扫除尘、张罗置办年货,热热闹闹的过年气氛,一直到元宵节才算结束。甚至有过了腊八节,就张罗新年的,北方民谣唱道:"小孩小孩你别馋,过了腊八就是年。"过年时间之长,也足以表现古代春节喜庆祥和的节日气氛。现如今,我国通过政策法规让人们得以享受"过年七天乐"。

腊月二十三小年可谓中国人过年的开端。小年又叫灶王节、祭灶日,是中国民间祭灶、扫尘的日子。相传灶王爷每年这时都要向玉皇大帝禀报人间各家的善恶,让上天赏罚。因此旧时家家都要在小年祭祀灶神。就上海地区的供品来看,果品有福橘、慈姑、荸荠(亦称"三果");素三牲为面粉制的猪头、鸡、鱼;蔬菜有金针、木耳、香覃;还有糖元宝一碟、清茶一杯、素汤团12只(如逢闰月则放13只)。此外,另加糖圆(糖拌小圆子)四盅,以备为灶神抬轿的轿夫享用。有趣的是,除了在灶王画像前摆放瓜果、香烛,全国各地的人们还要把麦芽糖制成的关东糖用火融化,涂在灶王爷的嘴上,取"甜言蜜语"之意,或者是要粘住灶王的嘴,免得他说自己的坏话。祭祀时口里念诵"上天言好事,下界保平安",送灶神升天。七日之后,也就是除夕晚上,还要迎接灶神回来,俗称"迎灶"。此时家家再次点燃香烛,摆上供品,在灶上的神龛里贴上新买来的灶神像,上面写着"保佑"二字,两边贴对联,有的写"上天言好事,回宫降吉祥",有的写"油盐深似海,米面积如山",祈求灶神保佑阖家平安,衣食无忧。

  小年之后七八天就是大年了,为了除旧迎新,送灶前后,各家各户都要打扫卫生,干干净净地迎接新年的到来。这便称之为"扫尘"。有民谚说:"腊月不扫尘,来年招瘟神。"扫尘既有驱除病疫、祈求新年安康的意思,也有除"陈"(尘)布新的含义。不仅房屋要窗明几净,一家老小也要沐浴净身。老北京称腊月二十六的洗浴为"洗福禄"。

  中国人的春节,也是展示各家各户巧手媳妇技艺的时刻。除了裁制新衣,剪贴窗花也是迎接新年必不可少的民俗活动。窗花内容丰富,以各种动、植物寓意吉祥美好,如喜鹊登梅、燕穿桃柳、孔雀戏牡丹、狮子滚绣球、三羊(阳)开泰、二龙戏珠、鹿鹤桐椿(六合同春)、五蝠(福)捧寿、莲(连)年有鱼(馀)等。一张张红纸经过巧妇灵活的双手,便形成了一幅幅生动形象的图画,将其贴在窗上,屋内的红火映着屋外的严寒,小小一幅窗花饱含了人们对美好生活的向往。

  和窗花有异曲同工之妙的,是每个中国人都耳熟能详的春联。

春联可谓在方寸之间达到了思想与艺术的完美融合。据说贴春联的习俗大约始于一千多年前的五代后蜀时期,后蜀国君孟昶亲手写的"新年纳余庆,嘉节号长春"被誉为是中国最早的一副春联。春联的原始形式是人们所说的"桃符"。

在中国古代神话中,相传有座度朔山,山上有一棵覆盖三千里的大桃树,树梢上有一只金鸡(天鸡)。太阳升起,照耀此树,天鸡就会鸣叫,天下所有的鸡都随之鸣叫。大桃树的东北面有座鬼门,世上所有的鬼都从那里出入。把守鬼门的是两个神:神荼和郁垒,还有一只老虎陪伴他们。两人专门惩治做坏事的恶鬼,一旦发现恶鬼,就用苇草编成的绳子将其捆住,然后送去喂虎。天下的鬼都畏惧神荼、郁垒。于是,民间百姓在除夕就用桃木制作成他俩的模样,放在门的两边,后来又制成约七八寸长、一两寸宽的桃木板,画上神荼、郁垒的像,或者写上他们的名字,挂在家门两边,门上画虎,门楣上还要悬挂苇索(用苇草编成的绳子),以驱邪避鬼,保佑家人一年平安。这种桃木板当时叫"桃符"。这是汉代应劭在《风俗通·祀典·桃梗苇茭画虎》中解释当时新年习俗的由来。南朝宗懔的《荆楚岁时记》中记载新年习俗是门上张贴画有鸡的图像,仍悬苇索、插桃符。后来人们不一定在桃符上画神荼、郁垒的像,而是写一些吉祥美好的话,用来驱邪降福,直到五代时期后蜀国君孟昶写的第一副对联出现,渐渐地"春联"取代了"桃符"。宋朝时,贴对联已成为普遍的新年礼俗,但当时还是称其为"桃符"。宋朝诗人王安石的《元日》诗中便写道:"千门万户曈曈日,总把新桃换旧符。"

"桃符"真正被称为"春联",是在明代时。传说明太祖朱元璋特别喜欢写春联,有一年除夕前,他颁布圣旨,要求都城南京家家户户都要用红纸书写春联,贴在门框上来迎接新春。朱元璋还微服查访,发现有一户人家没贴春联,询问后才知道这家是个屠户,自己不会写。朱元璋就提笔写了"双手劈开生死路,一刀割断是非根",横批"祖传技艺",非常形象地概括了此人的职业特点。由于皇帝的倡导,贴春联的习俗越来越兴盛,贴上春联,就预示着带来了喜庆,来年的日子越过越红火。

在历史长河中,中国的新年礼俗发生了不少变化,古代悬苇索、饰桃人、画虎等都消失了,代之以贴门神、窗花、春联等。但是在日本,我们仍能发现这些古代风尚的遗留。现在日本新年时,人们在门前设门松,门楣上悬挂一个草绳结子,就是源自中国的古代习俗。

民以食为天。春节的头等大事,就是准备一顿热热闹闹的年夜饭。根据宗懔《荆楚岁时记》的记载,早在南北朝,我国已有吃年夜饭的习俗。年夜饭也称"团年饭""团年酒",或称"分年饭""分岁酒",是旧年的最后一顿饭,也是一年当中最重要的一顿饭。有荤有素、有冷有热的菜肴摆满了桌子,其中必备丸子一类(如肉丸、鱼丸、藕丸等),它是完完全全、团团圆圆的象征。从前北京人年夜饭中必有"荸荠",谐音"必齐",也是希望家庭团圆的意思。

一方水土养一方人,中国地大物博,各地的年夜饭也不尽相同。在今天,北方人吃饺子,南方人吃年糕;江浙闽粤品元宵,赫哲族摆鱼宴。而古时医疗水平有限,岁末年初,乍暖还寒,疫病流行,过年往往食用"五辛盘"。所谓五辛,就是大蒜、小蒜、韭菜、芸薹、胡荽等五种辛辣的蔬菜。古人认为,将这五种辛香之物拼在一起吃,在寒冷的新年里可以刺激五脏,增强抵抗力。食五辛盘是魏晋以来就有的食俗,唐代医学家孙思邈曾指出:正月、元旦吃五辛使人五脏通畅,去除内热,养胃健脾。

后来人们在"五辛"的基础上又增加了萝卜、蒌蒿、嫩芹芽、嫩韭黄等时令蔬菜,汇为一盘,名为"春盘",在元旦至立春期间食之,称为"咬春"。今天北方的春饼、南方的春卷就是由春盘演化而来的。吃春饼有喜迎春季、祈盼丰收之意,讲究饼把菜包起来,从头吃到尾,意为"有头有尾",万事大吉。吃春饼时,全家围坐一起,把烙好的春饼放在蒸锅里,随吃随拿,热热闹闹。

现代社会医疗水平明显提升,食用"五辛盘"的习俗几近消失,但已有两千多年历史的饺子,则成为中国北方年夜饭桌上必不可少的主角。过年吃饺子,这一习俗在中国源远流长。北齐颜之推在其《颜氏家训》中记载:"馄饨,形如偃月,天下之通食也。"这里的"馄饨"就是饺子,偃月就是半月形。唐代笔记小说《酉阳杂俎》中已有"笼上牢丸"(蒸饺)、"汤中牢丸"(水饺)的描述。而对于中国人来说,在大年三十晚上吃饺子,有着特殊的寓意:一是取其谐音,"更岁交子",比喻新旧交替"交于子时";二是取其吉形,饺子形似元宝,比喻招财进宝;三是饺子有馅,人们把各种吉祥的东西包到馅里,以此寄托对新年的美好祈望。

年三十的晚上,女人们在长辈带领下开始包饺子。旧时无论生活多么艰苦,大家也要在一起包这顿团圆饺子。它的重要性不在于吃,而在于包饺子的过程。婆媳关系、妯娌关系、姑嫂关系是否融洽,从这一盘盘饺子中都能看得出来。男人们围坐在长辈旁边,互相倾诉一年来的生活经历,高兴也好,伤感也罢,互相勉励,互相劝慰。能否坐在一起,是否能互诉衷肠,显示出父子关系、兄弟关系是否和谐。

饺子老少皆宜,贵贱无分。过年时,可谓"无家不饺子",皇宫之内亦是如此。传说每年除夕之夜,慈禧太后将宫中后妃和各王府的福晋、夫人、格格全召到殿上,子时一到全在长案上包饺子,包得又快又好的赏银子,接着众人一起吃饺子。饺子这一节日佳肴在给人们带来年节欢乐的同时,已成为中国饮食文化的一个重要组成部分。

俗话说,"饺子就酒,越吃越有"。提及美食,就不得不谈谈佳酿。"爆竹声中一岁除,春风送暖入屠苏。千门万户曈曈日,总把新桃换旧符。"王安石创作的这首七言绝句《元日》生动地描写了春节的礼俗,不仅反映了中国古代社会热闹非凡的迎春景象,也道出了古人过年饮屠苏酒、放鞭炮、挂桃符之风俗。从古到今,即使不会喝酒的人,在年夜饭的时候也多少会喝一点。根据古籍记载,古人的年夜酒除了"屠苏酒"以外,还有"葡萄醅""兰尾酒""宜春酒""梅花酒""桃花酒"等。

追溯历史,相传屠苏酒是汉末名医华佗创制的一种药酒,具有祛风散寒、避除疫疠之邪的功效。唐代名医孙思邈每年腊月,总要分送给邻里乡亲一包药,并告之以药泡酒,除夕进饮,可以预防瘟疫。以后经过历代相传,饮屠苏酒便成为过年的风俗。这种习俗直至清代,仍然不衰。有些地方还传为神话,以为屠苏酒不但能防治百病,甚至可赐吉祥、降福祉。

古时饮屠苏酒,遵循"先晚辈后长辈"的次序。《荆楚岁时记》记载:"岁饮屠苏,先幼后长,为幼者贺岁、长者祝寿。"一家人中年纪最小的先喝,年纪越大的越后喝。原因是小孩过年就长大了一岁,所以大家要祝贺他;而老人过年则是生命又少了一岁,拖一点时间后喝,含有祝愿长寿的意思。虽然时至今日,家中幼子已经没有喝屠苏酒的习俗,但"为幼者贺岁、长者祝寿"的美好祝愿,却也大多在"红包"上得以体现。如今过年长辈给晚辈压岁钱、晚辈敬老人大红包,未尝不是一种方便而称心的贺礼。

把视线转回古代,先秦时期尚不甚富足,因酒多为粮食所酿,饮酒定当崇尚节俭。《尚书·酒诰》中集中体现了儒家的酒德,这就是:"饮惟祀"——只有在祭祀时才能饮酒;"无彝酒"——不要经常饮酒,平常少饮酒,以节约粮食,只有在生病时才宜饮酒;"执群饮"——禁止百姓聚众饮酒;"禁沉湎"——禁止饮酒过度。儒家并不反对饮酒,用酒祭祀敬神,养老奉宾,都是德行。

在《诗经》中，我们也能看到大量的宴饮诗，诗歌所赞颂的不是花天酒地、纵情享乐的生活，而是谦恭揖让、从容守礼的道德风范以及宾主之间和谐融洽的关系。如《伐木》《鱼丽》《南有嘉鱼》等篇，或写酒肴丰盛，或写款待盛情，可谓"醉翁之意不在酒，在乎德也"。而对于纵酒失德和无节制的狂饮，《诗经》也是依照有关的礼仪予以揭露和告诫。

百里不同风，千里不同俗。清人王韬在清代上海风土掌故杂记《瀛壖杂志》一书中，对沪上春节习俗有过细致的描绘。旧历正月初一，各家各户都要吃"腻羹菜头"，小孩子则喜欢"击鼓敲钲"。待到正月初三，就要送灶神、中溜神(地主神)。初五要迎财神，正月十三则要把糯米、高粱米等谷物蒸熟后晾干，再放在锅里炒，如果爆开的米花又大又美，也就预示着一年的生活会吉祥如意。这种看似今天我们常吃的爆米花，在古代却有着占卜的作用。

具体来说，大年初一的早饭前，百姓在祖先遗像前祭祖：先点香烛，置放糕饼、蜜枣、桂圆等供品，而后叩拜，此谓"拜真"。有的人家在叩拜时心中默诵："一年如意，岁岁平安，合家康乐，金玉满堂。"这种祭祖形式一般持续到初八，有的延续到元宵夜，才将遗像收去。

祭祀祖先后，一家老小才开始吃早饭。早饭一般以甜食为主，如糖年糕、糖圆，以取"年年高""甜蜜""团圆"的好口彩。善男信女纷纷到庙宇烧香，称"岁朝香"。上海香火最旺的道观，莫过于老城厢内的城隍庙。当然还有不少善男信女，成群结队去寺庙争先烧当年第一炷香——"烧头香"，祈求平安。很多人除夕夜半，或是凌晨时分，就拿着香烛去寺庙了，为的是讨一个好彩头。这时的寺庙内外，香车宝马，好不热闹。

然而，现今大家熟知的春节，却也险些遭遇废止的厄运。古时并没有"春节"这个称谓，古时候把农历新年的第一天叫做"元旦"

或"元日"。1912年1月1日,孙中山在南京就任中华民国临时大总统后,正式通电各省,改用阳历,以此为标准纪年,而把"元旦"这个名字送给了公历的1月1日。原想废除农历新年,可是老百姓不答应啊,农历新年已有三千多年的历史了,怎能轻易废除呢?于是便把处在"立春"这个节气前后的农历新年命名为"春节"。

1920年以后,关于改革旧历新年的讨论文章在《申报》中大量出现。一时间,舆论大谈改革旧历新年礼俗,大力批判传统新年礼俗。年终祭祖报神被看作是迷信,燃放爆竹则被视为安全隐患,就连压岁钱都被冠以"养成小儿卑鄙嗜利"的罪魁祸首。1922年,上海有一个十岁的儿童因为用压岁钱买爆竹燃放而导致左眼失明,时人认为,追究这起灾祸的源头,就是压岁钱所致。

事实上,春节在中国人心中的重要地位,绝非报纸的几篇文章就能抹杀。有趣的是,当时社会教育团的讲演员周少英,在众人忙着过年的时候,拿着小旗子跑到十字路口去露天讲演,演讲内容主要是反对旧历年俗,提倡过阳历新年。演讲结束后,他也收拾旗子离开露天讲演场,到了自己的家,"放下小旗子接过猪头腊肉",依旧进行旧历新年的各种准备,并申辩道:"我亦未能免俗耳。"虽然当时的南京政府在20世纪20年代末为废除春节实行了一系列的政策,但是到了30年代末,民间又悄然恢复了过农历新年春节的风俗。

无论是吃年夜饭,还是贴春联,都是春节习俗的一个缩影。北京联合大学副教授张勃认为,春节的内涵,应当包括以下五点:

一是更新。从年轮到内容,春节标志着新周期对旧周期的取代。

二是迎春。从春节开始,人们迎来了一个播种的季节、一个希望的季节、一个生命勃发的季节。

三是庆贺。庆贺一年中的好收成,通过拜年的方式营造长幼之间、邻里之间、同事和朋友之间的祥和关系。

四是祈吉。通过贴门神、放鞭炮驱邪,通过吃饺子(形似元宝)求财。

五是团圆。尽管"春运潮"形成了一道五味杂陈的风景,但吃年夜饭、守岁和部分地区的"接家堂"(接奉已逝亲人的灵位),仍是一年中不可取代的团圆仪式。

中国人重团圆,一年到头的这顿大餐,人们吃的不仅是可以回味的美食佳肴,更是吃的一份健康的期盼,一份围炉的亲情,一份欢聚的喜悦。这是过年的核心价值体现,也是华夏民俗传统经久不衰的魅力。中国人的年夜饭,集美食、工艺、文化于一体,饱含祝福,温暖了一代又一代人,称得上是可以吃的非物质文化遗产。

二、元宵节

每年农历正月十五,是中国的传统节日——元宵节。这是一年之中第一个月圆日,正月又称"元月",夜在古代称作"宵",因此得名"元宵节"。

人们常说正月十五闹元宵,一个"闹"字点明了元宵节的欢乐和热烈气氛。花灯辉映,火树银花;烟花绚烂,五彩缤纷;游人如织,络绎不绝;舞龙舞狮,蜿蜒腾跃。盛大的节日,处处热闹非凡。在中国的传统习俗里,春节的气氛会一直持续到这一天。过完元宵节,新的一年工作才算真的开始了。也正因为如此,在这一天,人们的过节气氛绝不亚于大年三十。

对于元宵节的起源,有几种说法。一说汉文帝为了纪念周勃、陈平等人在正月十五平定诸吕之乱,于是把这一日定为元宵节。二说汉武帝时,"太一神"(主宰宇宙一切之神)的祭祀活动定在正月十五。三说是元宵赏灯始于汉明帝时期,明帝提倡佛教,听说佛教有正月十五日僧人观佛舍利、点灯敬佛的做法,就命令这晚在皇宫和寺庙里点灯敬佛,令士族庶民都挂灯。以后这种佛教礼仪节日,逐渐形成为民间盛大的节日。四说这本是道教节日。据《岁时杂记》记载,道教曾把一年中的正月十五、七月十五、十月十五分别称为上元节、中元节、下元节,合称"三元"。汉末道教的重要派别五斗米道崇奉的神为天官、地官、水官——天官赐福、地官赦罪、水官解厄,并以三元配三官。又说上元天官正月十五生,中元地官七月十五生,下元水官十月十五生。这样,正月十五又被称为上元节。事实上,节日的形成并非偶然,它必然经历多种文化和风俗习惯综合而成。如今,观花灯、赏明月、猜灯谜,已成为必不可少的元宵节庆环节。

虽然现今元宵节并不放假,但追溯到古代,这个节日可谓是狂欢节。宋人孟元老在《东京梦华录·元宵》中,详细记载了元宵节的盛况。当时的都城开封,为庆祝元宵节,人们早在年前的冬至日后,就在皇宫前搭建如山高耸的彩棚,从那时起,游人已开始聚集到御街。御街两廊下集中了表演各种奇特技艺、新异本领的人,歌舞百戏,一个接着一个,乐声喧闹,声闻十余里。有的表演击丸、蹴鞠,有的演出踏索、上竿、说书、杂耍,应有尽有。

对于民众而言,赏花灯是必不可少的民俗节目。以上海民俗来说,这天夜里,城内外家家户户张挂花灯。灯的样式也是丰富多彩:有元宝灯、蝙蝠灯、荷花灯、金蟾灯,还有聚宝盆、顺风船等名目,这类花灯多用玻璃或明角(白色兽角制成的薄片)制成,著名的灯店有小东门内四牌楼王长兴等。还有邑庙内笺扇店制作的走马灯、鲤鱼灯以及蚌壳灯等,此类多用纱绢、纸张做成,也非常精妙。

各色花灯,争奇斗妍。在上海大街上有用竹柏结扎铺盖的灯棚。黄浦江边,船桅上都点起了灯,江水被照得通红透亮。寺院门前,灯架用竹竿扎成塔形,上挂灯火,称为"塔燎"。在农村土地庙前,各处都树起一根或两根高大杉木,自底至顶围满竹圈,竹圈有绳索连接,并用滑轮操纵升降。放灯期间,高大如同桅杆的杉木竹圈悬灯常有几百盏,远望犹如灯塔,名为"桅灯"或"塔灯"。桅灯是乡村各处元宵灯市的中心。农民在自家门前用竹竿张挂灯火,称作"望田灯"。

宋代词人辛弃疾在《青玉案·元夕》中描绘了元宵节的盛况:

> 东风夜放花千树,更吹落,星如雨。宝马雕车香满路。凤箫声动,玉壶光转,一夜鱼龙舞。

说到元宵节,就不能不提老少咸宜的节日美食——元宵,又称"汤圆""汤团"或"圆子""团子"。宋代,元宵开始成为元宵节的应节食品。其做法是用各种果饵做馅,如核桃、芝麻、豆沙、枣泥等都可入馅,外面用糯米粉搓成球,煮熟后吃起来香甜可口,饶有风味。馅也可以是咸的,有肉的或菜的,各具特色。因为这种糯米球煮熟后漂浮水面,所以,元宵最早又叫"浮元子"。

元宵和汤圆,虽然可以互称,但两者还是有区别的。在制作上,讲究"包"汤圆、"滚"元宵。做汤圆相对简单,一般是先将糯米粉用水调和成皮,然后将馅包好即成。而元宵在制作上要繁琐得多:首先需将和好、凝固的馅切成小块,过一遍水后,再扔进盛满糯米面的笸箩内滚,一边滚一边洒水,直到馅料沾满糯米面滚成圆球方才大功告成。由于制作工艺不同,元宵比汤圆的口感要粗一些。此外,元宵的馅料相对单一,汤圆的馅料则更为丰富。传统元宵以甜馅为主,馅料多为白糖芝麻、桂花什锦等;汤圆的馅料则涵盖甜咸荤素,鼎鼎有名的宁波汤团更是有鲜肉、蟹粉等口味。

元宵形圆汤白,裹着甘甜,盛在碗里,有着生活甜美、合家团圆的美好祝愿。宋人周必大《元宵煮浮圆子》诗云:"今夕知何夕?团圆事事同。汤官寻旧味,灶婢诧新功。星灿乌云里,珠浮浊水中。岁时编杂咏,附此说家风。"从这首诗中,我们仿佛能感受到天上圆月、碗中元宵而呈现的团圆意境。

关于"元宵"的团圆寓意,后人还附会了不少传说。一说唐太宗为犒劳大将郭子仪,下旨御厨在正月十五用上好糯米制成特殊食品应宴。御厨们灵机一动,创制出一道香糯柔软的圆白团子,献给皇上。唐太宗品尝后,赞不绝口,并将其定名"唐圆",象征唐王朝一统天下。因"唐圆"是在元宵夜时吃的,民间遂称之为元宵,即汤圆。实际上,郭子仪作为唐代著名的军事家,在世年月系公元697年至781年,而唐太宗李世民在世时间为公元598年至649年,两人本无交集,但人们为了表达自己的美好祝愿,假借名人杜撰了一个美好的风物传说。

中国人自古就十分重视家庭、家族的团圆,在元宵节的晚上,宵禁解除,万家灯火,百姓游街,男女相会,好一个热闹的狂欢节。归家时和亲人围坐一起,品尝香甜的元宵,何尝不是人生莫大的享受。随着现代社会的自由开放,人际交往越发频繁,元宵节全民狂欢的节日功能渐渐消减,但不能消减的是千百年来的文化积淀,团团圆圆、和和美美,就是通过这天上月、街上灯、碗中食体现出来的。如今我们欢度元宵之时,也依然无法忘记这一份情怀。

三、中秋节

"举头望明月,低头思故乡。"李白望月思乡,中国人对于月亮有一种独特的情感体验。中秋节的主要节庆活动,就是围绕月亮进行的。

中秋节,节期为农历八月十五。农历的七、八、九三个月为秋季,八月十五恰好在秋季的中间,所以称为"中秋节"。同时,这又是一个月圆之夜,所以也叫"月节""月夕""拜月节"。由于此夜月亮圆满,象征团圆,因此回娘家的媳妇在这一天必须返回夫家,以寓圆满、吉庆之意,故又称为"女儿节"或"团圆节"。

古代帝王有春天祭日、秋天祭月的礼制,《国语》中记载,古代先王获得天下后,就为上天和日月祭祀,恭敬地奉事,于是才有祭日和祭月的仪式。中秋节最早应当起源于古代的祭月典礼。古代有"春祈""秋祀"仪式,春天播种前要进行"春祈"活动,祈求土地神赐予五谷,保佑五谷生长;到了秋季八月中旬的收获季节,就要举行"秋祀",拜谢土地神和月神。因为古人认为,没有月亮圆缺以计农时,没有月亮赐予露水,不可能获得五谷丰收。

魏晋时代,出现了赏月活动的记载。直到唐代,中秋赏月的习俗开始盛行,还将八月十五这一天正式定为"中秋节"。《开元遗事》记载,唐玄宗李隆基曾命人在长安(今西安)太液池西岸建造一座赏月台,有百丈高,中秋之夜,他和贵妃杨玉环登台赏月。此台在安史之乱中毁于战火。

唐朝大量赏月诗的出现,更是佐证了中秋赏月的习俗。杜甫在《八月十五夜月二首》中写道:"满月飞明镜,归心折大刀。转蓬行地远,攀桂仰天高。"借景抒情的写作手法,表现了作者身在蜀中避乱,心念亲人、怀念家乡的思想感情。白居易咏中秋诗尤多,诗题中标出"八月十五"或"中秋"字样的就有七首,如《华阳观中八月十五日夜招友玩月》:"人道秋中明月好,欲邀同赏意如何?华阳洞里秋坛上,今夜清光此处多。"描写的便是中秋月夜与友人聚会赏月之事。

中秋节的赏月之风在宋朝更盛。每逢这一日,京城的所有店家、酒楼都要重新装饰门面,牌楼上扎绸挂彩,出售新鲜佳果和精制食品。夜市热闹非凡,百姓们多登上楼台,一些富户人家在自己的楼台亭阁上赏月,并摆上食品或安排家宴,妻妾子女,共同赏月叙谈。至明清时,中秋节已成为中国的主要节日之一。

自古以来,中秋节被看作是亲人团聚的节日。"月圆"象征着"团圆",即使亲人分隔异地,但同望一轮明月,共寄思念之情,彼此的祝福就充满心田了。宋代词人苏东坡的《水调歌头·明月几时有》道出了众人的心声:"人有悲欢离合,月有阴晴圆缺,此事古难全。但愿人长久,千里共婵娟。"

除了祭月、赏月等节俗,品尝月饼也是中秋必不可少的节日活动。月饼通常是扁圆形的,满月也是圆的,于是中秋吃月饼就寄寓了人们祈盼追求圆满、团圆的愿望。月饼起源于中秋祭月时所用的糕点,宋代出现"月饼"这一专用名称。苏东坡曾写《月饼》诗:"小饼如嚼月,中有酥和饴。默品其滋味,相思泪沾巾。"关于月饼的由来,有许多传说,其中之一是,相传唐高祖年间,大将军李靖征讨突厥得胜,八月十五凯旋。吐蕃商人献饼祝捷,唐高祖仰望天上的明月,笑道:"应将圆饼邀蟾蜍。"说罢便将饼分给群臣,自此赏月吃饼相沿成俗。到了明代,中秋吃月饼已在民间风行。田汝成著《西湖游览志余·熙朝乐事》中说:"八月十五日谓之中秋,民间以月饼相遗,取团圆之义。是夕,人家有赏月之宴。"此时人们已将优美的传说与美食结合起来,在饼面上绘月宫蟾兔之形。中秋佳节,拜月、赏月,关于月亮的神话故事带给中国人丰富瑰奇的想象力,嫦娥奔月、玉兔捣药、吴刚伐桂,带给中国人不竭的探索精神和对世界和人生的美好期许。

中秋月饼的吃法还有讲究,一般来说,月饼要均匀切成若干份,按家庭人口数平分,每人都能享受到月饼的一块,象征每个家庭成员都是团圆的一部分。倘若家中有人外出,便会特地留下一份,表示他也可享用。这种以饮食团聚家人的方式是中国人所特有的文化习俗,实际上是一种家庭礼仪。

在上海,中秋这一天,除了吃月饼,商贾、官绅人家还供设桌案,置备菱、藕、石榴、柿子等四色鲜果,以取"前留后嗣"之意。普通人家也会吃毛豆、芋艿。豆荚寓意"得吉",芋艿暗示"有余",吃着这些食物,也是为了图个吉利。另外,不少人还到小东门外陆家石桥上赏月。这座桥是跨在方浜上的大石桥,为"沪城八景"之一的"石梁夜月"所在地。站在桥上望月,可见浦江潮水涨落,更觉空旷;向桥下看水中月影,也是别有情趣,故成为人们中秋赏月的宝地。

中秋节为花好月圆之时。"海上生明月,天涯共此时",古人由天上的月圆联想到人间的团圆,因此,人们珍惜中秋节的皎洁明月,也将欢聚一堂的美好祝愿流传到了今天。较之古代,如今的交通大为便捷,可为了归乡,每到节日,都会出现火车票一票难求,飞机票价格水涨船高,人山人海,拥挤不堪,辗转万里,受尽苦辛,可是怎么也挡不住人们回家团圆的热情!血缘纽带凝结成的家文化,让中国人被家族庇护。芳香四溢的美酒、热气腾腾的饺子、香甜软糯的元宵、金黄饱满的月饼……对于中国人来说,不管是吃山珍海味,还是粗茶淡饭,只要一家人高高兴兴在一起,就是最幸福的时光。或许,就是那一种味道,才最有可能成为最熟悉和温暖的记忆。

第二节　焚香祭祖表恩情

"国之大事,在祀与戎。"中国祭祀活动的历史久远,范围广泛。《周礼》记载表明中国古代的祭祀涉及天地人三界,自成体系,并设立大宗伯一职,专掌祭祀天神、人鬼、地祇之礼。天神称祀,地祇称祭,宗庙称享。除了神灵祖先之外,有功于国家和地方者也可受祠祀之享,比如为国事、民众操劳而死的,能抵御大灾大患的等,都可以立祠纪念。从古至今,祭法多样,意蕴丰富,极具特色。而祭祀文化以传统节日为载体,世代相传。在清明、中元、冬至等节日里,民众用饱含心意的食物祭祀祖宗、神明。这一种味道,正是中华子孙情感认同、沟通的契合点。

一、清明节

"清明时节雨纷纷,路上行人欲断魂。"清明本是"二十四节气"之一,即公历4月5日前后。《岁时百问》上记载:"万物生长此时,皆清洁而明净,故谓之清明。"清明时节,气温升高,春雨淅淅沥沥,正是播种的大好时节。"清明前后,种瓜点豆""清明前后一场雨,强如秀才中了举"等形象生动的农谚,道出了清明节与农业生产的密切关系。

清明节后来融合了两个上古节日——寒食节和上巳节的内容,成为春季重要的传统节日。清明时节,春暖花开,人们来到室外、郊野,祭祖扫墓,踏青游玩,放风筝、荡秋千、拔河比赛、折柳插门,开展各种习俗活动。

清明节是祭祀祖先的节日,又被称为"鬼节"。说起清明节祭祖,就不得不提到寒食节。一般认为寒食节是清明节前一天,因为寒食、清明的日子相近,所以古人在寒食的活动也延续到清明。黄庭坚曾写到"未到清明先禁火",指的就是寒食节的习俗。

相传在春秋时代,晋国的君主晋献公因轻信妃子骊姬的谗言,太子申生被逼自杀。其弟重耳避祸出走,逃亡在外十多年,几位大臣跟随他,历尽艰辛。其中一位大臣介子推忠心耿耿,不顾危险一直时刻护卫他。有一次重耳饥饿难耐,晕了过去,介子推便从自己腿上割下一块肉,煮了给重耳吃,重耳十分感动。后来,重耳回国做了国君,这就是有名的晋文公。晋文公执政后,对那些和他同甘共苦的臣子大加封赏,唯独忘了介子推。介子推没有去邀功请赏,而是携母亲隐居绵山。后来,经人提醒,晋文公想起了介子推,心中有愧,立即派人去寻找,但介子推宁死也不出山。晋文公便亲自带领人马前往绵山寻访。绵山蜿蜒数十里,重峦叠嶂,谷深林密,竟无法可寻。这时,有人建议放火烧山,认为介子推是个孝子,山火蔓延,他一定会带着母亲出山的。晋文公便下令三面烧山。没料到大火烧了三天,介子推终究没有出来。后来有人在一棵烧焦的柳树下发现了介子推和他母亲的尸骨,晋文公悲痛万分,改绵山为介山,在山上建立祠堂,并把放火烧山的这一天定为寒食节,昭告天下,每年此日禁烟禁火,只吃冷食。后来,他将一段柳木带回宫中做了木屐,每天望着它叹道:"悲哉足下。"后来"足下"便成为下级对上级或同辈之间相互尊敬的称呼。

此后,人们为了纪念介子推,每逢寒食不生明火,吃饭也吃事先做好的冷食。时至今日,北方百姓常吃枣饼、麦糕,南方多食青团和糯米糖藕。而我国古代寒食节的传统食品多为糖稀(古名"饧")、麦粥、糯米酪、麦酪、杏仁酪、鸡蛋等。到了唐代,寒食节渐渐衰落,但节令食品却依然经久不衰。清代顾禄《清嘉录》记载:"今俗用青团红藕,皆可冷食,犹循禁火遗风。"青团,也叫"清明果",它作为江南一带的小吃,也是清明节的应时食品。青团因其色调而得名,它采用清明前后生长的一种艾草的汁,拌进按比例配好的糯米里手工揉匀,再根据各人喜好包裹进不同的馅料蒸制而成。制作好的青团食用起来清甜甘香,软糯可口,带有艾叶香气。

在中国其他地区也有类似的传统糕点,制作方法及食用习俗与青团大同小异,皆为清明前后的糯米食品。在广东及台湾客家地区称为"艾粄",江西客家地区称为"艾米果",闽南及潮汕地区称为"艾粿",而广府地区则常称作"艾饼"。各地的馅料也不尽相同。江浙一带包豆沙,江西一带包豆干、腌菜、腊肉,还有一些地方包花生芝麻、肉馅,极大丰富了节日饮食。

对平常百姓来说,清明节除了纪念介子推,更重要的是祭祀先人。春天一到,民间多修补房舍,以防夏季漏雨。人们便由活人联想到故人,墓冢经过风吹雨淋,往往塌陷低落,于是清明时节人们就到坟前铲除杂草，用新土将坟堆加高加固，称为整修阴宅，表现了儿孙对先人的哀思。据《旧唐书》记载，寒食、清明时节，上坟扫墓在民间相沿成俗，因此编为五礼，成为法定活动。宋代吴自牧所著《梦粱录》记载，当时无论官员还是平民，清明都要到郊外上坟，以此来表达对故人的思念和尊敬之情。

按照旧俗，扫墓时人们会携带酒食、果品、纸钱等物品到墓地，将食物供祭在亲人墓前，再将纸钱焚化，为坟墓培上新土后，还要折几枝嫩绿的新枝插在坟上，然后叩头行礼祭拜，最后吃掉酒食回家。宋人高翥曾有诗云："南北山头多墓田，清明祭扫各纷然。纸灰飞作白蝴蝶，泪血染成红杜鹃。"可谓清明时节祭祖扫墓的真实写照。

古时，清明节有折柳插门的习俗，有的地方妇女编结杨柳球戴在发鬓，小孩子用柳条编织圆圈戴在头上，俗称"柳圈"。有民谣曰："清明不带柳，红颜成皓首。"说的是女孩子如果在清明节不戴杨柳球，很快就会变老。这些习俗活动反映了民间认为柳木可辟邪的信仰。

"满街杨柳绿似烟，划出清明三月天。"清明节适逢阳春三月，正是踏青郊游的好时节，因此又被称为"踏青节"。不少古书上描写了"踏青"的景象：清明前后，郊野外士女络绎不绝，人人都盛装打扮，游赏春光，或沿河乘画船而下，伴随着箫鼓乐音；或在盛开的花树下、绿草上，置酒菜互相劝酒宴饮，直到日落才归。

这种清明节的盛况和古老节日上巳节有着渊源关系，俗称"三月三"。三月上巳到河边洗除邪秽的"祓禊"风俗，在《诗经·郑风·溱洧》中有描写，在《论语》里也有记载："暮春者，春服既成，冠者五六人，童子六七人，浴乎沂，风乎舞雩，咏而归。""曲水流觞"是魏晋时期公卿贵族、文人雅士在上巳节的风雅活动：众人坐在环绕的水边，把盛着酒的酒杯放在水面，任其顺流而下，经过谁面前，谁就要将杯中酒一饮而尽，并赋诗一首，否则罚酒三杯。王羲之和友人在会稽兰亭举行的"曲水流觞"活动,被载入史册,王羲之作序、书写的《兰亭集序》书文兼美,被誉为"天下第一行书"。宋朝以后,三月上巳风俗渐渐衰微,但在中国西南少数民族地区仍保留着这一古老的风俗活动。

古人踏青时除了欣赏大自然的湖光山色、春光美景之外,还开展各种文娱活动,如荡秋千、放风筝、拔河、斗鸡等,增添节日情趣。荡秋千在寒食、清明前后是很受人欢迎的游戏。特别是唐朝,唐玄宗李隆基尤爱玩乐,每到寒食节,就在皇宫里竖起很多秋千架,嫔妃宫女们身穿五彩衣裙,随着秋千凌空上下摇曳,好像仙女从天而降,唐玄宗在一旁观赏入迷,称之为"半仙之戏"。而在秋千上悠然摇荡的人,也有飘飘欲仙之感。杜甫的《清明二首》诗中说"万里秋千习俗同",可见,秋千是清明节人们乐此不疲的游戏。

"踏青挑荠"也是清明时节的习俗,有民间说法:"三月三,荠菜花赛牡丹。"这时,一些女性踏青时采摘鲜嫩的野荠菜,回去包饺子、馄饨,清香可口。她们还把白色的荠菜花插在发髻上,或供在家里的堂屋,或放在灶台上,据说可以驱除蚊虫。

清明节是一个综合的、习俗活动很多的节日,祭祖感恩、踏青惜春、珍惜农时、美化环境,丰富的习俗活动寄寓了人们造福后代的愿望。

二、中元节

每年农历七月十五为中元节,俗称鬼节、七月半,又称盂兰盆节。这既是一个道教节日,也是佛教节日,更是祭祖的节日。

道教认为,正月十五上元节,欢度元宵,天官赐福;七月十五中元节,祭祀先人,地官赦罪。因此中元地官清虚大帝于七月十五普度孤魂野鬼,有罪的人也可向其祈求赦罪。中元这天,道观内举行"中元斋醮",俗称"道场",含有为民众祈福之意。

同样是焚香祭祖，清明节往往聚族而祭，中元节大多是一家之祭。据说鬼魂在七月初可离开阴曹地府，祖先也会回家看看。在这一个月里，阳间的子孙后代会举办一些祭拜活动来纪念先祖，民间常常会烧纸钱。夜深人静时，人们用石灰在院子里画个开口的圆，据说是把纸钱烧在这里，孤魂野鬼不敢来抢，又能有出口送走纸钱。烧时嘴里还要不住地念叨："某某来领钱。"最后还要在圆外烧一堆，意为烧给孤魂野鬼。七月十五这一天，鬼魂要回到阴间，各家各户便要准备好酒好菜祭祀亡人，名曰"送亡人"。

这一日，也是佛教的盂兰盆节。该节日起源于《盂兰盆经》。"盂兰"是古印度梵语的音译，意为倒悬，形容亡人之苦。"盆"是汉语，指盛放供品的器皿。"盂兰盆"即指这样的佛教活动，可以解脱亡人的倒悬之苦。相传释迦牟尼的弟子目连以"天眼通"看到亡母在地狱沦为饿鬼受苦，便求佛救度。他被告知须在七月十五备百味饮食供养四方僧众，以众僧之力超度其母。于是目连在七月十五这天做盂兰盆，佛教僧众念经超度，使得其母脱离了苦海。在佛家弟子看来，这是佛祖慈悲为怀，告诉一个孝子如何救母，同时也劝导他人孝敬父母的故事。因此，佛教七月十五的盂兰盆节，有两层含义：一是教育人们要供养宗教僧众，二是教育人们多做善事，超度先人罪孽，提倡孝道。

佛教徒在这一天还有放河灯的习俗。作家萧红在《呼兰河传》中写道："七月十五日是个鬼节，死了的冤魂怨鬼，不得脱生，缠绵在地狱里边是非常苦的，想脱生，又找不着路。这一天若是每个鬼托着一个河灯，就可得以脱生。大概从阴间到阳间的这一条路，非常之黑，若没有灯是看不见路的。所以放河灯这件事情是件善举。可见活着的正人君子们，对着那些已死的冤魂怨鬼还没有忘记。"作家语言平实、情感真挚，形象生动地描绘了七月十五的节日景象。

很多地方的点灯习俗，一直要持续到七月三十。不过点的不是河灯,而是地灯。因七月三十是地藏王生日,故七月下旬开始,寺庙就开始筹办地藏法会,所制大法船载地藏王和十殿阎罗画像,有的辅以判官小鬼,于黄昏放焰口后焚化。大街小巷与住所庭院周围,插棒香、点蜡烛,遍地闪亮。这被称为"点地香"或"点地灯",也叫"地藏王灯"。旧时市民点地灯拜求地藏王消灾除难,降福赐金。《崇明县志·风俗》谓:"地藏王生日,小儿手持落苏灯,上插棒香,摇晃游戏。""落苏"是茄子的别称,这种灯别处少见,摇晃落苏灯由敬神转为娱乐。

关于中元节的起源,还有一种说法认为是由古代祭天祭地的"郊社之礼"演变而来。农民在夏收之后,趁农闲举行祭田、祭祖仪式,酬谢管理土地的神灵和开辟田园的祖先,也含有庆祝丰收的意义。最初的祭祀以献食为主要手段,《礼记·礼运》称:"夫礼之初,始诸饮食。"在诸多食物中,又以肉食为最。在原始采集和狩猎时代,肉食是人们拼着性命狩猎而来的。孟子构想的理想生活,就以70岁能吃上肉为重要标准。正因为如此,肉食成为献给神灵的主要祭品。待到农业发展到一定阶段,人们便会制作各种糕点祭祀祖先,仪式结束后便自己享用。七月十五正值夏收季节,东莞吃濑粉、江西吃包子、山西吃花馍、浙江天台吃饺饼……此外,全国很多地方都会吃鸭子。"鸭"谐音"压",寓意吃鸭子能压住这天的游走阳间的鬼魂。民间有句食谚:"七月半鸭,八月半芋。"又因为农历七月十五的鸭子最肥美,因而吃鸭变成了中元节的食俗。

无论是道教、佛教还是儒家,七月十五对于每个人来说,更是一个传播道德伦理的节日,神灵宽免罪过,百姓孝敬父母、感恩祖先。然而,需要注意的是,焚香烧纸固然能表达对故人的思念,但夜晚散落在大街小巷的纸钱、元宝颇为不雅。待到次日清晨,依稀可见的纸灰遍布街道各处,环卫人员更是叫苦不迭。我们常说要回归传统,但不能仅流于形式,而是要继承其中的精神。与其在父母坟前焚烧所谓的"纸别墅""纸豪车",不如在二老生前尽孝道。"树欲静而风不止,子欲养而亲不待。"敬养父母、推恩及人、缅怀先祖,才是真正恪守传统的优良品德。

三、冬至

俗话说,冬至大如年。冬至的时间一般在公历12月21日、22日。人们认为冬至是阴阳二气的自然转化,这一天之后,阴气渐消,阳气渐长,是上天赐予的福气。追溯到上古时期,冬至就是新年。在未有历法之前,人们通过天象观测,很早就发现了冬至点,并以此作为年度时间循环的起点,故称"亚岁""小岁"。冬至居于新旧更替的时节,在古人观念中也就有了非同寻常的文化意义。

汉朝以冬至为"冬节",官府要举行祝贺仪式,称为"贺冬",例行放假。《后汉书》中记载,冬至前后,人们休养身体,百官也不再处理政事,选择吉时迎接冬至节日。唐、宋时期,冬至是祭天祭祖的日子,皇帝在这天要到郊外举行祭天大典,百姓在这一天要向父母尊长祭拜。《东京梦华录》中说,京师之地最重视冬至节,即使是最贫穷的人家,到这天也要更换新衣,备办饮食,祭祀先祖。官员放假,往来庆贺,好像过节一样。清代,皇帝也要在天坛祭天,第二天在太和殿接受文武百官的朝贺。

在不同的历史时期,冬至节迎神的对象也不尽相同。《周礼》只是笼统地提到迎飨天神,没有指明是哪些天神。而《礼记》在仲冬祭祀的对象限制为北方神、行神和水神,体现了冬与北、与水相配合的阴阳五行框架。汉代冬至日迎祭的对象为太一(北辰)、五帝、四灵(四方天神),是以北方神为中心的一种祭祀框架。汉代以后,各地冬至拜神的对象则各随欲之所好,如灶神、岳神、阎王、城隍等都成为拜祈的对象。

古代北方,冬季的御寒保暖条件较为简陋缺乏,寒冬也被视为威胁与惩罚的季节。当时的人们为度过漫长冬季,遂发明"数九"方法消遣,以打发时间,度过寒冬。从冬至开始每过九天记为一九,共记九九,通常数九的前三九,即冬至之后的头一个月,是一年中最冷的日子。因此也有"冷在三九""三九寒冬""数九寒冬"的说法。从宋元开始,出现了一种《九九消寒图》,以便一天一天数过这八十一天,表达一种迎春的殷殷心意。《九九消寒图》是一幅双钩描红书法,九字,每字九画,共九九八十一画。如:"亭前垂柳珍重待春风""春前庭柏风送香盈室""幸保幽姿珍重春风面""雁南飞柳芽茂便是春"。从冬至开始,每天按照笔画顺序填充一个笔画,每过一九填充好一个字,直到九九之后春回大地,一幅《九九消寒图》才算大功告成,故称作"写九"。一般而言,在《九九消寒图》的一侧还应写有《数九歌》。此外另有涂圆版和染梅版的《九九消寒图》,分别以八十一个圆形和八十一朵梅花代替八十一笔画。民间还流传有《九九消寒图》民谚:"下点天阴上点晴,左风右雾雪中心。图中点得墨黑黑,门外已是草茵茵。"

  各地在冬至时的食俗也不尽相同。北方地区有冬至宰羊、吃饺子、吃馄饨的习俗,南方地区在这一天则有吃米团、长线面的习惯。过去老北京有"冬至馄饨夏至面"的说法,《燕京岁时记》记载:"夫馄饨之形有如鸡卵,颇似天地浑沌之象,故于冬至日食之。"这正是我们耳熟能详的"开天辟地"神话所言"天地混沌如鸡子,盘古生其中。万八千岁,天地开辟,阳清为天,阴浊为地,盘古在其中"。馄饨作为一种有汤包馅的面食小吃,其形制就是源于古人对神话"混沌"形象的一种表现。宋代《武林旧事》一书记载了冬至"享先则以馄饨"的说法,证明了馄饨在宋代是祭祀祖先的食品。人们虽然赋予了它祭祖的特定意义,但是同其他中国传统食品一样,随着时间的推移,馄饨的原本含义逐渐被人们所遗忘,人们越来越感兴趣的则是馄饨给予食者的口腹之美。而祭祖的方式日新月异,当代甚至有网络祭祀的形式出现,也不失为一种精神的延续。

在中国台湾还保存着冬至用九层糕祭祖的传统,用糯米粉捏成鸡、鸭、龟、猪、牛、羊等象征吉祥、表示福禄寿的动物,然后用蒸笼分层蒸成,用以祭祖,以示不忘老祖宗。同姓同宗者于冬至或前后约定之早日,聚集到祖祠中按照长幼之序,一一祭拜祖先,俗称"祭祖"。祭典之后,还会大摆宴席,招待前来祭祖的宗亲们。大家开怀畅饮,相互联络久别生疏的感情,称之为"食祖"。冬至节祭祖先,在中国一直世代相传,以示不忘自己的"根"。

上海旧俗,冬至将临,家家磨水粉、蒸糕、做粉圆,馈送亲友,如同贺岁,称之为"冬至送糕,年送粉",或称"送冬至盘"。一些官绅巨族,在冬至这天早晨向长辈拜贺,晚间设享祀先,叫做"冬至享"。祭毕,家人吃团圆夜饭,故有"有得吃,冬至夜;呒得吃,冻一夜"的俗语。商家店铺老板,在冬至日邀伙计吃"冬至酒",吃了此酒,收账人员就开始四处收账,一直到除夕夜方才罢休。

冬至一阳生,夏至一阳死。这种循环往复的生存逻辑深深镌刻在中国人的心中。中国人不相信真正的死亡,人们认为逝者只是到另一个空间生活,并庇佑子孙后代。《道德经》中也指出:如果一个人既能有所建树,又能保持事业,子孙便会因此而祭祀不绝了。这体现出人们对先祖艰辛创业的感恩和缅怀,是对神灵的敬畏之情,是中华民族尊老爱幼美德的一种深层次体现。无论是清明、中元、冬至,抑或是其他节日的祭祀,都是对在世者的警醒——为人正直、心怀感恩、建树功业,才是正确的为人处世之道。

第三节 驱邪敬神得庇佑

中国古代民间信仰形式多样,传承的历史悠远绵长。民众在一时之间无法以人的体能、智能解决的问题,唯有诉求于神明的指引,以期获得救济和保佑。星河流转、季节变换,未知的灾祸随时降临。虽然古代医疗水平不胜现今,但古人运用聪明才智,千方百计除瘟避毒,如佩香囊、贴符咒、沐兰汤、做法事。人们抱有对生活的乐观心态,在端午、腊八等节日里,驱除毒邪,趋利避害,祈求健康平安。

一、端午节

端午节为农历五月初五,又称端阳节、午日节、五月节、蒲节、浴兰节、女儿节等。从字面上来讲,端午还有"端五""重五""重午"等别名。端者,初始也,称"端五"也就如称"初五"。古人习惯把五月的前几天分别以"端"来称呼,宋代陈元靓《岁时广记》中说,京师里的人,把五月初一称为端一,初二称为端二,一直数到初五称端五。同时,古人纪年通用天干地支,按地支顺序推算,五月正是"午月",而午时又为"阳辰",所以端午也叫"端阳"。另外,古人"五""午"通用,故"端午"与"端五"同义。

由于端午节在仲夏时节,暑气灼人、潮湿难耐,再加上蚊蝇的肆虐,疾病瘟疫容易流行,人们从生理与心理上都强烈地感受到外在的威胁。于是,五月五日被看作毒气流行的恶月恶日,人们采取各种措施,消除毒气,保持健康。在门前悬挂菖蒲、艾叶、大蒜,用菖蒲泡酒饮用,用兰草水沐浴等习俗,都是用来驱除灾祸邪气的。因而端午节又被称为"蒲节""浴兰节"。

另外,端午还有"女儿节"的别名。旧俗,在这天少女须身佩五毒灵符、头戴榴花,另戴艾叶,系端午索(五色缕),娘家要接女儿归宁"躲端午"。这也是为了躲避瘟疫而举家团聚。

端午节别称之多,使端午节的起源出现了众多的说法。有"辟邪说""祭龙说""纪念屈原说""纪念勾践操演水师说""纪念伍子胥或曹娥说""古代越人新年说"等。温州大学教授黄涛认为,早期端午节的起源与当时人们的巫术、数字、禁忌、五行、阴阳等信仰有很大关系。既然认为五月五日为恶月恶日,人容易遭遇灾祸或感染瘟疫,就需要举行仪式或采取信仰中有效的习俗活动来避邪禳灾。早期这些相关的信仰,就是端午习俗的传承动力。

具体来说,辟邪祈福的措施有以下几种:

一是以五色丝系臂。汉代以后,有系五色丝、五色缕的习俗。五色缕又名"长命缕""续命缕""端午索""长寿线"等,有的则称"宛转绳""合欢结"。名称虽异,但都是用五色丝线缠在手臂上,或以五色丝结成人像系于臂上,目的是驱瘟疫、避兵灾。直至近现代,北方地区还留传有这一习俗。

二是采艾、悬艾和品艾。人们一直相信菖蒲、艾蒿具有巫术和药用的双重价值,因而利用两者辟邪保健的习俗数不胜数,如采撷各种草药(包括菖蒲、艾蒿)。端午是"采杂药"的日子,民间认为午日午时,太阳最烈,这时百草都是药,因此端午是采药的良日。端午采药的传统在民间历代相传。又如在门上悬挂菖蒲、艾蒿,"清明插柳,端午插艾"。在端午节,人们把插艾条和菖蒲作为重要活动之一。家家都洒扫庭除,以菖蒲、艾条插于门楣、悬于堂中以起到辟邪辟瘟、净化环境之功效。人们还用菖蒲、艾叶、榴花、蒜头、龙船花制成人形或虎形,称为"艾人""艾虎"。宋人曾有"玉燕钗头艾虎轻"的诗句,即是此意。同时,民间还有端午喝艾酒、吃艾糕的习俗,亦可杀菌防病、强身健体。

三是赠扇辟邪。端午送扇子的习俗,据说源于唐代。《唐会要》记载,贞观十八年五月五日,唐太宗赠长孙无忌、扬师道精美的扇子,自此唐代开始流行端午送扇之风。还有人把扇子称为"卓影辟邪",可见扇子在人们的心目中是有辟邪作用的,正好符合了端午节的宗旨。百姓也认为扇子能扇灭鬼火、扇跑阴风、扇走瘟疫,由此得到人们的认可,约定成俗。其实端午后天气炎热,正好用得上扇子,所以此俗盛行。

当然广为我们熟知的风俗,就是端午节吃粽子。粽子,又叫"角黍""筒粽",其由来已久,花样繁多。据记载,早在春秋时期,用菰叶(茭白叶)包黍米成牛角状,称"角黍";用竹筒装米密封烤熟,称"筒粽"。东汉末年,以草木灰水浸泡黍米,因水中含碱,用菰叶包黍米成四角形,煮熟,成为广东碱水粽。晋代,粽子被正式定为端午节食品。这时,包粽子的原料除糯米外,还添加中药,煮熟的粽子称"益智粽"。南北朝时期,出现了杂粽,米中掺杂肉、板栗、红枣、赤豆等,品种增多。粽子还被用作交往的礼品。到了唐代,粽子的用米已"白莹如玉",其形状出现锥形、菱形。日本文献中就记载有"大唐粽子"。宋朝时,已有"蜜饯粽",即以果品入粽,诗人苏东坡有"时于粽里见杨梅"的诗句。当时还出现了用粽子堆成楼台亭阁、木车牛马的广告,说明宋代吃粽子已很时尚。元、明时期,粽子的包裹料已从菰叶变革为箬叶,后来又出现用芦苇叶包的粽子,附加料已出现豆沙、猪肉、松子仁、枣子、胡桃等,品种更加丰富多彩。

端午节的粽子就是这样一种意蕴丰厚的美食,它不仅造型独特,而且包裹的方式与包裹的内容也有着特别的意义。叶为阳性,馅为阴性,取阳包阴之象,故《齐民要术》中有"盖取阴阳尚相裹,未分散之时象也"。剥食粽子,象征着释放阴阳之气,以"辅替时节"。

除了吃粽子,端午节这天家家都要饮雄黄酒。有的用高粱酒,有的用绍兴酒,也有用高粱、绍兴两种酒对半配制,而后加入少许雄黄末制成。据说,喝了雄黄酒可清除脏腑诸毒。我们熟知的传说《白蛇传》中,白娘子就是喝了雄黄酒现出原形,才吓死了许仙,这段情节,便是"端午惊变"。另外,上海地区人们在端午还要吃黄鱼、咸蛋、白切肉等。有的人家则备有黄鱼、黄鳝、黄脚鸡、黄瓜、黄泥蛋(咸蛋)，凑成"五黄"，以喻"五王"，也可起镇妖压邪的作用。

仲夏五月正是农活最多之时。就在这最忙的季节里，却出现了一个重大的民俗节日——端午节。这种巧妙的安排，最能体现出过去乡土社会生产生活的节俗运行特点：忙里偷闲，极大缓解了劳动的疲惫，也激发了百姓的劳动热情。又因辟除了瘟疫，品尝了美食，更能体现中国人的生活智慧。

二、腊八节

农历十二月初八为腊八节。腊月，按我国传统农历是辞旧迎新、准备欢度新年的月份，古代人在年末时节，以猎物祭神灵，称腊祭。古人将祭祀祖先称为"腊"，祭祀百神称为"蜡"。"腊"与"蜡"都作为一种祭祀活动，在农历十二月进行，因而人们便把十二月称为腊月了。在寒凝大地、数九隆冬时节，人们在桌上摆上酒肉以祭祀百神，感谢百神的福佑，抒发心中的敬神之情。后世农业发达，五谷丰登，腊祭亦有庆丰年之意。后来因佛教传入，腊月初八才演变成了我们现在熟知的"喝腊八粥"的腊八节。

由于季节寒冷，又正值农闲时节，故腊月有逐疫的习俗。相传"傩"是古代腊月驱逐疫鬼的仪式。商周至战国时期，上至天子，下至百姓，在腊月及其他时间，都会举行一系列傩仪式，以便驱疫。汉代以后集中于腊八或除夕举行。《后汉书·礼仪志》记载，在祭祀官方相氏的率领下，一百二十个男巫边舞边歌，然后冲出宫门，举火把并将其投掷于河，以示将疫鬼送走。而民间则多贴符咒符画，如《钟馗出猎图》，就常被贴于室内以驱邪。

腊八节最重要的习俗就是喝腊八粥。相传明太祖朱元璋儿时给财主放牛，因牛腿摔断，他被财主关在一间屋子里，三天没给饭吃。他饥饿难忍，到处搜寻，终于发现了一个老鼠洞，从中挖掘出豆、谷等各种粮食，煮成粥食用，觉得非常香甜。后来朱元璋做了皇帝，想起小时候吃那顿粥的味道，就命人用各种粮食煮了一锅糖粥，欢宴群臣。此后朝中文武百官争相效仿并传入民间，遂成了一种节日习俗。因朱元璋吃糖粥的日子是腊月初八，所以这粥也就叫"腊八粥"了。当然，关于腊八粥的起源，我们更熟知的是下面这个佛教故事。

　　腊八，又被称为佛祖成道的佛教节日，腊八粥意为佛粥。相传佛祖释迦牟尼修行深山，静坐六年，饿得骨瘦如柴，曾欲弃此苦，恰遇一牧羊女，便献乳粥供养。他食罢静坐于菩提树下，于十二月初八之日悟道成佛，后人将此日称为"佛成道节"。此后，佛门为了祭颂此事，就借助每年的腊八日举行各种浴佛活动，并施粥扬义，以示纪念。《东京梦华录》卷九记载，腊月初八这天，有僧尼三五人，在街巷中列队念佛，在精致的银盘或铜盘里放一尊或金或铜或木的佛像，用香草煮成的水浸浴，宣扬佛法。各大寺庙也举行浴佛会，并赠送七宝五味粥给信众，称为"腊八粥"。

　　过去在上海，各僧尼寺院也煮腊八粥馈赠施主。粥里添加胡桃、百合、红枣、莲心、桂圆肉、荸荠片、鸡头米或小赤豆等食材，香甜可口。据说，杭州名刹天宁寺内有储藏剩饭的"栈饭楼"，寺僧每日把剩饭晒干，积一年的余粮，到腊月初八煮成腊八粥分赠信徒，称为"福寿粥""福德粥"，食之可以增福增寿。可见当时各寺爱惜粮食之美德。

　　冰心也曾经在《腊八粥》一文中写道："从我能记事的日子起，我就记得每年农历十二月初八，母亲给我们煮腊八粥。这腊八粥是用糯米、红糖和十八种干果掺在一起煮成的。干果里大的有红枣、桂圆、核桃、白果、杏仁、栗子、花生、葡萄干等等，小的有各种豆子和芝麻之类，吃起来十分香甜可口。母亲每年都是煮一大锅，不但合家大小都吃到了，有多的还分送给邻居和亲友。母亲说：这腊八粥本来是佛教寺煮来供佛的——十八种干果象征着十八罗汉,后来这风俗便在民间通行,因为借此机会,清理橱柜,把这些剩余杂果,煮给孩子吃,也是节约的好办法。"由此看来,吃腊八粥,不仅成为民间特色的节日食俗,而且还效仿佛门施粥送福的做法,在亲友邻里之间相互馈赠,以示祝福。从这一点来看,比起明太祖朱元璋的传说,佛家施粥更具教化意义。

平常百姓家的腊八粥,表达出过日子红红火火的美好祝愿。腊八过后,春节的序幕就拉开了,杀年猪、做豆腐、腌腊肉、办年货,年节将至,年味渐浓了。回望即将过去的一年,粮食丰收、阖家团圆,便是极大的欣慰。通过敬神祭祖,人们表达了内心的情感和祈愿,获得了精神上的慰藉和补偿,很好地调节了人们的日常生活。更多时候,民众愿将这喜悦之情一同分享。于是,乐善好施的人们便将一碗碗香甜美味的腊八粥赠予他人。陆游《十二月八日步至西村》诗写道:"今朝佛粥交相馈,更觉江村节物新。"腊八节也自然成了人们联络感情、表达祝愿、增进情谊的重要时机。

第四节　求寿乞巧共祈福

"人生苦短"是历代文人墨客、帝王将相共同的慨叹,"长生不老"则是整个人类共同的追求。中国自古就有祈求长寿的传统。无论是秦始皇蓬莱寻仙草,还是韩愈服用过量硫黄求福得祸,都是古人祈盼延年益寿的真实写照。长者期盼福寿绵延,女子则希望心灵手巧。"一片丝罗轻似水,洞房西室女工劳。花随玉指添春色,鸟逐金针长羽毛。"唐代罗隐描写的精湛刺绣技艺,是古代女子梦寐以求的才能。对于百姓而言,自然是没有秦始皇、韩文公的经济实力来求长寿,也不奢望自己的女红能如诗句中的那样。但人们的美好愿望,早已包含在丰富多彩的节日活动中。以重阳节、七夕节为代表的传统节日,充分体现了中国人追求长寿和幸福生活的人生理想。

一、重阳节

重阳节,又名九月九、重九、茱萸节、菊花节、老人节,时间为农历九月初九。因《易经》中把"六"定为阴数,"九"定为阳数,九月九日,日月并阳,两九相重,故而叫重阳。

农历九月,我国大部分地区的庄稼都已收获。因而从远古开始,庆丰年、祭神祀祖等重大庆典活动常常安排在九月。《吕氏春秋·季秋纪》记载,在九月农作物丰收之时要举行祭飨天帝、祖先以谢恩德的活动。到了汉代,《西京杂记》中记载:"九月九日,佩茱萸,食蓬饵,饮菊花酒,云令人长寿。"相传自此时起,有了重阳节求寿之俗。

然而,民间认为九月九日是逢凶之日,此日多灾多难。《诗经·七月》中写道:"七月流火,九月授衣。"诗中的"流"指移动、落下,而"火"是指大火星,即心宿二,每年夏历五月间黄昏时心宿在中天,六月以后,就渐渐偏西。此时暑热开始减退,故称"流火"。古人发现大火星逐渐向西方迁移、坠落的时节,天气就开始变凉。当秋季到来时,太阳落下的时候已经看不到大火星了。大火星的隐退,使古人失去了时间坐标,产生了恐惧,于是先民以"候时之草"——菊花进行秋祀,乞求"大火"再生。故每年农历九月九日,巫师们手持菊花互相传递,轮番起舞,进行祈祷活动。

同时,先民为了趋利避害,还举行了一系列的祈福活动。民谚说:"九九重阳,携酒登高。"重阳节这一天,人们登高、插茱萸、喝菊花酒以避邪。南朝梁吴均《续齐谐记·九日登高》中生动地描述了重阳节的传说:汝南人桓景跟随费长房游学多年,有一天费长房对他说:"九月九日,你家中一定会有灾祸,你赶快回家,让家人制作红色袋子，里面盛上茱萸，系在手臂上，登高，饮菊花酒，就可以除去此祸。"桓景听从费长房的话，回去后一家人一起登山。晚上回来时，看见家里的鸡犬牛羊全部暴死。费长房听说后说道："这是代替你一家人死去的啊。"现在人们在九月九日登高饮酒，妇人带茱萸囊，这一习俗就从那个时候开始的。

对于上海人来说，虽然市区并无高山，但也阻碍不了人们登高远眺。过去每逢重阳，豫园萃秀堂边的明代黄石大假山都会人头攒动。当时，这座大假山平时不让人攀登，只有每岁重阳节才开放，供游客登临。此外，城东丹凤楼的魁星阁、城北的大境阁，因都建于城墙上，适合登高远眺，都是城里人重阳登高的好去处。

古人称三月三郊游为"踏青"，九月九郊游则为"辞青"，这是一种对应的说法。如潘荣陛《帝京岁时纪胜》记载，重阳节时人们带上菜肴酒浆，在各个城门郊外痛饮终日，称为"辞青"。先民认为登临高处，意味着与上天更加接近，因此就比较容易获得神灵的福佑。登高与重阳节产生联系的主要原因是，重阳时节天气初寒，人们难以适应季节的冷暖变化，极易感染疾病。这种现象被认为是重九之日，天气下降，地气上升，天地之气交接之时，易接触不正之气，于是要登高以避之。秋高气爽，极目远眺，似有心旷神怡之感。在先秦时代，登高也与求仙升天紧密相连。但这事实上是不可能的，于是求仙便转为祈寿。另外，"高"有高寿之意，因此民间认为重阳登高也可使人长寿。

茱萸，是一种常绿植物，又名"辟邪翁"。晋代周处《风土记》里提到，茱萸到九月九日成熟，气味浓烈，颜色红艳，人们争相折其花以插头，说是可以辟除恶气，抵御初寒。侵害身体的晚秋寒气，在古代常被视为恶气，而茱萸便成了民间驱病佳品。从茱萸的植物特性来看，此物常绿带香，能除膻腥之气，故古人认为佩戴茱萸能够避邪。

在古代，酒为阳水，饮九月九的酒可以达到延寿和长生的目的。重阳节饮菊花酒在西汉时就有此俗。《西京杂记》记述了制作菊花酒的方法：菊花开放时，连茎、叶一起采摘，和黍米混合一起酿制，到第二年九月九日就可以饮用了。从医学角度上讲，用菊花泡制的酒可以明目、降血压。所以菊花酒成为重阳节的必备饮品，是避灾祈福的"吉祥酒"。

重阳糕亦称花糕，因在重阳节食用而得名，南朝时已有，但在当时并不叫"糕"，而叫做"糍""饵"。蓬饵也就是蓬糕，在民俗观念中，食蓬饵有抵御灾乱的作用。时至宋代，吃重阳糕的食俗开始盛行。重阳糕因时代和区域不同而制法各异，品种名目繁多。《东京梦华录》记载了宋代的"狮蛮糕"的制作方法：重阳节前一二日，人们都拿粉面、蒸糕互相赠送，上面插着剪彩小旗，蒸糕上掺杂各类果实，如石榴子、栗黄、银杏、松子肉之类。又用面粉做成狮子蛮王的形状，放在糕上，称为"狮蛮"。讲究的重阳糕要做成九层宝塔状，象征"九重天"，上面还要做两只小羊，取"重阳"的谐音，用意仍在避祸。

1989年，国务院把重阳节定为"老人节"。其实民间很早就在重阳节期间供奉寿星、麻姑。重阳节被看作老人节，是有原因的：其一是因为女儿外嫁后，要在九月九日回娘家孝敬双亲；二是重阳节为双九相逢，"九"与"久"同音，是为长寿的象征。"独在异乡为异客，每逢佳节倍思亲。遥知兄弟登高处，遍插茱萸少一人。"王维的诗作《九月九日忆山东兄弟》，又道出了游子的思乡真情。从避祸祈福到佳节团聚，再到今日的敬老爱老，虽然中国的节俗历经千百年已然被赋予了新的含义，但"身体健康、万事如意"的吉祥话仍时常挂在人们嘴边。

二、七夕节

每年的七月初七，人们常常在葡萄架下听情话，或是茄树底下听洗碗声。这两个风俗的主人公,就是天上的牛郎织女。牛郎、织女本是星宿之名,一个是天鹰座α星,一个是天琴座α星,两星相隔11.5光年。每逢七月初七,它们升至天顶,在夜空中显得格外明亮,引起人们的无限遐想。这一天,便被称为七夕。

七夕节,又名乞巧节、女儿节、巧夕、七巧节等。该节日起源于汉代牛郎织女的浪漫爱情传说,表达了古代女性对心灵手巧和美满婚姻的向往。牛郎、织女名称首次出现于《诗经·小雅·大东》中:"维天有汉,监亦有光。跂彼织女,终日七襄。虽则七襄,不成报章。皖彼牵牛,不以服箱。"大意是说,天上的银河波光荡漾,看银河这边织女每天移动七次,也没有织出布来,看银河那边牵牛也不拉车负重。此时的织女星与牵牛星已经拟人化,虽然并未明确指出牛郎织女的联系,但却为后世提供了美丽传说的形成土壤。"迢迢牵牛星,皎皎河汉女。"待到《古诗十九首》中的《迢迢牵牛星》,人们进一步把爱情因素同牛郎织女传说结合在一起,形成了一个情人隔河相望的凄美爱情故事。

但是,乐观的中国人怎忍心有情人天各一方?于是民间就想象玉皇大帝和王母娘娘被两人真挚情感所打动,准许他们每年七月七日相会一次。相传,每逢七月初七,人间的喜鹊就要飞上天去,在银河为牛郎织女搭鹊桥相会。此外,七夕夜深人静之时,人们相约在葡萄架下,偷听牛郎织女在天上的脉脉情话。有些地区还留有在茄子树下听织女洗碗声的有趣风俗。当然,在这幸福的时刻,人间的女性更希望得到织女的祝福。乞巧,也就成为古时七夕的重要风俗活动。

中国传统节日的习俗,从来都是依时令而产生,七夕也不例外。"七月流火,九月授衣。"由于农历九月是气候较为凉爽的晚秋,也是穿着寒衣的时节,故九月授衣,则必须八月裁制,七月当然就是妇人织布的时间。此时女子向天上织女祈求慧心巧思,最合

适不过。这既是一种郑重其事的祈福仪式,也是一种劳作季节开始前的心理准备。通常来说,民间有以下几种活动:

(1) 穿针乞巧。最早的关于乞巧的记载来自东晋葛洪的《西京杂记》。"汉彩女常以七月七日穿七孔针于开襟楼,人俱习之",七夕穿针乞巧的习俗可见一斑。唐朝王建有诗说"阑珊星斗缀珠光,七夕宫娥乞巧忙";五代王仁裕《开元天宝遗事》记述,七夕节,皇宫内用锦缎结成高楼殿宇,有百尺高,陈设瓜果、美酒、烤肉,祭祀牛郎、织女两星,妃嫔们在月光下拿五色线穿九孔针,能穿过者就表示她得巧。士大夫及普通百姓之家都争相仿效。

(2) 投针卜巧。这是明清两代盛行的七夕节俗。明代刘侗的《帝京景物略》记载在七夕中午,放一盆水在太阳下暴晒,过一段时间后,空气中的尘土就会在水面上结成一层薄膜。这时把针丢在水里,有了薄膜的支撑,针就会漂浮在水面上。水中便清晰可见各类的针影,如果针影像云彩、花朵、鸟兽形状,就是得巧;反之,若呈现细如线、粗如锤的形状,就是未能得巧。

(3) 喜蛛应巧。这也是较早的一种乞巧方式,其俗稍晚于穿针乞巧,大致在南北朝之时。《开元天宝遗事》记载,七月七日夜,捉蜘蛛放在小盒中,到第二天早上打开,查看蛛网的稀密来占卜是否得巧。蛛网密意味着得巧多,蛛网稀则表明得巧少。宋朝孟元老《东京梦华录》也记载了类似的活动,查看蛛网,若圆正则是得巧。

(4) 染指得巧。七夕夜里,上海的姑娘们将凤仙花捣成汁,染红十指指甲,年长的妇女只染无名指。相传七夕染了指甲,可使手指灵活,纺织时手指不抽筋。原来,扬州古历有六月六女子染指甲的说法。民间风俗,众说纷纭,莫衷一是。此习俗或早或迟,大致是在夏季。具体做法是将凤仙花捣烂,伴以明矾,以花叶或布条裹之,再用线绕一绕。敷前先以蒜泥涂抹。一般睡前染指甲,醒来拆下布条时,将十个指头在泔水缸里蘸一蘸。据说,用此法指尖便不疼(明矾有刺激)。用凤仙花染过的指甲,色彩亮丽,鲜红可爱,数月都不褪色。此法在民间家喻户晓,蔚然成风。

(5) 品尝巧果。巧果又名"乞巧果子",款式极多,主要的制作材料是油、面、糖、蜜。《东京梦华录》中称之为"笑厌儿""果食花样",图样则有捺香、方胜等。宋朝时,街市上已有七夕巧果出售。巧果面花一般是发面染色做成,在和面时将胭脂红、黄、果绿等不同的颜色分别和到面里,揉成五颜六色的面团,放在瓷盆中,盖上帘子以防面团表面风干变硬。然后从面团上各揪下一块小面团,在面板上揉成长条,将几种色彩的条面并排粘在一起,用刀横切成巧果模板大小的样子,放入模板内,用手压平实,然后倒出,便成五颜六色的巧果面花,再入油锅炸至金黄即成。每当七夕来临之际,也正是瓜果飘香的季节。夜晚时分,各家妇女纷纷搬出案台,放置巧果甜瓜,焚香祷告,以祭祀星辰,祈求福佑降临。

在这个极具浪漫色彩的乞巧节日背后,实则有不为人知的文化因子。古代中国主张"女子无才便是德",而只有通过七夕乞巧,女子才能寄托她们对巧手的渴望和对幸福的追求。倘若能成为"巧妇",就是为自己的美满生活找到了保障。在古代,七夕也是民众许愿的日子。据说七夕当夜拜牛郎、织女时,说出自己的愿望,不管是乞富、乞寿、乞子,莫不灵验。但是所乞求的愿望一次只能有一种,而且须连乞三年方才灵验。民众通过祈福得到心理慰藉,更可看作千百年来顽强生命力的体现。梦想与现实并存,现代人又何尝不是这样呢?

第五节　古今中外话节庆

一个民族饮食习惯的养成,是几代人味蕾的记忆传承。在这些千百年未曾改变的味道里，可以窥探出我们对节日的重视、对传统的重视、对自己身份的认知。放之四海，全世界各个民族的节日，都与他们的生活习惯息息相关。时光荏苒，传统节日发展到今天相较古时已有很大差别。在全球一体化的今天，我们更需要认识自己、了解他人，求同存异方可天下大同。

一、酌古斟今

节日无论今古，都有一个共同的文化功能，那就是调节民众生活。由于古今社会文化背景的不同，古今节日形态又有着明显的差异。关于这一点，北京师范大学萧放教授很早就提出了自己的看法。

从节日的时间来看，古今节日都会适度分布在一年之中。传统节日如大年初一的春节、三月初三上巳节、五月初五端午节、七月初七七夕节、九月初九重阳节，现代节日如1月1日元旦节、3月12日植树节、5月1日劳动节、10月1日国庆节等。这样的节日排列，适应了个人与社会的需要，不仅可以劳逸结合，更可促进经济发展。但是，古今节期选择的观念有着根本的区别。古代社会以农耕为主要生活方式，人们靠天吃饭，所以更注意自然时序与人文节序的对应。通常来说，古时春夏秋冬四次隆重的节日祭祀，都蕴含着当季人们对丰收的期盼和感恩，民众借此机会得以休闲小憩。所以说，节日是人们划分时间段落的特定标志，人们依据它安排自己的生产与生活。

然而，现代节日以现代社会文化体系为基础，在节期选择上已很少或不再考虑自然物候变化，而是一种纯粹的社会选择。如3月15日消费者权益保护日、5月1日劳动节等节日，都是在国际性组织的倡导下被纳入到中国现代节日体系中来的。即使是传统节日，人们也只是继承它的形式以及它与当代社会能够适应的内容。七月初七原本是古人祭祀星辰、祈求心灵手巧的节日,现代人则将其视为情人节。虽然有人戏称牛郎织女隔河相望,实则是异地恋,这样的"情人节"不过也罢,但商家极尽宣传之能事,商品促销十分普遍,于是乎青年男女互赠礼物过七夕也就不足为奇了。

从节日的功能来看,古今节日都注重人们的身心调节,但其调节手段、调节内容有着本质的不同。传统节日主要在于协调人与自然的关系,人们希望通过各种节日庆典与仪式取得与自然的沟通。因为在传统观念中,自然属特定神灵的支配,人们生产是否丰收、身体是否康健、事业是否发达、子嗣是否绵延,都仰仗祖先神灵的荫庇。民众为了在不确定的环境中安然度过一年又一年,于是经常顶礼膜拜各路神灵或是驱散恶灵。这种反复出现的定期性祭祀与禳除活动,逐渐转化为特定的节日。中国传统节日从其起源看几乎都与神灵信仰有关,如元日驱山臊恶鬼,二月社日祭社神,三月三祓除恶气,五月五祭水神,七月七祭星神及九月九避灾祸等。所以神灵信仰成为传统节俗的核心。传统社会的种种节俗活动,无不围绕着一定的信仰展开,人们采取多种手段(祭祀或巫术)希冀神灵为自己祈福禳灾。人们通过节俗活动沟通了人神之间的联系,更是对当时社会民众心理与生理状态的有效调节,人们通过节日活动获得了身心放松和精神慰藉。

而现代节日则大为不同。由于科技与社会的进步,人们的生存难题相对缓解,人与自然的关系不似古时紧密。而今人际关系网络复杂,人们真正需要面对的是社会,调节的是人与人之间的关系。因此现代节日的主题是以公共活动的方式,实现人与人之间的情感沟通。通过节日这个人们共享的文化平台,社区成员乃至民族成员的关系得以维系,民众的生命活力也得以展示。同时,节庆活动的中心不再是神灵信仰,很多节日除保留传统形式外,其民俗内容已演化为一般娱乐性质。就拿春节来说,春运时的一票难求,早已成为游子回家团圆的最大阻力;而举家出游,在外地甚至海外过年也成为一种时尚的选择。

从节日的地位来看,传统节日在古代社会有着极为重要的地位,它不仅是民众生活时段切分转换的标志,而且表现为一种新旧的沟通与过渡。节日是一道道隐形的关口,过节与"度厄"成为节日形态的一体两面。诸多节俗都是为了在特殊时节里给人们以精神抚慰与生理放松。无论是夏收过后中元节的祭祖,还是农闲时分冬至日的贺冬,都不失为一种顺利过关与争取未来的美好祈愿。同时,古代节日还承载着传承神话、历史、知识与安排生产、生活的实际任务。因此,节日在民众生活中是文化传统、地方知识与道德精神的凝聚,民众社会的稳固得力于民俗节日的周期性调节,节日成为社会生活中的重要组成部分。

而现代节日与民众的生产、生活实践没有深刻的内在联系,它不再具有时间坐标意义,也不再有与民众生命息息相关的力度,人们已不再仅仅依赖节日传递知识、交流感情,人们有了多重的公共活动空间来表达这种意愿。虽然,还没有一种生活样式能取代节日所具有的文化意义,但从总体上看人们没有了传统社会中所具有的那样浓烈的情感,我们从新旧年节习俗对比中不难明白这一事实。旧时春节,人们从腊月初八开始忙年,经过一系列有序的民俗活动,将年节逐步推至高潮,年夜饭成为一年中最精美的物质与精神食粮。反观当下,春节假日短短七天,之后人们又恢复了往日的紧张工作。祭灶、祭祖、扫尘等节俗虽有所缩减,但因商场折扣促销,置办年货的习俗反倒越发兴旺。

时至今日,中国人感叹年味淡了,传统文化也渐行渐远。著名儿童文学作家梅子涵曾遗憾地说:"最让人失望的是,中秋节衍生出了泛滥的送礼文化,好多人现在都害怕过中秋节。不仅是中秋,中国人的春节、端午也在淡化,而圣诞节、情人节的气氛倒是越来越浓,这到底是为什么?"梅先生认为,"现代生活太过商业,商家常常只将传统节日的外在形式简单剥离,而现在的小年轻,又从小接受这些环境的熏陶,从而导致了'有节日无文化'的现状"[①]。润物无声,或许唯有将传统文化点滴渗透在日常生活中,我们才能真正感受节日的魅力。

二、中外大观

节日是一种极为复杂的社会文化现象,是各民族人民丰富多彩生活的集中体现,包含着一个民族历史形成和沉淀下来的性格、心理、信仰、观念、思维方式、道德情操、审美情趣等多种价值文化取向。所以我们常说,中国七月初七的七夕节等同于西方2月14日的情人节,中国七月十五的中元节等同于西方10月31日的万圣节,中国的九月初九重阳节(老人节)等同于西方11月末的感恩节。但是,由于中西方国情不同,表现在节日上的形式与内容多还是大相径庭。

从节日的起源来看,中西方节日起源的不同反映了二者背后两种不同的文化:农业文化与基督教文化。中国长期以来是一个以农业耕作为主要生产生活方式的社会,在春种、夏长、秋收、冬藏的过程中认识到自然的变化规律,总结出岁时节令。这种依时而兴的节日体系,充分体现了中国"天人合一"的哲学理念。中国传统节日大都以自然节气的规律性变化为依托,强调人与自然和谐、万物平等的自然本原,充分体现了道法自然的生存智慧。

与中国传统节日相比,西方的传统节日都带有浓厚的宗教色彩。作为一年周而复始的新年节庆,本应该是人类社会普遍注重的节日。但在西方,这个节日的重要性及影响力已经让位于基督

---

① 《民俗里都是历史,应离商业远一点》,现代金报,2014年6月6日,A20版。

教的圣诞节。除了圣诞节以外,情人节、万圣节、复活节、圣灵降临节、基督降临节等,更是成为民众普遍庆祝的节日。其中不少节日随着基督教跨文明的普世化和欧洲移民向世界各大洲的播散,成为世界性的节日。基督教文化将整个西方世界连结为一个文化"主体"。

从节日的时间来看,中国传统节日采用农历时间,且日月时间多为重叠;而西方传统节日采用公历时间,时间多在周末。中国传统历法名曰农历,又称黄历、夏历、旧历。作为一种阴阳合历,其月的部分是以朔望月为基准确定的,其岁是以回归年为基准确定的。

同时,中国传统节日很多采用重叠时间,如二月初二龙抬头、三月初三上巳节、五月初五端午节、七月初七七夕节、九月初九重阳节等。但西方节日则表现为时间的不确定性,具体说来,一般是将某月的第几个星期几定为节庆时间,因而每年的节日时间并不固定。例如,母亲节为5月的第二个星期日,父亲节为6月的第三个星期日,感恩节为11月的第四个星期四。

从节日的方式来看,中国传统节日多以饮食为主题,西方传统节日多以玩乐为主题。饮食文化是我国节日文化的重要组成部分,从中国四大传统节日春节、清明、端午、中秋的节日习俗来看,与之对应的是饺子、青团、粽子、月饼,每一个节日都有其代表性的节日美食。正所谓民以食为天,中国人对健康长寿的追求,主要通过饮食来体现。

西方的传统节日,更多的是体现出人们的互动性、集体性和狂欢性。以自我为中心,崇尚个性张扬,其中最有特色的是狂欢节。据说,目前这个节日已成为世界上许多民族不可或缺的共同节日。按照古老的传统,狂欢节不仅是一个节日,而且还是人们打乱日常生活秩序的时节。人们会开庆祝聚会或者化装舞会,或是盛情邀请亲朋好友上街游行,这种庆祝方式轻松,是对平时紧张工作的一个很好的放松。相较之下中国传统节日往往伴随着祭祀活动,多了严肃、正式和隆重的意味。

2008年开始,我国政府将清明、端午、中秋三大传统节日重新列为国家法定节假日。同时随着信息化与全球化的步伐加快,民众又转向对传统文化的关注。正所谓只有民族的才是世界的,只有我们充分继承民族优秀的节日文化遗产并发扬光大,使之与现代社会达到完美的契合,我们的传统节日才有可能广为世界所接受。

第四章
中国人的一生

人们常说:"人生苦短,需及时行乐。"不同的人对此有不同的看法。有人努力拼搏,精彩一生;有人自甘堕落,放纵一生。然而,在这看似短暂的人生里,却蕴含着人类丰富的智慧。

古人云:"人生有四喜——久旱逢甘霖、他乡遇故知、洞房花烛夜、金榜题名时。"这四喜给人们的生活带来了不同的故事,也带来了不同的感动。也许在我们有限的一生中无法尽尝"四喜",未免让人有点沮丧。但我们每个人都会经历四个相同的阶段,即诞生、成年、结婚、死亡。这四个不同的阶段,将人一生的经历演绎得淋漓尽致。中国素称礼仪之邦,在待人接物、衣食住行等方面都有相应的礼仪蕴含其中。古往今来,人们以礼待人、以礼接物、以礼处事。古人将礼仪与人的自身修养联系在一起,或许可以这样说,礼仪的出现,将人们的人生观、价值观以具体的形式表现了出来,同时也反映了我国的文明、文化和时尚。中国人将礼仪融合在日常生活中,潜移默化地影响后人。当然,礼仪不是静止的,不是一成不变的,随着社会的向前发展以及经济水平的提高,它也在顺应潮流发生着变化。伴随着旧礼仪的消失,新礼仪就会生成,新旧礼仪的更替不断地影响着我们的生活。从古代的"父母之命,媒妁之言"到现代的"崇尚自由,追求真爱"婚姻观念的转变,必然体现在礼仪的变化上。

有关人生的礼仪,可以从四个方面来阐述,即诞生礼、成年礼、婚礼、葬礼。诞生礼表达对新生命降临的喜悦和祝福,成年礼标志着对由孩提时代向青年过渡的勉励与鞭策,婚礼见证了立身社会和睦家庭的责任与担当,葬礼表达了对死者的尊敬,也教会了我们如何坦然面对人生。这一系列的人生礼仪,都值得我们细细品味。

第一节　摇篮里的祝福

众所周知,传统的中国社会因其落后的医疗卫生条件,新生儿的存活率很低,这对历来重视子嗣的中国人来说无疑是致命的打击。面对无法改变的自然环境与社会现实,人们只有通过一系列的仪式来表达对新生儿的祝福。新生儿的降生给家庭带来了喜悦,也带来了烦恼,如何保证新生儿的健康成长成了人们关心的首要问题。诞生礼仪的出现,无疑给人们的精神上带来了慰藉。

新生儿的到来,对父母来说是其爱情的结晶,生命的延续。但是,对于整个家族来说却是其子孙繁衍、家族兴盛不衰的希望。正因为如此,从古至今,有关新生儿出生前到出生后都有一系列的礼仪环绕,如出生前的求子、孕妇禁忌,以及婴儿出生后为了表示家人喜悦和祝福而举行的活动。其中,洗三、满月、周岁等活动一直延续到了现在,其蕴含的礼仪在现代社会仍然具有现实意义。

一、洗三

洗三,就是在新生儿出生第三天为其举行的诞生礼仪式。一般在此之前,孩子的父亲要向岳父家报喜。如今上海市区的报喜习俗比较简单，一般打个电话就可以了；而郊区农村的报喜则相对复杂一点。新生儿落地后，女婿要将亲自准备好的鱼、肉、红核桃、红蛋等送到岳父家报告喜讯，另外，重要的一点是生男孩要送一只雄鸡，生女孩送雌鸡。当然，不同地方的人们会用不同的方式告知婴儿的性别。比如有的地方送喜蛋时，生女儿送双数，生儿子送单数。在古代，生男孩则称"弄璋之喜"，生女儿则称"弄瓦之喜"。现在人们对此往往有误解，认为是古人重男轻女思想的表现，居然在这些小细节上都要有所体现，其实不然。"璋"为上好的玉，喻示君子佩玉，培养君子人格，成为社会栋梁人才；"瓦"乃纺锤，喻示女孩子要学习纺织等女红家务，成为贤淑女子。另据记载，古时生男孩要在大门左边挂一张弓，表示男孩子要勇武、阳刚；生女孩则要在大门右边挂一幅佩巾，表示女孩子要温婉、柔和。这是传统社会对男女社会分工观念及身份角色期待的体现，当然，在现代社会这一观念也受到了挑战。

一般家庭会在孩子"洗三"时设宴款待亲朋好友，邀请大家一起享受"添丁"的喜悦。主人家会在孩子降生后就准备好瓜果糖仁，当邻里亲朋上门看望母亲与新生儿时，将此分给大家，一方面表示大家同喜的意思，另一方面以此表示对亲邻上门看望的感谢。这时候，上门的亲戚朋友要特别注意应该轻手轻脚，不宜大声喧哗，以免惊扰到婴儿。

"洗三"在江南地区俗称为"三朝酒"，主要是以为婴儿清洗、换衣、祈祷为目的的。上海盛行的"三朝酒"，一般会遍请亲朋好友，在大饭店定下几桌酒席庆贺三朝。与其他地方相同，出席三朝酒宴，不能空手而来，总要带上礼物表达对新生儿的祝福。礼品一般由金银项圈、手镯、衣服、营养品、鸡蛋等组成。近年来，则多被红包所代替。当然，除了"三朝"，上海郊区农村也有做"六朝""九朝"的，婴儿诞生前几天，没有时间办"三朝酒"的，可以选择"六朝"或

"九朝"。

传统社会中"洗三"一般由外婆或者儿女双全的年长的女性来进行,多用热水浸泡艾叶为婴儿擦拭身体,象征洗涤污秽,消灾免难,祈求吉祥幸福。整个过程神圣而庄严,人们会在洗澡盆中投入果子、葱、姜、金钱等以表示对新生儿的祝福,期望他能健康成长。盆中所投之物都有一定的寓意,比如,"果子"象征"教子"成才,"葱"象征聪明,"姜"象征强壮,"金钱"象征大富大贵等。有的边给孩子洗浴,边唱"洗三歌",如"洗洗头,不用愁。洗洗腰,一代更比一代高……""长流水,水长流,聪明伶俐好儿郎……""洗三"歌谣中都会说一些吉祥美好的祝福话。但是,宋代诗人苏轼有一首《洗儿》诗却这样写道:"人皆养子望聪明,我被聪明误一生。惟愿孩子愚且鲁,无灾无难到公卿。"这首诗一方面肯定了民间"洗三"习俗的普遍以及对孩子的美好期许,同时又以戏谑的语气,讽刺现实中聪明的人多灾多难、愚笨的人却能顺利当上高官的社会弊端。

现代社会,"洗三"这一习俗虽然仍然存在,但仪式多已简化变成了家庭内部的活动。大多数家庭在这一天也只是简单地给孩子擦洗一下,人们多选择在满月这天举行庆祝活动,宴请亲朋好友。

二、满月

"满月",不论在传统社会还是现代社会都很受重视,这是昭示着新生儿进入社会的仪式。在此之前,产妇是不能出门的,孩子也必须依偎在母亲身边。一个月期满后,人们认为新生儿基本适应了环境,因此为其举行有众多亲友参加的庆贺仪式。

"满月"之礼的举行,标志着新生儿脱离母体,开始真正地进入人群,获得了相应的社会地位,得到了人们的认可。母亲的娘家人以及其他亲戚会在这一天送来贺礼。作为回报,主家会在这一天设宴款待,所有情意都蕴含在食物中。满月礼多以婴儿的衣服、鞋袜为主,现代社会则增加了各种各样的婴幼儿用品。对产妇人们也更加重视,人们看望产妇时多以鸡蛋为礼,认为鸡蛋的营养能够补充产妇身体所需,且对产后身体的恢复有很大帮助。

当然,满月礼不仅包含着客人的礼物和主人家的宴饮,还包括给新生儿"剃头""挪窝"等活动。"剃头"即给孩子剃去胎发。人们一般选择在满月这天为孩子剃除胎发,希望他从头开始,一生圆圆满满,这一习俗包含着人们对新生儿满满的祝福和殷切的期望。当然,胎发并不会被随意丢弃。有的人家会找个荷包装起来,给孩子佩戴;有的人家则会在经济条件允许的情况下将其制作成独一无二的胎毛笔,期望孩子未来步步高升。"挪窝"则是由孩子的舅舅抱着孩子走街串户,意味着带着孩子第一次出门见世面,也意味着孩子走出家门进入乡里社会。

上海地区大多流行剃满月头的习俗,在满月这一天,给新生儿剃头,根据新生儿头发的多少,既可以象征性地修剪一下,也可以全部剃光。对新生儿"胎发"的保管,上海市区的习俗是将其制作成胎毛笔,刻上婴儿的姓名及出生日期,当作纪念品保存起来。而在上海的郊区农村,人们则将胎毛放进桂圆壳里,用红布包着,挂在床前,也可当作纪念品。

关于满月礼,古代跟现代也有很大不同。古时人们多会选择在满月这天给孩子送长命锁、生肖玉、百家衣等,希望孩子能够健康成长、长命百岁。现代人们多会选择给产妇送营养品,给新生儿送玩具等。究其原因,古时一方面因为医疗卫生条件差,人们的生活水平普遍不高,新生儿存活率低,另一方面人们对子嗣的重视又使孩子的出生对家庭来说意义重大。所以,为了保证孩子健康平安长大,人们多会把希望寄托在神灵上,百家衣、长命锁等就应运而生了。然而,现代社会经济、医疗水平的发展足以保证孩子健康成长,人们想方设法给孩子提供优越舒适的生活,各种各样的营养品以及婴幼儿玩具成了人们送礼首选,虽然时代不同,但人们的心意和愿望是相同的,人们希望通过一定的方式、通过实实在在的东西,保佑孩子健康成长。

三、百日礼

顾名思义,"百日礼"就是在孩子出生一百天时举行的礼仪。上海市区的习俗,到孩子百日这一天,全家到摄影馆照相留念,称为"百日纪念",这是孩子的第一张照片,成为孩子人生起点的留影。

自古以来,人们给"百"赋予了很多美好的含义,如圆满、吉祥、美好等。所以,人们在孩子百日这一天,带孩子吃百家饭,穿百家衣,佩戴百家锁,希望托大家的福,保佑孩子健康成长。当然,这里的"百"是虚指,表示"很多"的意思。

旧时新生儿的啼哭打破家庭的平静,给父母老人带来喜悦的同时,也给其增加了一个任务,即出门向邻里报喜的同时,向邻里讨要布片,给孩子做百家衣。人们希望以此集结大家的福气,保佑孩子长命百岁。因为百家衣是用各家各户不同衣服的碎片缝纫而成的,因此对缝纫技术要求极高。这种色彩斑斓、风格质朴的衣服,往往让人感觉异常温馨。因为,这看似简陋的衣服实际上凝聚了家人、邻里对孩子的祝福和期盼。据说有些地方还会以衣服色彩的艳丽程度,来判断新生儿父母与邻里的关系。百家衣颜色越亮丽,表示新生儿父母与邻里关系相处得越和睦。百家衣不仅有坎肩,还有马甲、背心等。穿百家衣在中国北方的陕西、山西、河南、山东等地十分流行,在南方有些地方也保留有这个习俗。

与百家衣一样,百家锁的存在也是古时家庭为了祈求孩子健康成长、长命百岁而在民间普遍流行的一种习俗。人们将百家锁当作孩子的护身符,寄托了父母无限的期望。明清时期,银制的百家锁就已经在民间盛行了,当时其功能主要是去灾、避邪、保佑孩子长命百岁,所以又叫"长命锁"。可怜天下父母心,当时的人们为了孩子的健康成长,孩子的家人要挨家挨户地乞讨,向每家讨要一文碎银,然后找工匠师傅将其铸成一把锁,给孩子佩戴,希望借百家福寿锁拴住新生儿的性命,体现了父母对孩子深深的爱意。这种做法在我国北方十分流行,北京地区将此称作"化百家锁"。南方也有,但做法与北方有所不同。南方地区新生儿的父母会将七粒白米和七叶红茶用纸包好,送给亲朋好友,亲友一方作为谢礼会给孩子父母一些碎银。孩子父母用这些碎银炼制百家锁,给新生儿佩戴。百家锁的样式有很多种,有瑞兽百家锁、麒麟百家锁等。不管样式如何变化,其承载的对孩子的祝福以及庇佑愿望是不会变的。

古往今来,人们对子嗣的重视从未改变。与古代不同的是,现代社会婴幼儿穿百家衣的已经不多见,各式各样婴幼儿服装的出现,已经成了孩子父母以及亲朋好友的首选。百家锁虽然依旧存在,但其驱邪、消灾的功能已经淡化,人们多将其作为婴幼儿的饰品,或者是用来表达对新生儿的喜爱之情。不管外在的形式如何变化,其内在的感情却从未改变,都是为了孩子的健康成长。

四、抓周

从新生儿的诞生到一步步的成长,每一步都牵扯着父母的心,过了满月、百日,新生儿又迎来了他的第一次生日。孩子一周岁时举行的一个重要仪式是"抓周",又叫"试儿",人们以此预测孩子的性情、喜好以及将来的前程。

"抓周"习俗在民间流传很久,至少在南北朝时已普遍流行于江南地区,隋唐时期普及全国。文献上有关"抓周"的记载,据说最早见于北齐颜之推《颜氏家训·风操》,其中记载,通过"抓周"来测验孩子的贪、廉、愚、智,称为"试儿"。宋代吴自牧《梦粱录·育子》里对此也有详细记载,宋代孟元老《东京梦华录·育子》里则把"抓周"称为"小孩之盛礼"。

在孩子周岁这一天,主人一般不会散发请帖邀请客人,但亲朋好友都会不约而同前来祝贺,欢聚一堂。人们带来一些孩子衣物、鞋帽、糕点之类的东西作为礼物,现在也有送红包的。"抓周"仪式是周岁贺仪的重头戏,主家在屋里摆设桌案,上面摆放笔、墨、纸、砚、书籍、印章、算盘、钱币、首饰、玩具等,如果是女孩子,还要摆些炊具(如铲子、勺子等)和缝纫用具(如剪刀、尺子、绣线等)。人们将穿戴整齐的孩子放在已摆好的各式各样东西面前,让孩子任意抓取,根据抓取的东西来预测孩子将来的职业、前程。当孩子挑中文具书籍时,人们会认为他日后必大有作为,爱读书,会金榜题名;当孩子挑中印章,就会认为他今后会当官;当孩子挑中算盘,则会认为他以后会经商,在商界崭露头角。如果女孩子挑中刀剪、铲子,就会认为她今后会料理家务;反之,如果男孩子挑选了首饰、胭脂之类,就会被认为是不务正业、纨绔不肖。古典名著《红楼梦》中的贾宝玉就是"抓周"时抓取了胭脂,因而他的父亲十分不悦,认为他不求上进,只会讨好女孩子。当然,"抓周试儿"只是一种表达父母望子成龙、望女成凤心情的仪式罢了,并不能当真。

现代社会,孩子的周岁礼已经不仅仅是为了预卜前程,也成了人们联系感情的一种纽带。而且,随着社会的发展,周岁礼的礼仪也有了很大的改变。"抓周"仪式现在已经很少见,人们多会选择在这一天给孩子留下周岁影像或者周岁写真,希望以这种方式记录下孩子成长的历程。随着孩子的长大,生日已经不会像周岁生日这样隆重了。但是,孩子还是会在生日这天吃到妈妈特地煮的鸡蛋和面条,以祈福孩子能健康成长。

五、寿诞祝福

相比对新生儿的重视,人们对忙碌一生的老人的寿诞也倾注了很大感情。在日常生活交往中，我们经常会听到有人问年长者"您高寿？"。但是，能够称得上"寿"者，是有一定的年龄限制的，并不像国外不分男女老少一律用"How old are you?"，在中国只有年过60岁的人的生日才可以称为"寿诞"。而上海地区的习俗则是要在人的50岁、60岁、70岁、80岁举办祝寿大典。祝寿大典通常在整岁前一年举行，即逢九时做寿。与新生儿过生日不同，老人的生日已经不用"过生"来形容了，人们一般用"过寿"来称呼老年人的生辰，也有些地方称为"贺寿""上寿"等。

  传统习俗认为，年逾花甲方可称为"寿"。60岁称为"花甲之寿"，70岁为"古稀之寿"，80岁称为"大寿"，90岁为"耄耋之寿"，百岁则为"期颐之寿"。且做寿有男女之分，男性为"椿寿"，女性为"萱寿"。民间普遍认为过寿"做九不做十"，即人们会选择59、69、79岁时来做大寿，取"九"的谐音"久"，希望老人生活长长久久；而十则有"满"的意思，所谓"水满则溢"，不吉利。

  对于普通家庭，过寿这天，子女、亲友带着礼品来给老人祝寿，并敬以"福如东海、寿比南山"等健康长寿类的吉祥语，礼品大多数为肉类、酒、茶及其他物品，后来还出现了西式的蛋糕。在共同劳作下，大家把这些食物烹制成熟食，然后在一张大圆桌上全家人热热闹闹地吃上一顿丰盛大餐。开饭前先吃面条，即"长寿面"，形状细长，象征长寿。家庭成员男女老少欢聚一堂，意为和和美美、儿孙满堂、老人尽享天伦之乐。餐桌上所有已经成年的晚辈，都要给过寿者敬酒，并感谢老人为这个家庭所作的贡献，这样做的同时也给还未成年的孩子树立了敬老的榜样。

  而对于较有社会地位的家庭来说，为老人祝寿则有一套很讲究的礼仪，一般可分为"寿星""寿堂""拜寿""寿宴"四个环节。寿星，即为过寿者，在过寿这一天，寿星要穿戴一新，端坐在寿堂中间接受拜寿者的祝福。寿堂，是寿星接受众人拜寿的地方，寿堂里面悬挂寿幛,点寿烛,张灯结彩,堂中央要悬挂"寿"字、寿轴、寿星(掌管寿命的神)和寿联等。拜寿时,寿星坐在堂前,亲友依次拜寿,后辈子孙要跪地四拜,客人拜寿时,子孙要回之以礼。对于晚辈,在拜寿后要分发"寿钱";而同辈分的人,则只需作揖致谢即可。拜寿时亲友要致寿礼并贺寿词。寿礼有钱物、寿面、寿糕,也有寿屏、寿画、寿联、寿幛、寿匾、诗词,膝下子女,多奉上寿衣、寿鞋等。接下来就是设寿筵款待宾客。同样,寿筵开始也要先吃寿面,席间亲友宾客都要向寿星敬酒,子孙也要向宾客致谢回敬。总之,在古代的寿筵上,尽力会营造出一种祥和欢乐的气氛,让过寿者心情舒畅、颐养天年。

随着社会的发展,又演化出了很多新的过寿方式,如在电台给老人点歌,带老人外出旅游等,而且给寿星送的礼物也由从前的诗词字画变成了现在的营养品、电子科技用品等。现代社会物质的极大丰富,给老人们的精神生活带来了极大的冲击。相比较物质上的礼物而言,老人们更希望的是子女多抽出点时间陪陪自己,使自己在精神上得到慰藉。正如很多公益广告呼吁的那样,"多多关爱空巢的老人""让爱回家"等。

总之,不论是新生儿的生日,还是老人的寿诞,都向我们传达出了中国社会传统的"尊老爱幼"的思想。所谓"老吾老以及人之老,幼吾幼以及人之幼",这种尊老敬老以及呵护幼小的观念、行为,让我们的生活时刻充满感动。

第二节　束发下的笑容

"池塘边的榕树上,知了在声声地叫着夏天……",熟悉的旋律总能带我们回到过去,那时候的我们最盼望的就是长大,正如歌里唱的那样:"什么时候才能像高年级的同学有张成熟与长大的脸,盼望着假期,盼望着明天,盼望长大的童年。"也许当时一厢情愿地认为,只要长大了就可以想做什么就做什么,再也不用受束缚,殊不知却被更多的事情捆住了手脚;只要长大了就可以离开父母,自由翱翔,殊不知现在最想做的事情就是长伴父母身边;只要长大了就可以享有更多的权利,殊不知在享有权利的时候也要承担相应的义务。正如人们常说的:"成长的过程,痛并快乐着!"

随着年龄的增长,我们的经历越来越丰富,知识也越来越多,我们肩上的担子也越来越重。但是,很多人意识不到这一点,只是盲目地要求着自己的权利,对自己的责任与义务却没有一个清醒的认识,古往今来,不乏这样的人存在。比如,古代社会中很多受祖业荫蔽的纨绔子弟,现代的"啃老族"等。他们有一个相同的特点,即虽然在生理上成年了,但在生活上仍然享受着未成年人的待遇,受到父母的庇佑,而没有承担起作为一个成年人的责任。成年礼的存在也许正是为了让年轻人清楚地认识到自己从孩子到成年身份的转变,明确自己的责任以及认清自己的角色。

传统中国社会男女地位不平等的现象,在成年礼上也有所体现。男子成年礼与女子成年礼无论在参加人数还是时间选择,抑或是父母的重视程度上,都有很大的差别。男子成年礼大多是公开进行的,邀请很多德高望重的人参加,有一套完整的仪式;而女子成年礼则大多是在家庭内部进行,参加者大多是自己的亲人,仪式也比较简单。当然,历史上成年礼的发展并不是一帆风顺的,它曾在唐宋时期受到重创,随后慢慢衰落,时至今日,成年礼已经淡出了人们的视线。不可否认,伴随成年礼的一系列繁杂的仪式活动,的确已经不符合时代的需要了,但是这种"成人"的观念具有不可替代的重要性和深刻性。反观现在的社会,成年礼的缺失导致很多人意识不到自己对社会的责任,这种情况对社会的潜在危害可想而知。难怪古人云:"冠礼废,则天下无成人。"

随着社会的不断变化,成年礼也发生了变异,传统与现代以及中外成年礼的异同,都值得我们好好地挖掘与学习,从而探索出适合现代社会的成年礼,帮助当代的年轻人树立正确的责任意识和社会主人翁意识。

一、男子成年礼——冠礼

《礼记·冠义》云:"礼仪之始,在于正容体、齐颜色、顺辞令。"而作为一种标志着人们正式成年并具有一定社会责任的"冠礼"更是一切礼仪的前提,由此可以看出"冠礼"在人们日常生活中占据的重要地位。当然,在男权社会的古代中国,"冠礼"是男子的成年仪式,男子行冠礼的年龄是20岁。男子的成年仪式与女子的成年仪式有很大的不同,女子成年礼叫作"笄礼"(后面将会作详细介绍)。古代的冠礼,不像现在由学校组织的好几百人一起举行,而是以家庭为单位各自完成的。

《礼记·冠义》里详细说明了举行冠礼的仪式过程及其重要性。

首先,卜筮。由男子的父亲先到祖庙中"筮日",请当地德高望重之人进行占卜,挑选吉日,确定吉日之后,通知亲朋好友。接下来就是"筮宾",在冠礼前三天举行,挑选出一个最适合给冠者加冠的人。从对日期以及加冠者的选择上,可以看出古人对成年礼的重视。人们认为冠礼是对一个即将成年的人进行礼仪教育的重要环节,所以在一开始就非常严肃认真地加以对待。

其次,加冠。冠礼开始的清晨,家里就要做好各项准备。加冠用的三个帽子——缁布冠、皮弁、爵弁事先就已准备妥当,与其相配套的三套成人衣服也在家里的东房摆好了。冠者以儿童的打扮和发饰在东房里等待冠礼的开始。等到参加冠礼的嘉宾到齐后，冠礼正式开始。嘉宾请冠者在堂屋坐下，将其儿童的发型弄散打乱，按照成人的发型重新梳理，挽成发髻，用簪子固定，然后取来缁布冠，为其戴上。缁布冠实际上只是一块黑布，因为远古时代，先民没有帽子，就用一块白色的麻布戴在头上，到参加祭祀时就把它染成黑色；到了周代，这种冠已经不用了，但是人们为了告诫孩子们不要忘记祖先创业的艰辛，在冠礼上仍然使用。嘉宾给冠者加冠之后，要对其进行训诫，大意就是："从今天起，你已经是个成年人，不能再像孩子一样行事，要承担起相应的责任了。"冠者回到东房，脱下儿时的彩衣，换上早已准备好的衣服上堂，展示给人们看，一加之礼完成。接下来的二加与三加，大致过程与一加相似。但有一点我们要注意，即每一次加冠前都要重新梳理冠者的头发，表示对仪容的重视，因为"礼仪之始，在于正容体"。现在的公共场合也有很多整容镜，也是同样的道理。仪容不整，如何行礼呢？

　　三次加冠，是冠礼的主体部分。缁布冠、皮弁与爵弁的依次加冕，预示着冠者成年礼的完成，其中缁布冠只在实行成年礼的时候使用，其他时候并不用。皮弁一般是与朝服匹配使用，爵弁则是在祭祀等庄重的场合使用。正如《礼记·冠义》云："三加弥尊，加有成也。"三次加冠，喻示着冠者德行的与日俱增，也表示冠者开始接受自己的新身份，重新定位自己的角色。

　　再次，取字。冠礼结束之后，要由嘉宾给冠者取字。古人不仅有姓、名，还有字或者号。比如，诗仙李白，字太白，我们一般称呼其为"李太白"，而不直呼其名，这也与当时的礼法相符，是对人尊重的表示。古时孩子满三个月后，有取名的礼仪，名字代表着父母对孩子的期望，当其成年后，周围的人就不能直呼其名了，除了长辈、天子等。所以，为了社交的方便，就在举行冠礼之后，在姓名之外取一个"字"，供人们日常生活中使用。当然，"字"也不是随便取的,一般隐含着人们对成年者的期望,希望其爱惜自己的名声,不做有损德行的事情。

最后,冠者行冠礼后去拜见母亲以及兄弟姐妹,母亲与兄弟姐妹要先向其行拜礼,因为他已经成人了,要向其行成人之礼。行冠礼者也要以成年人的身份去拜见国君、乡人。成年礼后,要以为人子、为人弟、为人臣、为人晚辈的礼仪行事。冠礼在古人看来是十分重要的。

总而言之,古人十分重视冠礼。之所以重视冠礼是因为人们重视礼法,重视礼法又是因为礼法是国家的根本。古代男子成年礼多围绕加冠进行,一般20岁加冠,所以称男子20岁为"弱冠之年"。成年礼这种仪式性的做法,使成年这个抽象的阶段以物质实体形式表现出来,让即将成年的孩子意识到自己未来与过去的极大不同以及社会身份的转换,进而承担起一定的家庭与社会责任,这不仅仅在古代,即使在现代也具有重要意义。

二、女子成年礼——笄礼

与男子成年礼不同,加冠并不适用于女子。古时人们会在女子15岁订婚后、出嫁前给女子行笄礼,表示此女子已经成年,到了婚配的年龄,可以许嫁。正如《礼记·曲礼》云:"子许嫁,笄而字。"意思就是说女子在许嫁之后行笄礼,取表字。从《礼记·杂记》的记载中我们可以看出女子许嫁的年龄是15岁。当然,如果女子迟迟没有许嫁,人们可以对此作变通处理。如女子年过15已经许嫁,则要行笄礼,将头发盘至头顶,用簪子固定,表明女子已经成年并身有所属;倘若到20岁还没有许嫁,也要行笄礼。

传统男权思想统治下的社会,笄礼并没有冠礼蕴含的意义深刻。冠礼赋予了男子走出家门的权利、管理社会事务的权利、服兵役的义务以及参加祭祀的资格;而笄礼则并没有赋予女子成年的权利,她们并没有走出家门进入社会,也没有成为家族合法的继承人,她们依然被困在家庭中,只是由一个家庭进入另一个家庭而已。

古文献中有关笄礼的记载大致如下:

首先,筮日、筮宾。在家庙中通过占卜的方式选择举行笄礼的吉日与参加笄礼的嘉宾。一般嘉宾都选择姻亲中比较有德行又贤淑的妇女,女子的母亲担任主人,在行笄礼的前三天通知参加者,并开始着手准备。

其次,笄礼正礼。到了行笄礼这一天,家人准备好行礼要用的物品,比如发笄、发簪、钗笄以及与之相配套的衣服等,由母亲在门前迎客,女子身穿彩衣在东房内等候。等嘉宾到来后,笄礼正式开始。女子上来向大家行礼,表达对来宾参加自己成年礼的感谢。由嘉宾为其梳头,插上发笄,并对其进行训诫,大意就是从今往后,你将成人,应该抛弃幼小时的想法,做一个有德行的人。随后女子下去换上与之相应的襦裙,面向父母行正规拜礼,表示对父母养育之恩的感谢。接下来举行插发簪和钗笄仪式,并换上配套的服装。与发簪相配的是一套深衣,女子面向正宾行礼,表示对师长和前辈的尊敬;与钗笄相配的则是一套大袖长裙的礼服,在此女子要跪于父母身前,接受父母的教诲,然后起身与父母一起向来宾行拜礼。笄礼中不同的服饰象征着少女不同的成长过程:儿时的彩衣色泽艳丽,象征孩童时期的天真烂漫;色泽素雅的襦裙,则象征着豆蔻年华少女的纯真;端庄美丽的深衣,则象征着花季少女独特的美丽;长裙礼服则象征着女子的雍容大气。

最后,取字。与冠礼相同,为了称呼的方便以及表示对对方的尊重,笄礼结束之后,也要给笄者取一个"字"。尚未许嫁的女子是没有"字"的,所以,古时的人们把还没有许嫁的女了称为"待字闺中"。

笄礼是一个很隆重的仪式,蕴含着丰富的中国传统礼仪。参加笄礼的来宾以及为笄者加笄的人本身都是有德行的人,她们的一言一行都是很好的教育范本。笄礼的实行,可以使加笄者以及还未成年的姊妹深刻地体会到礼的内涵。笄礼之后,便要认清自己的社会角色与承担的社会与家庭责任,要敬爱父母、友爱兄弟姐妹、忠于国君等。

冠礼和笄礼,这些古代成年礼的形式现在看来多有重复累赘之感,但其中蕴含的教育意义、提高青年人的社会责任感和使命感的功能却值得我们借鉴学习。

三、成年礼的今昔

传统与现代是一对充满矛盾却又丝毫不给人违和感的词语,他们一起出现时总会引发人们的思考:或感叹时光的飞逝,世事变幻,沧海桑田;或惊讶于文明的进步,徜徉在先进文化的海洋中;或叹息于古人的智慧,今人的迷茫。成年礼从古至今的变化恰好昭示了传统与现代之间的神奇关系,从中能发现对今天的孩子成长有益的东西。

成年礼发展至今,好像渐渐失去了自己的阵地,古时男子的冠礼与女子的笄礼现在社会已不多见。成年礼的缺失导致现在很多大学生,甚至是研究生、博士生,都还没有褪去孩子的稚气,做事欠考虑,思想不成熟,没有意识到自己应承担的社会责任。由于这种现象频发,很多专家学者开始思考重新实行成年礼,并对古时那种过于繁琐的礼节形式加以改变,使其教育意义更加突出,从而适应现代社会的发展潮流,因此近来也兴起了举办成年礼的现象。

与传统成年礼相比,现代社会的成年礼主要在以下几个方面与之不同:

首先,举行成年礼的年龄不同。与传统社会成年男子二十而冠、女子十五而笄的年龄不同,现代社会人们普遍根据法律规定将18岁作为孩子成年的标准,18岁以下为未成年人。但是,现代社会父母对孩子的溺爱以及整个社会大环境的影响,很多人意识不到自己18岁以后应该承担的义务与责任,而是一味地活在父母给自己营造的温床中,过着衣来伸手、饭来张口的生活。近年来,"啃老族""月光族"等新词语的流行,正反映了现在年轻人的一种生活状态。他们虽然已经成年,却完全没有承担自己的家庭或社会责任,反而还在依赖着父母,给现今的老一辈增加了生活压力。所以,在现代社会推行成年礼和对青少年进行思想教育,进而让其意识到自己社会身份的转换以及权利与义务显得迫在眉睫。

其次,性别差异减弱。随着历史的向前发展,女性地位得到提升,传统男权统治下的社会已经发生巨大变化,现代社会"男女各顶半边天"。古时因为性别差异而使男女成年礼不同的现象已不多见,取而代之的多是以统一的形式举行成年礼。性别差异的减弱不仅是广大女性同胞的福音,也是整个文明发展史上一次大的进步。虽然现在仍然有很多性别不平等的现象存在,但是相信通过社会成员共同努力,这种困境会如春之残冰一样,慢慢消融。

再次,礼仪形式不同。古时男子三加冠、女子加笄三换衣的礼仪形式已失去了存在的条件,繁琐的仪式与现代社会快节奏的生活以及简洁明了的生活方式格格不入。所以,现代的成年礼更注重它的内在含义,旨在对孩子进行思想教育,让其意识到自己肩上的责任和角色的转换。

最后,组织者、参与者不同。现代社会成年礼多以学校举行的毕业典礼的形式出现,而不是由家人举行,也不仅仅是为了某一人而举行。自古以来,学校都是一个教书育人的地方,人们对学校培养期望很高,所以,学校在成年礼中也扮演了很重要的角色。现代社会的成年礼,一般都由学校或者有关组织统一举行,将即将成年的人聚集在一起,由德高望重的领导宣读成长誓词,表达对即将成年的孩子们的期望,并对其进行教诲,帮助他们重新定位自己的社会角色,使其意识到自己权利和义务的增加,从而树立新的人生目标。

总而言之,不管是古代还是现代,成年礼的重要意义都是不可抹杀的,虽然现代社会很长一段时间里成年礼消失不见了,但其缺失给我们带来的损失促使我们重新思考其对于社会的重要作用。现代社会中成年礼礼仪发生了很大的改变,形式上的简化,反而更加凸显了思想内容上的深刻含义。泱泱五千年的文明古国,素来以礼闻名、以礼育人,成年礼的存在正是在孩子成年的关键时刻对其进行思想教育,让即将步入社会的他们真正认清自己的社会角色,承担起相应的责任,树立远大的目标,为自己未来的扬帆起航打下坚实的基础。这不仅是对自己,更是对父母、对社会负责的一种体现。

四、中外成年礼的异同

世界上很多国家都举行成年礼,不同国家成年礼仪千差万别。但是,这些差别仅仅只是形式上的,其实质内涵都是为了让孩子们意识到自己身份的转换,以及权利与义务的增加,做一个真正有涵养、有担当、有理想的成年人。

与中国相比,这项传统的礼仪在日本、韩国传承得更加完好,虽然他们的成年礼在一定程度上受到了中国"冠礼"与"笄礼"的影响,但是,其独特的文化特色也赋予了成年礼更加丰富多彩的仪式。与中国现在仍然没有为成年礼规定统一时间不同,日本、韩国都有明文规定在一年中的某一天为年满 20 周岁者举行成年礼。韩国的成年礼是在每年 5 月第三周的周一举行,届时年满 20 岁的女子要穿着韩国的传统服装,将头发挽成髻,插上簪子,行"笄礼"。

男子则行"冠礼",而且还要学习怎样用扇子。韩国人希望通过这种方式提高孩子们成人后的责任感和自信心,并相信自己能够承担起生活的挑战,勇敢面对未来的世界。近年来,根据韩国修订的宪法,年龄在 19 到 20 岁之间者都可以参加成年礼。而日本的成年礼则是在每年 1 月第二周的周一举行,称为"成人节"。这一天,凡是年满 20 周岁的人都要穿上传统服装,通常是最具日本特色的和服,然后到神社拜谒,感谢祖先神灵的保佑。成人节是日本重要的传统节日,所以这一天全国都会放假,全国各地都为年满 20 周岁的年轻人举行庆贺仪式,各所大学以及企事业单位会举行专题报告会以及讲演会、茶话会等,表达对年轻人成年的美好祝愿。成人节象征着年轻人已经开始成为成年人,以后必须承担起社会责任和义务,开始独立自主的生活,不能再依靠父母。节日这天符合年龄的年轻人都要参加由官方或者民间为其举办的成人仪式,一般包括成人宣誓、长者的告诫以及祝贺、参拜神社和参加各种各样娱乐活动,向自己的成人式致敬。

在法国学者范热内普的《过渡礼仪》一书中,我们了解到要想真正成长为一个合格的成年人,就必须经受住一定的考验,这在很多国家的成年礼中都有所体现。人类学者调查发现,世界上很多地方,孩子要想真正成年必须经过相当残酷的考验,没有通过考验的就不能成为一个真正合格的成年人,不会被社会认可。比如:在加拿大洛基地区的年轻人在成年礼上必须生吞一条活蜥蜴,这是勇气的象征,只有这样才具有成年资格,否则将不能成为成年人。在多哥的巴萨族有这样一种仪式,即女子在初潮时必须在肚皮上深深地划上一刀,表示自己成功闯过人生这一关进入成年。像这样的考验还有很多,比如秘鲁的"跳崖礼"、坦桑尼亚的"割礼"、墨西哥的"负重游水"等,都是对将要成年的年轻人进行的极为严酷的考验,中间难免会出现很多意料之外的情况。

文化差异以及教育背景的不同，使西方成年礼呈现出了与众不同的特点。西方国家的父母普遍觉得孩子一旦成年就具有了独立生活的能力，所以，孩子成年后很少再依赖父母。这一点与中国有很大不同，中国的父母大多有"老母鸡护小鸡"的心态，只要自己有能力就一定要把孩子护在自己的羽翼之下，使得养育出的孩子如温室花朵，经不住社会上的风吹雨打。使孩子真正成人，不仅仅是家庭教育的问题，更是学校教育、社会教育的问题。成年礼仪的缺失，使现在的年轻人缺少了增强自己的责任和义务认知的重要场域。

成年礼的实行是必不可少的，但其形式到底应该怎样还值得我们好好思考。近年来一些学校的做法很值得我们借鉴，比如，有些学校会在毕业典礼上让孩子写下未来十年的规划，学校保存十年，十年后学生可以再重新回到学校翻阅自己的十年计划，看看是否达成了自己的期望，如已达成，学生会有成就感；如未达到，学生还会在反思自己的基础上继续前行。这是很有意义的活动，既帮助学生规划了人生，又使其意识到了自己长大成人的这一事实。

总而言之，无论是中国还是日本、韩国抑或是西方国家，成年礼的实行，不管其形式如何，教育意义都是相似的，都是希望年轻人意识到自己社会角色的转换，肩上重任的增加，增强面对未来的自信心。

第三节　盖头下的红妆

钱钟书在《围城》里对婚姻有一段生动形象的描述，即结婚仿佛金漆的鸟笼，笼子外的鸟想住进去，笼内的鸟想飞出来；所以结而离，离而结，没有了局。抑或者婚姻像一座围城，城里的人想出去,城外的人想进来。也许他的这种比喻,多多少少会打碎很多少男少女对婚姻的美好想象。但是,我们却不得不思考,婚姻是否真如我们想象得那样简单。如果是,我们的古人也不会在缔结婚姻的过程中创造出如此之多的礼仪,传统婚姻礼仪向我们展示了古人对于婚姻的谨慎以及对于婚姻双方的负责任态度。很多人会说,传统婚姻观念已不适应当今社会,其落后封建的思想已经阻碍了人类文明的进程,殊不知其中蕴含的"孝顺公婆""夫妻和睦""妯娌和谐"等思想在当今仍然有着现实意义。

古人对婚姻关系的重视,在很多文献中都有记载,《周易》云:有天地,然后才有万物,有万物然后才有男女,有男女然后才有夫妇,有夫妇然后才有父子,有了父子才有了君臣,有了君臣才有了上下。所有的人伦关系,都是从男女夫妇这一关系开始的,可见婚姻对于人们的重要意义。当然,古人的婚姻观跟今天的婚姻观有所不同。在先秦文献中,"婚姻"二字是没有"女"字旁的,一般就写成"昏因"。因为上古时代的婚仪,不是在白天举行的,而是在"昏"时,即太阳落到地平线之下大约半个小时左右。古人选在这个时候结婚,与原始社会抢婚习俗有关。现在这种婚俗在有些少数民族仍然存在,但也仅仅只是作为一种形式存在,其"抢"的含义已经淡化。婚姻是男女双方的结合,自有其一套完整的礼仪贯穿其中。

人们之所以将婚姻视为人生大事,一方面是因为传统婚姻观念,即男婚女嫁是"天人契合",另一方面是基于婚姻目的。古时的婚姻不是个人之事,而是整个家族的大事,婚姻是保证家族的存在、延续以及人丁兴旺的重要途径,所以,在以家族为本位的中国,婚姻尤其具有重要意义。围绕婚姻的一系列礼仪,也成了我们关注的重点。但是,传统婚姻礼仪发展到现代很多已经不再适用,人们结合新的时代特点与生活需要,发展出了很多新的具有现代社会特点的婚姻礼仪,这也同样值得我们关注。

一、传统六礼

《礼记·昏义》云:"昏礼者,将合二姓之好,上以事宗庙,而下以继后世也,故君子重之。"婚礼的意义,就是结合两姓之好,夫妇对上要祭祀宗庙,对下要传宗接代延续子嗣。传统的婚姻礼仪从周朝时开始形成完整的"六礼",即纳采、问名、纳吉、纳征、请期、亲迎,表达对婚礼的敬慎和重视。尽管不同的时期、不同的地域对此有所变化,但大体上都是围绕传统六礼进行的。

1. 纳采

古时如果一个男子看中了一个女子,就要找一个中间人充当媒介,去姑娘家提亲,表达自己对其女儿的爱慕之情,征求对方的意见。现在的自由恋爱却大为不同,现代社会主动追求心仪之人很正常,但是在古代却不行。古时婚姻要讲究"父母之命、媒妁之言",所以就有了"纳采"这一礼节。这里的"采"不是送财礼的意思,而是选择的意思。《仪礼·士昏礼》中记述"纳采用雁",所以,一般男家行纳采之礼带去的是一只雁。人们认为,雁一生只有一个配偶,用情专一,用雁象征着夫妻白头到老,婚姻和谐美好。当然也有人认为,大雁随着天气的变化迁徙,顺应阴阳往来,这同"夫为阳,妇为阴"的观念一致,以雁为贽,象征着妇从夫之意。

行纳采之礼,也有一定的礼仪蕴含其中。首先,在男方请中间人行纳采之礼的当天,女方的父母要在家设祖先牌位,以备接受中间人的礼物。当中间人到来,主人亲自到大门口迎接,并向中间人行拜礼,请中间人入内。行至堂屋门口,中间人在西、主人在东步入堂屋,在堂屋的南方,主人接受礼物,并设宴款待,纳采之礼结束。

2. 问名

如果女方接受了男方的礼物,接下来就要行问名之礼了。问名的目的就是使男女双方互相了解各自的家世背景,增加双方之间的了解。同时由于"同姓不婚"的观念,古人对血缘关系区别很严。问名在询问女性姓氏以及祖上的基础上,旨在弄清楚双方是否在血缘上有关系。血缘关系近的就不允许通婚,例如姑表亲,虽然古时人们多喜欢亲上加亲,认为姑表亲可以巩固亲人之间的关系,使其在原本关系的基础上更加亲密,但是,近亲结婚给后代造成的不良影响,却使人们开始反省近亲结婚的弊端,从而禁止近亲结婚。这是历史的进步,更是对后世子孙负责。问名之后,男女双方要交换"八字",即双方的出生年月日。这一阶段,双方的家长可以去看看对方的模样,但是,男女当事人却是不能见面的。

纳采需要有使者作媒人来行礼,媒人的作用贯穿于整个婚姻六礼中,起着沟通男女双方信息的重要作用。现代恋爱自由,婚姻自主,媒人的作用下降,但是其功能并未完全消失。"相亲"便是通过中间人介绍,男女双方约定时间见面,互相了解家世背景、兴趣爱好等,然后再确定是否进一步交往。在婚姻观念改变的现代,介绍人"搭鹊桥"的作用也不可或缺,他们也被称为"红娘"。现在很多相亲类的电视节目,也可以说是为单身男女提供了纳采、问名的平台。

3. 纳吉

纳吉,顾名思义就是纳取吉祥之意。如果双方的姓氏没有问题,男方就要通过占卜来决定是否定亲了,一般都以"批八字"来决定。如果八字相合,得到吉利的卦兆,男方就要派人到女方家里通报,称为"纳吉";如果八字不合,则把八字退给女方,议婚则不成。虽然"纳吉"反映了人们对婚姻大事的慎重对待和美满期望,但借助占卜求助神明的行为在今天看来明显是不科学的。

4. 纳征

经过纳采、问名、纳吉这三个阶段之后,男女双方的亲事基本上就确定了,婚事确定,男方就要派人到女方家送聘礼,表示聘定女方为妻。

在中国古代,定亲是男女双方确定婚姻关系、仅次于正式结婚的重要礼仪。定亲一般遵循的是"父母之命、媒妁之言",而处于青春期的少男少女们却常常会有用信物来定情的做法。当然并不是所有的礼物都可以充当定情信物的,充当信物的物件总会有一定的特殊来历或者与自己有某种特殊的关系。赠送了信物,犹如男女双方呈上了自己的心愿,表明了心志,古人这样形容这种情感:"君当作磐石,妾当作蒲苇。蒲苇韧如丝,磐石无转移。"

古代充当定情信物的物件一般有玉佩、簪子、香囊、头发、珠钗、同心结、手镯、戒指等。古人爱玉,有"君子无故,玉不去身"的古语,所以,人们会以玉相赠,表明自己对对方的感情。香囊,自古以来就有很多才子佳人以香囊定情的例子,女子一针一线绣出来的香囊凝聚了自己的点点情思,以香囊相赠作为信物,见香囊犹见伊人,可见香囊在古代爱情生活中的重要地位。簪子也因其丰富多变的样式,深受人们喜欢。所以这些物品多成为人们向心爱之人表明心迹的首选之物。而"天不老,情难绝,心似双丝网,中有千千结",生动形象地展示了同心结的重要意义。将丝丝缕缕的锦带编成连环回文式的同心结来赠予对方,蕴含着编者绵绵的思恋与万千情愫。

不管是什么样的物品,都寄托了男女双方的美好心愿以及对对方深深的迷恋之情。不管是"身体发肤受之父母"的头发,还是自己亲手做的小物件以及随身佩戴之物,都蕴含着万千情谊。发展到现在,人们更多的是用"三金"或者"四金""五金"来定亲,戒指、耳环、项链、手链等,生活水平的提高使人们有了更贵重的礼物,却也失去了古时那种单纯美好的情感。因为地域不同以及南北方文化的差异,聘礼也呈现多样化的趋势。在北方京津地区,聘礼分为"小定"与"大定"。"小定"礼多由男方家的财力决定，一般是四盒礼。当婚礼的日子确定之后，会下"大定"，包括衣服首饰、酒肉、面食以及水果等。在江浙一带，聘礼多是当地的土特产、桑麻织物、绫罗绸缎、茶叶及礼金等。而在上海，男女双方定亲之后，男方要赠送女方信物，称为"行盘"。富裕之家赠送金首饰、银币，还有送茶叶、面粉，通称"金牙玉尘"。送茶叶之俗，缘自"千金万里买不动，四两茶叶定终身"之说，因为茶树不能移植，象征婚姻既定，不能改变反悔。另有枣、花生、桂圆、松子四物，取意"早生贵子"，附上万年青和吉祥草，以象征吉利。

5. 请期

当定亲结束之后，男方便要选择结婚的良辰吉日，由媒人告知女方，但是到了女方家中之后，媒人会先请女方之父确定成亲日期，征求意见，以示对女方的尊重，即所谓的"请期"。女方之父知道按礼制婚期应该由男方决定，所以又将决定权让给男方，这时媒人再将具体的婚期告诉女方。古时请期用雁，现在多送礼品。请期有口头与书面之分，一般都是口头，也有些讲究的士族大家会采取书面形式，以示庄重。当女方同意之后，婚期就算定下来了。接下来就是男女双方各自开始准备工作了，男方筹办婚礼，女方筹办嫁妆。

实际上，所谓的"请期"，只是一种礼节性的谦让，表示婚姻大事不敢自主决定之意，现在多省去了这一步骤，直接变"请期"为"告期"了。多由男方确定日期后告知女方，称为"送日子"，这是对古代"请期"礼的简化。

6. 亲迎

作为"六礼"中的最后一道礼仪，"亲迎"是婚礼中最为重要的一环。顾名思义，亲迎就是男方迎娶女方的一种礼仪，因为其过程的复杂以及位于"六礼"之末，近代往往将"亲迎"视为正式的

"婚礼"。

一般在亲迎的前一天,男方会来将女方的嫁妆先接走。旧时人们常用"百亩良田,十里红妆"来形容女方嫁妆的丰厚,现在已不多见。当今婚礼的嫁妆一般包括床上用品、被褥、家用电器等,古时的嫁妆一般包括衣服、首饰、家具、小木桶、纺锤等物件。古时没有汽车,嫁妆多用人工搬运,且嫁妆上多贴上大红喜字,表示人们喜悦的心情以及对新人的美好祝福。所以,人们经常会看到大红的嫁妆从女家一直延伸到夫家,浩浩荡荡,洋溢着吉祥喜庆,炫耀家产的富足,"十里红妆"之说由此而来。现代交通的便利,以及嫁妆形式的变化,"十里红妆"的场面已不多见。近来在网上流行的诗句"待我长发及腰,少年娶我可好。待你青丝绾正,铺十里红妆可愿",成了人们津津乐道的话语。"十里红妆"的场景也许不会再现,但其蕴含的父母对出嫁女儿的深深爱意却不会消失。

接下来就是迎亲了,迎亲的方式因民族、地域、文化、经济状况的不同而有所差异。有些地区会选择用花轿、马车、船等来迎接新娘。有的地方新郎不亲往女家亲迎,而是在家等候,由迎亲队伍去接新娘,当然总体来说还是以新郎前去亲迎的居多。古时为了表示新娘对娘家人的不舍,流行"哭嫁",哭得越厉害,表明新娘越孝顺。"哭嫁"也许是因为古时女性命运的不能自主而产生的对未来生活的恐惧,对即将踏入婚姻的迷茫。现在哭嫁已不盛行,但是仍然有很多新娘在离开家的瞬间会泪流满面,"哭"似乎成了一种离开父母、踏入婚姻生活时瞬间复杂感情的表达途径。

随着社会不断发展,很多旧的婚礼习俗已不再沿用,有的礼仪也发生了改变。传统的"一拜天地,二拜高堂,夫妻对拜,送入洞房"的婚礼核心环节也有所变化,变为首先对双方父母鞠躬行礼,其次夫妻互相鞠躬行礼,最后面对宾客鞠躬行礼致谢。主人家大摆宴席,欢乐的气氛一直持续到入夜,男女老少一起涌入新房,开始"闹洞房"。人们涌入房中看新娘,并赠以"婚姻幸福""白头偕老"等吉祥话,新娘送上干果等礼品;有的地方会有"撒帐"仪式,向帐中新床或者新妇抛洒具有一定象征意义的干果,如枣子、花生、莲子、桂圆等,寓意"早生贵子""富贵长寿""夫妻同心和好"等。人们认为闹得越欢,对新婚夫妻的祝福越多。但是,有些地方闹洞房过于野蛮,就需要明令禁止了。

中国古代的礼都是举行教育的形式,婚礼也不例外。一般而言,古时的女孩会在出嫁前三个月进行婚前的学习,父母会教育女儿在嫁入夫家之后,要承担起自己的责任,相夫教子、伺候公婆、处理好妯娌之间的关系等。当然,传统的"妇德、妇言、妇容、妇工"是其学习的主要内容。结婚当天,在女儿人生的重要时刻,父母的教诲将会成为其终生难忘的教导。现代社会的婚礼也仍然彰显着孝敬老人、夫妻和睦等教育意义。

二、媒妁之礼

从传统六礼的了解来看,我们不难看出"父母之命、媒妁之言"在古时婚姻中所占的重要地位,没有"父母之命、媒妁之言"的婚姻会受到讥讽和世俗的指责,同时也难以成功。可是,"媒妁"到底指什么呢?

《说文》云:"媒,谋也,谋和二姓者也。"《玉篇》云:"妁,酌也,斟酌二姓者也。"所以,媒妁就是指媒人,在男女婚姻中充当中间说合人。古时的婚姻一般都由媒人来说合,其在婚姻中充当着重要角色。媒人一般都由妇女担任,故又称为"媒婆"。媒有单媒和双媒之分,双媒指替男家办事的男媒与替女家办事的女媒。传统包办婚姻造成了很多婚姻悲剧,故一般认为媒婆是封建社会、封建制度以及悲剧婚姻的帮凶,但也有些地区和民族认为媒人通过自己的努力促成男女婚姻而应该受到尊重。

不管怎样,在封建保守的时代环境中,男女青年的婚姻,在很大程度上是由媒人决定的。几千年的封建社会中,媒人已然成为合法婚姻的证明人。《礼记·曲礼》云:"男女非有行媒,不相知名;非受币,不交不亲。"同样的,《诗经·氓》中描述了没有媒妁不能成婚的情形:"氓之蚩蚩,抱布贸丝。匪来贸丝,来即我谋。送子涉淇,至于顿丘。匪我愆期,子无良媒。将子无怒,秋以为期。"两情相悦的青年苦于没有良媒而不能成婚,不得不把婚期推迟到秋天。以上种种,都表明了媒妁在婚姻舞台上的重大作用。

　　媒妁在婚姻中的重要作用最初是由政府行使的。早在周朝,就出现了专门的"媒氏"机构,据《周礼·地官·媒氏》云:"媒氏,掌万民之判。凡男女自成名以上,皆书年月日焉。令男三十而娶,女二十而嫁。"所谓的"媒氏"就是媒官,专门管男女婚姻。一方面,随着社会的发展,在民间逐渐形成了以说合男女婚姻为业的职业媒婆,"媒"以其合乎伦理道德的身份为男女双方牵线搭桥,在促成姻缘上起到了积极作用;另一方面,旧的婚姻制度下的"媒"又不可避免地产生了许多负面影响。在"男女有别"的封建社会,成婚前的男女不能自由地往来,所以,对对方的了解只凭媒婆一人的说辞,这一环节上媒婆的主观性很大。有些媒人为了赚取钱财或达到自己的其他目的,向结婚双方说假话,古往今来,很多悲剧婚姻都是在媒婆的说合下造成的,这不得不引起我们的深思。

　　现如今"媒婆"已不多见,但在现代婚礼上还是有必不可少的现代"媒人"角色——婚姻介绍人。随着现代文明的进程以及人们文化程度的提高,人们多崇尚自由恋爱,但是,"媒"伴随着中国古代社会走过了漫漫两千年,为青年男女的婚姻起到了一定的积极作用,所以人们在结婚时还是会找个"媒人"来充当自己婚姻的见证人,取其确保婚姻美满幸福的含义,表达了对美好婚姻的期盼。

三、传统婚俗举隅

1. 拜见公婆

中国自古以来就是一个重视孝道的国家,孝作为传统礼仪中最为核心的美德,反复被人们歌颂。新媳妇进门应该秉持孝道,孝顺自己的公婆,让他们得以安享晚年。传统婚礼中拜见公婆这一礼节,正体现了中国的传统孝道,同时也是新媳妇身份得到认可和成为家庭一员的必经过程。

闹洞房结束之后并不意味着婚礼的结束,新媳妇在第二天要拜见公婆。中国有句古话"丑媳妇总要见公婆",所以,新婚第二天一早,新媳妇要早早起床梳洗打扮,然后上堂拜见公婆。公婆早已等候在堂,新媳妇一般会拎着两个篮子,里面放着要献给公婆的礼物,她会将装有红枣、板栗的篮子献给公公,将装有肉干的篮子献给婆婆。公婆象征性地收下,并赐予新媳妇酒水,表示接纳其为家庭的一员。当然,因为地域、文化、习俗等不同,新媳妇送的礼物也有所不同。

然而,我们更关注的是这一礼节背后蕴含的深刻含义。拜见公婆这一过程既体现了对父母的孝顺,又是封建家长制的体现。公婆作为家庭的主人,新媳妇必须得经过他们的认可,方可正式成为家庭的一员。经过公婆的认可,新妇开始承担起自己的责任,伺候公婆,相夫教子,这在民间叫"拜见舅姑"("舅姑"即古人对公婆的称呼)。只有经过这一环节,婚礼才算正式结束。

按照传统礼仪,如果公婆已不在世,这一礼节也不能跳过。中国自古以来就有"事死如事生"的传统。即使公婆已不在世,也要将此事告知,一般是去家庙拜见公婆的牌位,即所谓的"庙见礼"。由此可见,传统社会对拜见公婆这一礼节的重视。反观现在,拜见公婆以显示"孝亲"的礼仪逐渐被人们淡忘,而传统的新妇早起做饭伺候公婆的做法更是被公婆早起干活所取代。社会文明的向前发展将妇女从传统的封建家长制中解放出来,获得了更多的权利,女性不再只是夫家的附庸,而拥有了自己的思想和自由。但是,在张扬个性和自由的同时,女性对婚后家庭生活的责任意识却也有所缺失。

2. 三朝回门

传统社会的婚姻很多是为了家族的繁衍、振兴与延续,很多世家大族为了自己家族的壮大,采取联姻的形式,家族间的联合出现了"一荣俱荣,一损俱损"的现象,所以,当时的人们大多重视姻亲关系。

婚姻中"三朝回门"的存在,正是人们对姻亲关系重视的体现。古时结婚第三天,新婚夫妻会携带礼物前往女方家里省亲,称为"归宁"。因为经济条件、地域、民族信仰等方面的不同,所携带的礼物可能会有所不同,但大都表现了女儿对父母养育之恩的感谢以及女婿对娶到贤淑妻子的感激。回门当天,女方家里会宴客介绍新女婿给亲朋好友认识,这正是人们维持姻亲关系重要的一环。在宴饮中,人们互相联络感情,加强相互之间的了解。一般来说,女方在当天就要回到男方家里,但因为古时交通不便,可能无法当天就即刻返回,如要留宿的话男女必须分房睡,以免给娘家人带来灾难,这项禁忌在现在的河南信阳地区仍然有所保留。

不管是古代还是现代,婚姻都是人类繁衍的基本形式。不管是"父母之命、媒妁之言",还是自由恋爱的婚姻,贯穿在婚姻生活中的礼仪,都表现了人们对新人的美好祝福,也暗含了新人对未来生活的憧憬。

四、杂融新旧——中西交融的上海婚姻习俗

上海独特的地理环境以及社会、人文环境造就了上海与众不同的地方民俗,上海的婚姻习俗在不同的历史时期有不同的特点。

1. 传统上海婚俗

上海在旧时代的婚俗与全国各地的婚俗大致相同,遵循儒家倡导的"六礼"。当然,"十里不同风,百里不同俗",在完成"六礼"的过程中,不同的地方有不同的规矩、习俗贯穿其中。

(1) 媒人。众所周知,传统婚礼中至关重要的一个角色就是媒人,没有媒人从中撮合,男女双方对婚礼很难达成共识。上海自古以来就有"无媒不成婚"以及"做个媒人,可吃十八只蹄髈"的说法,可见媒人在婚姻中的重要性。

(2) 相克不相配。中国传统婚礼历来讲究"合八字",如果男女双方八字不合或者相生相克,即使感情再好,也会受到家长的强烈反对,在"合八字"这一环节就会阻断男女双方结合的可能性。有些青梅竹马、两小无猜的情侣被拆散就是这种观念影响下出现的悲剧,感情不得不让步于传统婚姻习俗。

(3) 聘礼。聘礼历来是婚姻缔结前不可或缺的一环,不同地方聘礼也有所不同。旧时的上海,因为家境贫富程度不同,聘礼也有所不同。富裕人家的"拜帖盒",一般装有聘金32块或64块银洋,而贫穷人家则只有26块银洋,当然家境有别,这样并不算失礼。除了聘金还有首饰盒,装有各种各样的金银首饰。另外,聘礼当中还有水果、糕点、猪腿、鱼、茶叶等物。聘礼送到女方家后,女方会将大部分聘礼留下,剩下的小部分充当"回礼",另加上香、烛等物送还男方。当天,男女双方都要设宴款待宾客。

(4) 结婚礼服。辛亥革命之前,新郎结婚时犹如状元及第一样,穿红袍、戴官帽等。辛亥革命之后,新郎开始穿长袍、马褂、戴大礼帽,胸前佩戴红花,营造出一种喜气洋洋的氛围。与新郎不同,新娘则是一身凤冠霞帔,全身披红,鞋子也很有讲究。旧时上海的姑娘出嫁所穿的鞋子都是自己绣的红绣鞋,结婚当天,宾客会盯住红绣鞋,评论新娘子女红的好坏。

(5) 迎亲——花轿或喜船。人们常说的"八抬大轿",就是指迎亲时所用的轿子。富贵人家一般选取这种八人大轿,一般人家则会选用小轿。轿夫的选取有着严格标准,一般要求身强力壮的已婚男子,且妻子尚在的,寓意有个好兆头。

迎亲的时候,男方要先"搜轿",即拿着蜡烛和镜子照看花轿的四角,然后才可出发迎娶新娘。花轿到女方家之后不可随便落轿,需等到燃放爆竹、奏乐停止之后方可落下。新娘此时正忙着拜别父母,上轿前,母女哭声连天,俗称"哭出嫁",所谓"哭得越伤心,越会发家致富",现在的上海川沙地区"哭出嫁"的习俗仍然盛行。待女方上轿,迎亲队伍开始往男方家出发。

当然有些地方比较偏远,或是需要走水路的时候,就要准备喜船。大船装扮喜庆,载着新娘驶往夫家。夫家早已派人等候在岸边,并且会派两个稚童,手持红灯笼引路。

(6) 拜堂、闹洞房。拜堂是在家里的正屋中举行的,拜堂的仪式由司仪主持,随着仪式的开始,新郎、新娘步入礼堂,新郎在右边,新娘在左边,开始行礼。旧时一般是需要行跪拜礼的,辛亥革命之后,跪拜礼取消,一般行鞠躬礼。仪式结束之后,新郎新娘步入洞房。此时上海婚俗的独特之处开始显现——红盖头由谁掀开?一般认为,红盖头当然由新郎掀开,其实不然,旧时上海地区新娘的红盖头是请新郎的姐夫来掀开的。随后,新郎、新娘一起步入宴会厅,向宾客们敬酒,感谢大家的到来。

上海人都说"新婚时节,三日无大小",正是对闹洞房习俗形象的反映。人们准备了各种各样的小节目来"闹",有些会让男女双方感到尴尬。但是,一般都会注意文明、不过分,不偏离热闹、喜庆的目的。

2. 传统婚俗的嬗变

近代以来,上海的传统婚俗开始发生变化,受西方文化影响,"文明婚礼"开始崭露头角,并越来越受欢迎。中国新文化运动的兴起推动了近代中国婚姻形态的变化,促使传统婚礼由繁向简转化。"文明婚礼"的倡导,一切向着"新、速、实、简"方向发展,将婚礼简化为订婚、结婚两个步骤,大大缩减了传统婚礼仪式的时间。

(1) 订婚。男女双方多崇尚自由恋爱,当双方感觉时机成熟,便会相邀双方父母见面商讨结婚事宜。一般来说,父母不会过多干涉子女,会先履行订婚程序。虽然订婚是没有法律效力的,但上海地区仍然盛行订婚习俗。订婚一般是在结婚前的半年,双方家庭相约在某个场所见面,正式宣布从今日起双方约为婚姻。

在订婚宴上,有时会讨论结婚具体事宜,比如:结婚时间、邀请宾客名单、结婚程序等。

(2) 结婚。结婚这一环节包含了太多内容,其中结婚礼服的变化最为明显。过去的长袍、马褂、凤冠霞帔多被西装与婚纱所替代。结婚典礼形式多种多样,但都表达了人们对新人的美好祝福。正式婚礼之前,需要有证婚人发言,然后由双方的家长代表发言。接下来的仪式则与中国传统婚俗相差无几。受现代文明的影响,有些繁冗复杂的仪式已经舍弃,但其蕴含的美好意蕴仍然发挥着作用。夜幕降临,闹洞房又开始上演,但是与旧时不同的是,随着健康文明风气的盛行,人们往往适可而止了。

(3) 多样的婚礼形式。随着新时代的来临,不少青年年轻人开始冲破传统婚俗的羁绊,尝试新的婚礼形式。

集体婚礼、旅行结婚、裸婚等形式层出不穷,近代上海就曾经出现过集体婚礼。集体婚礼多由所属单位的上级领导主持,或是由共青团、妇联等群众团体主持。旅行结婚则是为了尽享两人世界,免去一些繁琐的环节,为自己的人生旅途留下美好回忆。层出不穷的婚礼形式在兼容并包的上海绽放出了更加耀眼的色彩。

五、中式婚礼与西式婚礼

随着生活水平的提高以及现代文明的高度发展,婚礼形式出现了多样化的趋势,现在的年轻人大多想要一个属于自己的独一无二的婚礼,不愿走传统婚礼的路子。且随着中外联系的加强,西方文化强势登陆中国,越来越多的人选择西式婚礼,传统婚礼的衰微使其蕴含的中国传统文化也渐渐淡出人们的视线。但是,我们应该认识到不同国家、不同地区的婚礼,都包含着自己的文化和民族特色,而中西方婚礼的不同,正是不同的文化差异所引起的。总体来说,中式婚礼属于喜庆型的,越热闹新人们越开心,人们用"闹腾"来表达对新人的祝福,是"人前婚礼";而西式婚礼在教堂举行,整个氛围是庄严肃穆的,是"神前婚礼"。不仅如此,两者在结婚场地、喜庆色彩、证婚人、礼服选择上等都有很大的不同。

首先,结婚场地的选择上,传统的中国婚礼多是在家里举行。近几十年来随着人们生活水平的提高,大部分新人会选择在酒店等公共场所举行,这样的方式是将婚仪和喜宴合二为一了。而西方的婚礼则是在教堂举行,以显示其庄重性。

其次,喜庆颜色的选择上中西方也有所不同。首次参加中国传统婚礼的人们一定会被充斥在婚礼现场各个角落里的红色所震撼,那是其他场合见不到的场景。中国人喜爱红色,认为其象征着吉祥如意,所以红色成了中国传统婚礼的主色调。从新娘的礼服、配饰再到红灯笼、红喜字、红窗花等,无不洋溢着兴奋、喜庆与吉祥。而在西方文化中红色则寓意着战争、流血、死亡、危险,所以婚礼上不会出现红色。白色是西方婚礼的主色调,因为西方文化中白色代表着吉利、平安、善意、正直,是纯洁性、神圣性的象征。这与中国将白色与死亡、丧事联系在一起截然不同。正是中西方文化的差异,使中西方的婚礼呈现出不同的色彩。

再次,礼服选择上中西方各具特点。古时中国人的婚礼上,新娘一般都是凤冠霞帔、红袄裙、红盖头、绣花鞋,新郎则是一身红长袍、红礼帽、胸前戴朵大红花,寓意婚后的生活红红火火。发展到近代,变为新郎穿黑色的西装,新娘穿红色的礼服了。如今,在西方文化的影响下,越来越多的新娘选择穿白色婚纱。

就西方婚礼服饰的选择而言,女方一般都穿着圣洁纯白的婚纱,男方穿黑色的礼服。新娘穿的下摆拖地的礼服原是天主教徒的典礼服。由于古代欧洲一些国家是政教合一的国体,人们结婚必须到教堂接受神父或牧师的祈祷与祝福,这样才能算正式的合法婚姻,所以,新娘要穿上典礼服向神展示自己的真诚与纯洁。虽然现在很多中国新娘选择穿婚纱,但仍然保留了中国传统婚礼的特点,即在白色的婚纱上别一朵小红花,与西方新娘佩戴白色的胸花不同。不得不说,这是中西文化的碰撞与融合,在相互影响、相互借鉴的基础上促进自身的发展。

最后,证婚人的选择中西方各有不同。在传统中国,无论新人是如何认识、相恋并走进婚姻的,婚礼必须由媒人来主持,这是传统"媒妁之言"思想的体现,以示新郎明媒正娶了新娘,而且所请的媒人必须是由三代同堂并生有儿子的有福人来担当。而在西方,新人们往往选择在教堂由牧师来主持婚礼,让牧师来宣布他们的婚姻合法性。中国传统婚礼的"拜堂"仪式,表示新人的婚姻得到了祖先以及父母的同意,而西方婚礼中则是在牧师主持下双方经过"宣誓"来使自己的婚姻得到上帝的承认与祝福。不管形式如何,都表达了人们对新人的美好祝愿。

都说西方人流行"AA制",这在婚礼上也有体现。我国的婚宴多是由男方承办,且人们多流行"包红包"。婚宴上新人要向宾客敬酒,感谢宾客的来临和祝福,人们往往也回赠许多美好的祝福,如"白头偕老""永结同心"等。而在西方,婚宴则是由女方承办,一般是在教堂宣誓后,多以自助餐的形式出现,只需要开销较少可以办一场丰盛的婚宴。中国的婚宴过后,还有"闹洞房"等活动,而西方的婚宴则是在舞会声中落幕。

婚礼形式上的不同,并没有掩盖婚礼的意义。人们希望通过盛大庄重的婚礼来向世人宣布自己已为人妻、为人夫,以后将会承担起相应的家庭责任,并承诺会相伴一生、相互扶持。人们希望自己的婚礼受到家人和朋友的祝福,对自己未来的生活充满憧憬。不管是西式婚礼还是中式婚礼,都寄予了人们对新人的美好祝愿。

所谓"人无礼则不立,事无礼则不成,国无礼则不宁",可见礼仪对于一个个人、社会和国家的作用是多么重要。中西文化的交流与碰撞,使中国灿烂而悠久的传统文化引起了世人的瞩目。婚姻礼仪只是文化中的一个分支,中西婚礼礼仪的相互借鉴与融合,正是中西文化在当今全球化环境中的真实写照,相信不同文化的相遇交流,会带给我们更加绚丽多彩的生活文化。

第四节　素服上的追思

人生在世,生老病死乃自然生命现象。人的生死,就像花开花落一样,生的存在和死的终结,是任何人都无法逾越的生命鸿沟。当一个人经历了人生的悲欢离合寿终正寝之后,带走的除了满满的人生回忆之外,还有晚辈儿孙对自己默默的孝敬和哀思。儿孙披麻戴孝,哀声连连,不仅有对老人一生于家庭贡献的感激,还有对亲人离去的伤心和悲痛。人们常说:"死是一件很容易的事,活下来的人才痛苦。"父母奋斗一生为儿女提供了美好的生活,当其因儿女生活幸福而安心离去时,留给儿女的是深深的思念。为了更真切地表达对逝者的追思,人们往往会为其准备隆重的祭奠仪式,即中国传统的丧礼。

丧礼是指人死后,亲友邻里为缅怀亡者而举行的殓殡、祭奠、哀悼等一系列活动,是人生中最后一项"脱离"仪式,一般分为初终、设床、发丧、吊唁、小殓、大殓、出殡、安葬等环节。不同的环节有不同的礼仪,以表达生者对死者的悼念之情。我国传统的丧葬礼仪是以汉民族的棺木土葬为代表的。

一、初终、设床

儒家之礼要求,士应该"死于适室"。适室就是适寝之室,通常称为正寝。正寝并不是人们通常所认为的睡觉的地方,而是正性情的地方。古时在人们生命垂危之际,亲属都会将其移到正寝之地,让其"寿终正寝",从而确保死者在世间不会留有遗憾。

初终,即为人的生命弥留之际,此时要确定人是否已经死亡。如果确证生命已经结束,守候在一旁的亲属都要放声大哭,然后进行"复"的仪式,也就是"招魂"仪式。因为古人认为人是由魂和魄组成的,灵魂依附在身体中,则生命存在,反之则昏迷或者死亡。所以,在亲人刚刚离去的时候,家属不能马上接受现实,而希冀通过一定的仪式将魂招回来,期望发生奇迹。正如《礼记》所说,"复"是子女表达"敬爱之道"的方式。

为了让亲人离开人世时清洁干净,人们会为其沐浴。沐浴的时候有很多礼仪禁忌,比如:需要"买水",买水的钱是纸钱,形状内方外圆,为死者在阴间消费所用,称为"冥币"。用冥币买来的水不仅能够洗去死者生前的罪恶,还能让死者的灵魂知道自己的肉体生命已经终结,好让死者干干净净地到达阴间,被逝去的祖先所接纳。沐浴过后要给死者穿戴内外新衣。在北方汉族文化中,死者贴身要穿白色的衬衣衬裤,外罩黑色的棉衣棉裤,最外面再穿上一件黑色长袍。整套服装为古代常见的褂子,不能有扣子,全部都用带子扎系,表示"带子",意为"后继有人";在死者的头上要戴一顶黑色的挽边帽,帽子顶部缝一个红布疙瘩,用来驱除煞气。脚上要穿布鞋,死者性别不同,布鞋的颜色也不一样,男性为黑色,女性为蓝色。寿衣一般是长袍形状,不管是何朝何代,人死的时候都要穿着这身装束"驾鹤西去"。因为在传统观念里,人死之后是要见老祖宗的,如果老祖宗认不出后代人,就不能认祖归宗。旧时上海地区还有将死者生前所用的被褥、衣裤、枕头等在床前点燃,拿到门外烧毁的习俗,烧毁时还要在其周围画上一个白圈,称为"烧床迹"。

要注意的是,死者死后是不能睡在自己原先的床上的,否则去阴间的时候就会有负担,所以在其将要离去的时候要重新为其设置一张床,即"灵床",专门用来停放尸体。南方地区往往是以一块门板来充当灵床,北方地区则一般是用木板搭成床。在给死者沐浴更衣之后,要立即将其转移到安置好的灵床上,灵床一般要设在正厅。此后还有一道"招魂"仪式,就是把死者的灵魂也引导到灵床上。中国的山东临沂一带风俗,是用一块白布从梁上搭过来,再用一只白公鸡在病床上拖几下,顺着白布从梁上递到外间屋,在死者身边走上一圈,然后把公鸡杀死,这就叫做"招魂"。而在江南一带,如果死者生前做过屠夫,那么他临死之前,家里人要用一块大红布把他的手包起来,伪装成被斩断的样子,据说这样做就可以避免在阴间被他宰杀的牲畜咬手。同时,家里人还要在死者的嘴里放上玉或一枚铜钱,这叫做"含口钱"。中国古籍中有相关记载,《后汉书·礼仪志》载:"登遐,饭含珠玉如礼。"古人认为,冥河上有船,也就必有专门负责摆渡的人。亡灵渡河,当然也应该像人间一样,付钱给摆渡的人,否则很可能受到摆渡人的责难,甚至无法渡河。亡灵口含的钱就是付给冥河舟子的船费。另外,"饭含"则是指在死者的口中放入米饭之类的东西,这是为了不让死者空着嘴、饿着肚子到阴间去受罪,也表达了子女不愿让亲人空着嘴离开人世的心情。在云南少数民族地区也有相似的民俗,如云南纳西族人在亲人即将断气的时候,孝子要赶忙往死者口中放"三小包"。这是一个小红纸包,内放大米(男九粒,女七粒)、碎茶叶和银屑少许。放"含口钱"时,族内长辈要告诉死者三代祖先的名字,并告知如何使用这三小包"含口钱":第一包作为渡冥河时的船费,船到江心时付给船夫,否则就会被扔入江中不得超生;第二包送给阎王殿前的两个凶神大将;第三包则带给祖先。

不管什么仪式,都反映了人们对亲人逝去的悲痛之情。人们相信亲人的离去只是踏上了一段新的旅途,开始了一种新的生活。所以,人们以葬礼为节点,以对死者特有的方式来确保其在另一个世界生活无忧。

二、发丧、吊唁

亲人的离去纵然让人难以接受,但人们也不能永远沉浸在悲痛中,而是应该通知逝者的亲朋好友来与死者告别,让其在离去的路上没有遗憾。发丧和吊唁是操办丧事时的一种互动仪式。发丧主要是指亲人用特定的方式把亡者的死讯通知死者亲友、村人和相关部门,吊唁则是指死者亲友接到讣告后来吊丧,并慰问死者家属。在传统观念里,发丧不仅仅是一种形式上的礼仪,还是亲友间分担悲痛的方式。

发丧,是发布丧讯之意,又叫报丧。不同地方的发丧方式也不一样,一般分为口头和书面两种形式。口头报丧,就是死者近亲晚辈到亲朋好友家逐个告知死者逝去的消息。民间认为报丧的孝男孝女到亲友家门前不能径自入内,否则会给主人家带来不吉利,必须要等在门口喊屋里的人,等到他们将火灰撒在门外或做过其他仪式之后,才可以进门报丧,这样做是为了辟邪。当然,世家大族或者有身份的人,一般选择书面报丧,即"讣告"。讣告内容包括死者的姓名、身份、死因,逝世的时间、地点等。值得注意的是讣告一般是在追悼会或者出殡前发出,以便亲朋好友提前做好准备,参加祭奠。

在江浙一带,报丧习俗是用伞来暗示的。报丧的人带着一把伞去,把伞头朝上柄朝下,放在门外,来表示凶信。主人要请报丧的人吃点心,然后问清楚入殓的日期。最后,把报丧人用过的碗扔到门外以表示驱邪避祸。上海地区的规矩也是如此,而且报丧不能一人独行,必须两人同去,报丧之人不能是死者的直系亲属,大多是本族之人。在广西地区则采用"报丧炮"的形式,即响三次火炮就表示报丧,然后派人告诉亲友。云南怒族常有用吹竹号报丧的仪式,村中死了人,用吹竹号多少声表明死者的身份。

发丧之后,亲朋好友会前来哀悼祭奠死者,即为吊唁,也称为吊孝或奔丧。吊唁仪式在传统殡葬中是最讲究的一个仪式。吊唁开始,鞭炮齐鸣,女眷们悲泣之声充斥整个灵堂。古代丧服分为五种,即斩衰、齐衰、大功、小功、缌麻,用粗细不同的麻布做成,奔丧者按亲疏关系的远近穿着不同的丧服,叫做"披麻戴孝"。另外,古时人们奔丧时要携带香、烛、鞭炮、纸钱、布匹等,现代则是送花圈等。前来吊唁者与死者同辈的一般鞠躬三次,晚辈跪拜三次,然后哭灵。孝子们要在灵旁跪叩陪祭,女儿、儿媳往往大声号哭且边哭边诉,最后,要屈右膝跪拜来吊唁者,谓之"谢孝"。守灵的儿孙按尊卑长幼分别有序,分执丧杖,俗称"哭丧棒",江南各地有的父亲去世用竹木,母亲去世用桐木,执杖习俗取其不忘根本的意思。吊唁期间,家属亲友禁忌颇多,通常不谈丧事以外的事情,不洗脸;女性不能施粉黛,吃米粥淡饭,不吃蔬菜水果,以表示哀恸之情。

随着社会的发展,现在城市中的吊唁仪式已经大大简化了,主要是遗体告别和开追悼会。前来吊唁的人身着素装,佩戴白花和黑纱,在哀乐声中逐个向遗体鞠躬致哀,而后再绕遗体一圈瞻仰遗容。

三、小殓、大殓

亲人逝去第二天,要为其举行小殓仪式,这是丧礼中一个很重要的环节。

小殓,指为死者穿衣服,一般是在死亡的第二天早晨进行。穿戴的是儿女亲友早已准备好的衣服,一般为春夏秋冬四季衣服,共19套。穿衣的整个过程中孝子们袒开上衣,用麻绳束发,妇女们则露出发髻,摘去首饰,都不住地顿脚、恸哭,以示悲痛至极。穿好以后,亲属用被子把尸体裹上、捆紧。小殓结束后,以酒食为死者祭奠,称"小殓奠"。当晚,庭中灯火彻夜通明。

大殓,是指在人死后的第三天,将已装裹好的遗体放入棺材盖棺。按照民间习俗,要在棺底铺上一层谷草,然后再铺一层黄纸,象征死者的灵魂能够高高地升入天堂。收尸盛殓的棺材,是以松柏制作的,松柏象征长寿;忌讳用柳木制作棺材,柳树不结籽,人们认为会导致绝嗣。有的地方用柏木做棺材要掺一些杉木,据说完全用柏木做的棺材会遭雷电。寿木做好后,不能移动,民间认为随便移动对本人不利。棺材外面一般漆成朱红色,写上金字,也有画上花鸟人物等彩绘。入殓时,由长子抱头,次子抱脚,如儿子众多,则其余儿子均抱腰。请来的亲友或抬棺人员四至六人,用绸巾兜住死者的腰,先将遗体的脚放入棺内,然后缓缓将遗体置于棺内。如果死者是女性,娘家人必须在场。

遗体放入棺内后,再于遗体两侧分别放置死者生前所爱之物以及衣服、穿戴、饰物、生活用品和冥器等。有的还在尸体枕下垫一些带籽的棉花,取"绵延有子"之意,以求后代子孙人丁兴旺。要注意的是,衣服上的扣子以及金属拉链均要剪掉,不能直接放入棺中。

遗体、陪葬品放好后,接着要钉棺盖,民间称为"镇钉"。镇钉一般要用七根钉子,俗称"子孙钉",据说这样能够使后代子孙兴旺发达。最后在灵座前行祭奠礼后,大敛仪式才告结束。

小敛、大敛结束之后,棺柩要停在正屋,等待落葬。

在上海,大殓之日,亲友不论路途遥远与否,都不能在主人家过夜,如不能回家,需到别人家借宿。倘若大殓之日留宿主人家,就只有等到"头七"才能回家。入殓当天,主人家会准备宴席答谢亲朋好友的帮助,与喜宴不同,这里的宴席是素席,俗称"豆腐羹饭",一般由豆腐、萝卜、豆腐干丝等组成。当然,有些高龄老人去世,俗称"喜丧",人们会办荤席。

四、出殡、安葬

为了早日让逝者入土为安,亲属会在选好风水宝地之后,尽快出殡,俗称为"送葬"。

对于殡葬日期的选择,民间有很多禁忌,要根据风俗选取吉利的日子下葬。如有的地方习俗是奇月死者,应在偶月出殡安葬;偶月死者,应在奇月出殡安葬,否则会不吉利。在河南一带也有埋葬忌月的习俗,只是有所不同,并且与姓氏有关。据说张、王、李、赵四姓人,禁忌六、腊月动土葬埋;其余姓氏,三、九月禁忌动土葬埋。我国台湾以及南方一些地区,俗忌七月出葬,因民间传说七月为鬼月,七月十五日为鬼节,该月阴间的鬼魂要到人世上来讨食,为避鬼煞,故忌此月殡葬。

出殡日子选定以后,亲友、邻里会早早来到丧家,举行一定的仪式以示哀悼。送葬者在出殡当天要穿孝服,丧家依据亲属关系的远近来置办,关系近者一身孝衣,远者一块孝巾。奠仪一般包括祭席、馒首、挽幛、纸扎。至亲送祭席,俗称"祭",以肴馔为主,每一副都要插大小不等的纸花;其次则为馒首,即一种用碗扣住上笼蒸熟的面食。亲朋好友大多送挽幛、挽联,后来演变为一块布料。普通街坊则送四色纸扎,含蜡烛、香、锡箔、纸四样,或仅纸一样。20世纪50年代以后,纸扎多为花圈代替。

祭奠之后,死者的长子跪拜致礼,即身背棺木大头,在众人的协助下把棺木移出灵棚,俗称"出灵"。山西各地都有在出灵时于棺木后打碎死者生前用过的一个饭碗的习俗,称之为"斩殃",取祛灾除祸之意。有些地方还要打碎死者生前用过的药罐,象征今后家中不再有人生病,再也用不着熬药了。棺木抬出灵堂后,便放到预先绑好的抬架上。

宣布启殡之时,亲友们便开始放声大哭,在一片悲鸣声中,抬夫把灵柩抬出屋。亲友们这时要下跪向灵柩哀别,然后一人要将一个盛酒的壶向灵柩猛地掷去,要击得粉碎,而且碎片不能落在他人身上,这叫做"祭龙神"。当抬夫上路之时,丧家亲属要向抬夫们叩头,意思是拜托他们一路上小心照顾。

出殡的一个重要特征是队伍前面有引路的"引魂幡"。幡在古代叫做铭旌,上面写着死者的姓名,作为出丧的标志,并作为象征供人凭吊。古时的旌用黑布或者红布做成,长约三尺,宽三寸。湖北地区幡由毛竹上挂纸做成,有的干脆就在一根竹竿上挑着一对黄纸条幅作幡。

出殡时需要一路丢纸钱,鸣放爆竹,响以大锣,配以吹鼓手,长女端灵牌走在灵队之前,儿媳披麻戴孝,男左女右,拖住棺缆,俗称"拖丧";亲友、宾朋送灵于后。送殡队伍至人多处或大路口,还要停灵路祭,鼓乐也要一齐演奏。古代一般由亲友、邻里在路边设祭,后来大多为丧家自己设祭。

当出殡的队伍到达墓地之后,接下来就是安葬。

安葬，就是掩埋死者遗体，即棺木入土，这是整个葬礼的最后阶段。中国自古以来就有"入土为安"的说法，汉民族主要实行的是土葬，墓穴是死者的最终归宿，所以墓穴的选择是极其重要的。墓穴要选在地势宽广、山清水秀的地方，从而可以使死者安息地下、庇佑子孙，故择墓穴又叫"看风水"。

到墓地将棺木放入墓穴，放"长明灯"于棺前，棺上放"阴阳瓦"（瓦上写死者姓名、字、生卒年月），死者子孙绕墓穴分左右各转三圈，向墓穴扔土，烧"回头纸"，向乡邻亲朋叩首感谢，众人散开，然后将棺木掩埋。在掩埋棺木时，要求"人停锹不停"，家人则要呼喊死者"躲土"。坟丘堆成后，死者儿孙所持的"哭杖"和"引魂幡"要插在坟头（也有放置于棺顶的），接着烧化所有纸扎，众人再祭奠一番，痛哭尽哀，然后悄然退去，让死者永远安息于此。

在旧时上海地区，人们会找风水先生来看墓地风水。如果风水好，就会尽快下葬，倘若没有好的风水，家人就需另觅"风水宝地"，故形成了一种停柩不葬的现象。人们有的将棺柩停在寺庙里，有的则停在野外，用稻草将棺材包裹起来，有的则在棺材外面造一个亭子。墓地选好后，人们会选择在清明或者冬至举行落葬仪式。落葬日期的选择很有讲究，一般选在死者殁后的单数年份，双数年份不能下葬。落葬日期确定后，通知亲友，当天亲友聚集，来为死者送行。棺材运至墓地之后，人们将其入坟，然后由亲属填土。一般来说，到场的亲属都要填几铁锹土，然后烧纸钱，行跪拜礼。落葬结束之后，主人家要设宴招待亲属。现在随着社会文明的发展，人们多选择火葬，省去了土葬的一系列仪式。上海地区还有"摆新时节"的习俗，即在新丧一年内，每逢清明、夏至、七月半、十月朝、冬至，丧家邀亲友吃饭，祭奠死者。

安葬之后，还有"做七"的习俗，人们每七天到墓地祭奠死者，从"一七"至"七七"四十九天结束，称"断七"。上海地区丧葬民俗中很重视做七,在那些逢"七"的日子里,死者家里都会点白色蜡烛、供奉酒菜祭奠死者。不同地区人们做七的习俗不同,有的地区人们比较重视"头七",而上海地区的人们则非常重视"五七"。在"五七"当天,亲属都要赶来祭拜,丧家则准备好荤席。在这天除了一般的祭祀礼品外,人们还会扎一些纸屋、纸车马、纸家具等物品,由亲属带到坟地焚烧。因为民间认为人们死后只是从阳世去了另一个世界,所以,在另一个世界他们同样需要这些物品生活。虽然现在看来这些想法不免荒唐,但不可否认的是物品身上承载着人们对逝去之人深深的怀念之情。在"五七"当天,死者的牌位要上家堂。这项仪式是由长子来完成的,如遇其不在,仪式要推迟到"断七"来完成。

五、慎终追远

中国是一个礼仪之邦,孝道是中国传统伦理的根基。《孝经》曰:"孝子之事亲也,居则致其敬,养则致其乐,病则致其忧,丧则致其哀,祭则致其严,五者备矣,然后能事亲。"讲的是子女对父母生、养、病、死、祭均有不同的伦理要求,但都是围绕"孝"进行的,生要敬养、死要礼葬、祭要虔敬。对于固有一死的每个人来说,一辈子能够善终将是最完满的人生归宿。

古老的民间信仰认为人的灵魂是不灭的,即使肉体生命已经结束,但在所谓的阴间还将继续存在,仍然像活着时候一样生存着,而生存的前提是子孙后代的供奉。为了使逝者在另一个世界生活得更好,子孙后代就会举行相应的丧葬仪式来安顿亡者、表达哀思,并祈求亡者在阴间保佑活着的后人平安无恙,荫庇后世子孙。而葬礼就为表达这种意念提供了一个很好的平台和寄托,在一种庄重、严肃、深沉的氛围中,生者追思亡者的美德,追思他给予家人亲友的爱,追思他对家庭和社会的贡献,这既是追思,同时也是对后辈的教育和启迪。葬礼的另一个目的就是希冀和祝愿,通过这一系列的仪式和活动,希望亡者走得安心,祝愿他在另一个世界幸福。丧葬仪式背后的孝道思想以及教育意义,值得我们细细体会。

近年来,围绕丧葬仪式社会上兴起了一种新职业——入殓师。也许刚听到这个职业,我们会感到恐怖,但是,当我们走近入殓师的生活的时候,我们会为他们的职业精神以及美好心愿而折服。都说"人死如灯灭",每天会有很多人因为各种意外而失去生命,他们不像正常死亡者那样,可以安稳地去到另一个世界,他们的容貌有时候甚至不能简单用"惨不忍睹"来形容,这时候就需要入殓师的帮忙了。怀着仁爱之心,用自己的双手为死者打造新的形象,让其家人少些悲痛,让逝者多些尊严,这不仅是对生者的一种精神安慰,更是对逝去的生命的尊重。

现在社会上也出现了一些举行葬礼时极尽奢华、大肆铺张的现象,滋生互相攀比之风,一味强调隆重、厚葬,看起来风光无限,似乎只有这样才是尽孝心,殊不知生者如此高调张扬,缺失的恰是亲人离别的哀伤和庄重,背离了葬礼的实质和内涵,忽略了内在的生命情感。"慎终追远",庄重严肃的气氛、深沉的哀思和衷心的祝愿才是真正葬礼应该具有的特征。

通过对人一生四个重要阶段的论述,我们可以发现,礼仪显现在生活的各个方面,它的存在不仅仅是为了规范人们的行为,让生活、社会更加有序,更是为了对人们进行德行教育。诞生礼的存在是为了让新生儿健康长大,希望人们的祝福可以为其祛除不吉;成年礼则是为了让青年人认清自己身份的转换,承担起自己的责任;婚礼则是在喜庆的氛围下,传达孝顺公婆、和谐妯娌、相夫教子的意义;葬礼的存在,是为了表达人们哀而有节、诚敬孝亲、尊重生命的感情。中国向来以礼育人,以德服人,所以,我们强调的礼不是礼仪的表面形式,而是礼仪背后蕴含的道德内涵以及价值。

众所周知,民族文化是一个国家民众智慧的结晶,不是一成不变的,而是在与外界的交流中不断吸收借鉴有益养分从而发展完善起来的。近年来,随着全球化进程的发展,国家之间联系的加强,异国文化之间的交流日益频繁,文化碰撞也难以避免。立足中国优秀传统文化,尊重中国千百年来传承的人生智慧,了解中国人生礼仪蕴含的价值意义,以现代文明加以洗礼,中国文化的博大精深才能彰显延续。

第五章
中国人的一家

家是中国传统社会的基本组成单位,儒家思想主张"修身、齐家、治国、平天下"的个人理想,俗语中有"家和万事兴"的说法,揭示了家庭和睦对处事成功的基础性作用。古代读书人以考取功名为目标,但也重视家庭的作用,有"一屋不扫何以扫天下"的信念,可见和睦的家庭关系是社会稳定的基石。中国传统社会是一个聚居型的社会,独立的核心家庭几乎不存在。传统社会中,世家大族几世同堂,住在一个大宅院之中;在农村社会中虽然分家很常见,但即使分家,同姓之人还是坚持聚族而居,左邻右舍多为同族之人。在这样的社会背景下,我们说的"家",就不仅仅是父母与子女这样简单的血缘关系了,还包括了宗亲关系。在传统宗法制社会中,"中国人的一家",不但要关注由父母和子女组成的小家庭,还要站在家族的角度来看传统社会中的家族关系。

第一节 家和方能万事兴

传统的劳动密集型社会中,人们通过生儿育女给家庭生产带来劳动力的更替,儿子是父母年迈后依靠的对象,所以多子的家庭被认为是有福气的家庭。在一个多子多福的家庭中,协调好成员之间的关系是维持家庭和睦的基础。在一个由父母和子女、子女的配偶及其子女组成的主干家庭或稍大一点的联合家庭中,几代成员之间的关系最主要的是夫妻关系、父子关系和兄弟关系,针对这三种关系,传统礼仪文化对家庭礼仪的基本要求是:父慈子孝、夫妻和睦、兄友弟恭。

一、父慈与子孝

在强调父权的宗法制下,礼仪文化往往强调父母对子女的生养之恩,因此子女要行孝方能报恩。父子关系陷入施恩与报恩的桎梏中,父亲对子女行使威权,子女的孝道也不免有强加的色彩。一旦孝行被刻意标榜,父子关系的本义便被遮蔽了。

"父慈子孝,伦常天性。"明朝的洪应明对父子关系的揭示应该说是儒家思想的本义了。他在《菜根谭》里写道:"父慈子孝,兄友弟恭,纵做到极处,俱是合当如此,着不得一丝感激的念头。如施者任德,受者怀恩,便是路人,便成市道矣。"意思是说,父母对子女的慈爱,子女对父母的孝顺,兄姐对弟妹的友爱,弟妹对兄姐的尊敬等,即使做到最完美的境界,也都是骨肉至亲之间所应当做的,出于天性,不可以存一点感激的想法;假如父母的养育子女、兄姐的友爱弟妹,是怀着施恩图报的观念,子女对父母的孝顺、弟妹对兄姐的尊敬,也都怀着感恩的心理,那就等于把骨肉至亲变成了市井路人,把出自真诚的骨肉之情变成了一种市井交易。

现代社会教育子女行孝,并不是宣扬"愚孝",而是要发扬父母与子女的天伦亲情,成就圆融自然的亲子关系。关于"孝"的传统故事很多,但有很多是不适宜在现代社会再来宣讲的,如"二十四孝"。这二十四个孝子的故事选自元代人编录的《全相二十四孝诗选》,宣扬了儒家孝道思想,但其中一些事例未免夸张和极端。孝感动天、拾葚异器、哭竹生笋、扇枕温衾等这些故事对于几千年后的我们来说也并不陌生,但是其中有一些故事却有些吓人,如埋儿奉母、卖身葬父、卧冰求鲤、鹿乳奉亲、恣蚊饱血。董永因家贫不能按照丧葬礼仪规范来埋葬父亲,将自己卖给富人作仆役尚且可以理解,但以儿子分走母亲食物为由埋葬自己的亲生骨肉的行为,在猎人的弓箭下不惜装扮成鹿来为父母取鹿乳的行为,这种尽孝的方式未免太荒诞了;而像卧在冰面上希望以自己身体的热度来融化冬日里的冰层,和把自己关在帐子中让蚊子吸饱血的行为,无疑是愚昧的表现。鲁迅对二十四孝故事曾有评论,他认为这二十四个故事是用一种至高的道德捆绑了人的行为,以至于让一些所谓的孝子以性命的代价来实现"孝道",是虚伪的。如果以现代的观点来看这二十四个孝道故事,确实这种极端行为在当代是基本没有学习的必要的。不能否认,传统的孝道思想在某种程度上是以子女的牺牲,有时候甚至是以子女牺牲生命为代价的,且不说卧冰求鲤、埋儿奉母、卖身葬父等故事,单看"父母之命,媒妁之言"这个传统婚姻观念毁掉了多少恩爱夫妻便可知晓:《孔雀东南飞》中焦仲卿和刘兰芝只能以死来抵抗以"孝"之名的命令;绍兴沈园墙上的一曲《钗头凤》是陆游和唐婉被拆散的爱情的铁证;就连鲁迅年轻时也无法拒绝没有爱情的包办婚姻。

时过境迁,这二十四个孝子似乎并不适合再做我们现代人学习的榜样了,接受科学理性教育的我们会选择更加合适的方法来尽孝,同时也会站在客观理性的角度来评价这样的"愚孝"行为。就像鲁迅批判老莱子年逾古稀竟在父母面前"诈跌娱亲"的行为时说,在"道学先生以为他白璧无瑕时,他却已在孩子的心中死掉了"。然而,当我们回溯这则故事更早的文本时,鲁迅也看到了最初记载中老莱彩衣娱亲并非如此虚伪,而是"老莱子……常衣斑斓之衣,为亲取饮,上堂脚跌,恐伤父母之心,僵仆为婴儿啼"。当剥去后世附加上去的虚伪外衣,回溯到恐父母伤心的本真,古稀老人彩衣娱亲也并非无一可取之处,至少为人子女不让父母担心,让父母保持愉悦的身心还是值得肯定的。二十四孝故事的内容,我们无须机械地效仿学习,但是故事中体现的"孝"文化是不会因为时代的变化而变质的,其精神在我们这个时代依然值得学习和弘扬。

"父慈子孝"不是施恩与报恩的循环关系,而是亲子天伦之情生发的自然的慈爱与孝敬,是凝聚家庭的强大力量。父慈子孝是天然情感的流露,在行为礼仪上有具体的表现。礼仪典章上对子女的行为规范有详细的说明:早晚向父母问安,知晓父母的饮食和冷暖,父母的衣食住行各个方面需要做到在自己能力所及的范围内给父母最好的;"父母在,不远游",如果要离开需要让父母知道自己去哪里,离开多久;"身体发肤受之父母",伤害自己的身体是对父母的不孝,所以不能做危险的事情,更不能在父母健在的时候向朋友做出交付性命的承诺;"不孝有三,无后为大",孝顺的子女还要能够为家庭传宗接代,能出人头地,光宗耀祖。这些要求在当下社会,仍然有其存在的基础,虽然传宗接代的思想被认为是落后的,但是实现家庭的延续仍是现代婚姻家庭的功能之一。

传统家礼要求父母在子女面前需要做到慈爱、严格:父母爱子是人之常情,然而"慈母多败儿",所以父母对子女的慈爱需要控制在"让子女能够从父母之爱中推及对社会之爱"这个度的范围内,也就是孟子所说的"老吾老以及人之老,幼吾幼以及人之幼";在家庭教育的方式和态度上需要做到严格,"玉不琢,不成器",只有严格和规范,才能让子女习得良好的品行;家庭教育需要关注到子女的各个方面,言行举止、品行态度,都是父母在子女的人生中需要指点教导的内容。只有这样,子女才能够成为为父母尽孝、为朋友守义、为国家效忠的栋梁之材。

无论是我们生活的现代社会,还是先人们生活的传统社会,人们都认同家庭教育对人的品性习惯的养成有着至关重要的作用，认为父母是子女人生道路上的第一任老师。如果一个人在行为举止上不符合礼仪规范，那受到舆论指责的除了其本人，必然还有生养他的父母，即"养不教，父之过"。以身作则，是父母教育子女的最佳方式，历史上有众多教子有方的故事，从中我们可以发现良好的教育方式对子女品性养成的重要意义。

"孟母三迁"是我们耳熟能详的一个家庭教育小故事，这个故事告诉我们，生活环境对孩童的心性开发有着重大影响。即使是像孟子这样有大智慧的圣人，小时候居住在坟墓附近，他玩的便是殡葬的游戏；居住在市场附近，就学会了商人吆喝买卖的语言；当居住在学堂附近的时候，自然也就跟着学习进退揖让的礼仪了。虽然时代已经大不相同，但是这种择邻而处的教子方式，对现代家庭教育仍然具有启发意义。孟母教子的方式，不只有三迁，当年少的孟子学习没有进步的时候，她就拿起剪刀剪断了辛苦织起来的布，以断织为喻，形象而生动地给幼年的孟子上了一堂"业精于勤而荒于嬉"的课。

传统教育重视为人处世的道理，重视道德教化，不只依靠言传，更注重身教。"身正为范"是对父母的要求，若要教育子女学会诚信，那父母首先就需要做到诚信。"曾子杀猪"的故事就是父母教育孩子诚信的典范。这个故事说的是：曾子的妻子要到集市上，儿子哭闹着也要跟着去。母亲对儿子说："你回去，我回来后就杀猪给你吃。"她从集市上回来后，曾子就马上要去杀猪。他的妻子拦着他说："我只是和孩子开玩笑罢了。"曾子说："不能和小孩开玩笑啊！小孩子没有思考和判断能力，要依赖父母去教导他。现在你欺骗孩子，就是在教他骗人。母亲欺骗了孩子，孩子就不会相信他的母亲，这不是教育孩子的好方法。"于是曾子就杀猪煮肉给孩子吃。家长的示范对子女有着潜移默化的影响，孩子的言行举止最初莫不是以父母为榜样。

《开学第一课》是教育部和中央电视台合作推出的大型公益节目，从 2008 年起，在每个学年开学第一天的晚上播出。每年的节目都设定一个教育的主题，针对中小学生的特点设计他们喜欢的教学方式，教授与主题相关的内容。2014 年《开学第一课》的主题就是"父母教会我"，由几位名人来讲述他们的父母如何言传身教，来教会他们要"孝顺家长、文明礼貌、热爱生命、坚强勇敢"的故事。"故事大王"郑渊洁讲述他的父亲在电视机还是稀罕物的时代，把新买的彩电放在爷爷奶奶家里，和爷爷奶奶一起看电视的故事；秦勇讲述了他坚持不懈地陪伴出生时身体有缺陷的儿子学英语单词、学骑自行车的故事；容祖儿回忆了小时候妈妈教她把自己打理得干干净净、有规矩地吃饭夹菜、做事要考虑别人感受的故事；藏族武艺班的张老师讲了他帮助藏族小朋友学会坚强的故事。这样具有教育意义的节目，不仅让刚入学的孩子领悟到自己的父母是多么爱自己，也让年轻的父母学到了更好的教育子女的方式。

二、夫义与妻顺

传统社会的价值观念倡导"男尊女卑"，在夫妻关系中男性处于绝对统治地位，而妻子则需要处处依附丈夫，那时的夫妻和睦指的是妻子遵从"三从四德"的规矩，做好丈夫的贤内助。儒家提倡的"三纲五常"中将夫妻关系概括为"夫为妻纲"，这种夫妻关系具有父权制社会的特征：女性被看作家庭的财产，既可以用她联姻来换取家族利益，又可以作为生育的工具实现香火的传承。儒家思想对夫妻之礼的规范是："夫义"，丈夫对妻子的行为有所规约；"妻顺"，妻子对丈夫顺从和依赖。

从礼仪的规范性来看，儒家道德规范并没有对丈夫的义务做出严格的规定，丈夫的义务被重申得最多的或许是"糟糠之妻不可弃"这一条。传统社会规范中,对婚姻关系的解除并没有给男女同等的权利,女性没有提出离婚的权利,而男性可以任性地休妻。"七出之罪"是使用频率最高的休妻理由,"七出"指的是礼仪典籍规定的七种合法的休妻理由:不顺父母、无子、淫、妒、有恶疾、多言、盗窃。这其中有些理由是无法证实的,男性只随便说说就可成为休弃妻子的理由。然而,礼仪典籍也规定了三种不能休妻的情况:有所娶无所归、与更三年丧、前贫后富,说的是女子无家可归,为公婆守丧三年和与丈夫共同经历过贫穷的女子是不可被休弃的,即"三不去"。这"三不去"是传统家庭利益对丈夫的较为严格的约束。京剧经典剧目《铡美案》中的陈世美就是嫌贫爱富、抛弃糟糠的代表,因故事深入人心,"陈世美"便成为后世对抛弃糟糠、停妻续娶的男子的代名词。

"举案齐眉"是对夫妻关系和睦的家庭的赞美,故事讲的是汉代梁鸿的妻子孟光,在每次给丈夫端饭的时候将盘子举到眉毛的高度以表示对丈夫的恭敬。"三从四德"是传统社会对女子的要求,"三从"指的是"未嫁从父,既嫁从夫,夫死从子","四德"指的是"妇德、妇言、妇容、妇功"。虽说"女子无才便是德",但是无才并不表示不读书,古代女子即便不入学堂,也会从她们的母亲那里学得《女诫》《列女传》《女则》等用来规范女子言行、培养妇德的礼仪规范。传统社会中,女子在夫家地位的低下可以从很多诗歌中得到表现。《孔雀东南飞》中的刘兰芝,"十三能织素,十四学裁衣,十五弹箜篌,十六诵诗书",这是典型的知书达理的女子形象,而且她在出嫁之后"鸡鸣入机织,夜夜不得息",如此勤劳的女子却还无法摆脱被婆婆驱遣的命运,可见她在夫家地位的低下。又如《诗经·卫风》中的《氓》就是一首弃妇诗,道出了传统社会中女子被弃的无奈。

以上说的是传统社会中夫妻之间地位的不平等,这也是对古代社会夫妻关系的最为普遍的理解。但是,细究起来,传统社会的礼法也在某些方面保护女性的基本权益。对休妻时做出的"三不去"的规定就保障了无家可归的已婚女性,以及与丈夫共患难的妻子的权益。"三妻四妾"是我们对古代社会男子"幸福"的婚姻生活的想象,有考证说唐朝大诗人白居易家中就有多名歌姬,歌姬在某种意义上说就如同是主人的姬妾。然而当我们翻开礼仪典章,虽然礼制有允许纳妾的规定,但是一些朝代的法律也对纳妾行为限制,如明朝律法规定男子只有在四十岁以上仍无子嗣的情况下,才可以纳妾。可见,在男尊女卑的社会里,律法在支持夫权的同时还存在着一定程度的保护女性的理性。

传统夫妻礼仪有时候也会在仪式上表现出夫妻的平等,这一点在婚礼的"共牢"和"合卺"礼上有所体现。《礼记·昏义》记载,新妇被迎进夫家之后,有"共牢而食"的仪式:"妇至,婿揖妇以入,共牢而食,所以合体,同尊卑,以亲之也。""合卺酒"也就是通常所说的交杯酒,一剖为二的葫芦,柄处相连,新婚夫妇共饮里面盛的酒,表示同尊卑、相亲不相离的意思。后世用酒杯取代葫芦,就成了我们现在说的"交杯酒"。

戏曲是古代社会民众生活中最受欢迎的娱乐方式,虽然全国各地剧种繁多,但是民众喜欢的曲目却很一致,《铡美案》《琵琶记》是对负心汉的挞伐,《白蛇传》《梁祝》《天仙配》是对美好爱情的歌颂。一个非常受欢迎的剧目《王宝钏》,是对妇人守节和丈夫不弃糟糠的赞美,故事是说唐代的薛平贵征战西凉,成为西凉国王,迎娶玳瓒公主成为西凉国王后,但他不忘糟糠,将苦守寒窑十八年的原配王宝钏封为正宫皇后。虽然这并不是历史事实,但是对民众而言,他们并不在意事件的真实性,在意的是他们对于爱情和夫妻关系的观念在剧中得到了完美的体现,丈夫不弃初衷,妻子依然守节,经过了十八年的考验,这样的故事分外能够打动人心。

新时代提倡男女平等,婚姻和女子的权利有了法律的保护,传统社会的夫权和"三从四德"自然不会再有存在的土壤。但是在这个快速发展的社会中,可以"闪婚",可以"裸婚",有时候婚姻关系中还常常有"小三""二奶"的加入,这些都是影响夫妻关系和家庭稳定的不稳定因素,在社会上引起了广泛而深刻的讨论。在这种缺乏稳定的婚姻关系中,正是缺少了夫妻互相之间的忠贞,和对婚姻家庭的责任感,而对婚姻和家庭的忠诚在传统社会中就是礼仪制度对婚姻关系中的夫妻双方共同的要求。当批评封建社会的婚姻制度是如何抹杀女性权益的时候,也应该客观地看到,传统礼仪制度也在尽力维护夫妻平等的地位,通过对夫妻之间基本礼仪规范的要求来保障婚姻家庭的幸福和美满。

三、兄友与弟恭

《弟子规》是成书于清代的儿童启蒙读物,内容涉及弟子在家、出外、待人、接物、学习等方面应该恪守的守则规范,成书之后得到广泛的流传。《弟子规》开篇说道:"弟子规,圣人训,首孝悌,次谨信。""孝"和"悌"是首先需要遵守的礼仪规范,孝即孝顺父母,而悌则是兄弟之间的礼仪。在儒家思想中,"孝悌"使人谨守本分,是为人处世的基本原则,是"仁"的根本。《论语·学而》中有这样一段论述:"其为人也孝弟,而好犯上者,鲜矣;不好犯上,而好作乱者,未之有也。君子务本,本立而道生。孝弟也者,其为人之本与?"可见孝悌于人是多么重要的礼仪规范。

传统家庭以多子嗣为福,家庭礼仪为维护兄弟之间的感情,对兄弟之间提出了"兄友弟恭"的要求,即兄长要关爱弟弟,而弟弟要敬重、顺从兄长。俗语说"长兄如父",意思就是家庭中的长子和他的弟弟之间的关系就如同父子一般。"兄友弟恭"对兄和弟的具体要求有哪些,我们可以从《大戴礼记》和历代家礼中加以归纳。作为兄长,首先需要在生活中关爱和照顾弟弟,如果弟弟的行为符合道德规范,就需要表扬赞美,反之,则需要批评管教;其次要关心弟弟的人生大事,弟弟成年须为他行冠礼,弟弟到结婚年龄须为他筹备门当户对的婚事。传统社会中,长兄是以威严的家长形象出现的,而他的弟弟们,则需要以对父母一样恭敬的态度对待兄长:饮食上,要让兄长先吃;举止上,不与兄长争先;仪容上,不让兄长担忧。在兄弟团结这个话题上,有一个我们耳熟能详的折筷子的故事,这个故事讲的是一位临终前的老父亲,让他的几个儿子尝试折筷子,一根筷子容易折断,折断两根筷子也不是什么难事,但是当十根筷子放在一起,即使力气再大也很难将它们折断。这个故事含有兄弟团结的寓意。虽然中国传统社会中兄弟分家是家庭的必然,但是世家望族编订的礼仪规范还是以累世同堂、兄弟和睦为基本要求。

"孔融让梨"是关于兄弟情谊的一个经典小故事,《世说新语》记载:"融四岁,与兄食梨,辄引小者。人问其故。答曰:'小儿,法当取小者。'"孔融是孔子的第二十世孙,受到良好的家庭教育,幼时便懂得礼让、尊长的道理。另一则孔融与兄长孔褒争"义"的故事,更是受到后人的赞颂。故事说的是当时的名士张俭受到中常侍侯览嫉恨,侯览下令捉拿张俭。张俭逃到好友孔褒家中避难,孔褒不在,弟弟孔融将客人留住下来。后来孔褒和孔融因为收留张俭一事被捕入狱,官府需要确认"罪魁祸首",孔褒和孔融兄弟两人争着表示罪在自己,官吏无法决断,询问他们的母亲,孔融的母亲更是以罪在承担家务的自己为由承担罪责。一家人争抢罪责之事上达朝廷,他们这种争"义"的行为成为美谈,年仅 16 岁的孔融因此闻名天下。在现代法治社会中,讲究以事实为依据,这种兄弟争"义"的行为不但对查明事件真相没有帮助,反而会扰乱办案的秩序,自然是不能提倡的,但是孔融兄弟这种互敬互爱的情谊无论在哪个时代都具有积极意义。兄弟友善,家人和睦,是幸福家庭的共通之处。

第二节 庙堂上的敬奉

无论是古代还是现代,中国人对"家"的理解并不单纯指父母与未婚子女构成的核心家庭,或父母与已婚或已育子女组成的主干家庭,在宗法制的社会中及宗族观念的影响下,家对于我们中国人来说不仅是"家庭",更是"家族"。"宗族是同聚落居住的父系血亲按伦常建立的社会组织",宗族由众多家庭组成,家庭的功能是生儿育女和养老送终,而宗族超越了个体繁衍的功能,成为一个社会组织单位,具有管理和自治的功能。一个完整的宗族组织包括以下要素:具有血缘关系的族人,体现和记录同宗同祖的血缘关系的祠堂、祖坟、家谱,资助宗族祭祀或教育等活动的祖产,协调族人关系、规范族人行为的族规,以及宗族规范制度的执行者和宗族权威的代表人,即族长。

既然传统中国社会中,家的概念从家庭扩大到了家族,家庭礼仪自然也随之应用于家族组织,而且得到了强化,尊老敬祖、光宗耀祖,这是宗族对其族人的要求。孝文化体现在宗族之中,要求敬奉祖先,听从祖训,尊重族中的长者。除了孝,宗族礼仪中最重要的是对血缘传承的代际关系和尊卑关系的区分。

一、昭穆称谓不可乱

祠堂是供奉并祭祀祖先的神圣空间,也是子孙后代办理婚丧喜事,商议合族事务的聚会场所。建庙祭祖,在先秦是上层阶级的特权,《礼记》规定:"天子七庙,三昭三穆,与太祖之庙而五。大夫三庙,一昭一穆,与太祖之庙而三。士一庙,庶人祭于寝。"先秦时期只有君王、诸侯、大夫和士这几个阶层的人可以享有建造祠堂祭祀祖先的权利,所祭祀的祖先按照等级的高低规定各有不同,天子为向上追溯七代祖先,诸侯为五代,大夫三代,士一代。庶民只能在自己的寝室中设置祖宗神位祭祀。

祠堂供奉祖先牌位有规定的顺序,"左昭右穆"是祖先牌位摆放的要求,也是墓葬的放置顺序和祭祀时子孙的排列顺序。《礼记·祭统》有云:"夫祭有昭穆。昭穆者,所以别父子、远近、长幼、亲疏之序而无乱也。"昭穆的排列顺序为中间是始祖,自始祖而下,依据左尊右卑的方位等差,二世为昭,位于始祖的左侧,三世为穆,位于始祖的右侧,依次后推,单数世代为昭,偶数世代为穆。宗法制社会另有"大宗小宗"分封的制度,大宗由嫡长子继承,经百世而不迁,其余诸子分立为小宗,小宗经五代则需要继续分立,宗法制下,只有保持大宗的不变,并且不断削弱小宗的力量,才能维持大宗的绝对地位。

宋代以前,只有贵族和官宦等上层阶级的人士才能够根据血缘关系形成世家大族,刘禹锡的诗《乌衣巷》所言"乌衣巷"在东晋时期是王导、谢安两大家族居住的地方。王导是东晋时期的政治家、书法家,东晋元帝、明帝、成帝三朝重臣,出身于魏晋名门琅玡王氏,琅玡王氏另外一位著名的人物就是大书法家王羲之。而关于谢安的故事,人们最为熟悉的就是"淝水之战"和"东山再起"了,谢安一族为陈郡阳夏谢氏,其侄谢玄与谢安共同参与淝水之战,中国文学的山水诗派的开创者谢灵运也是出自这个家族。从宋代起,平民百姓逐渐开始为祖先选择风水宝地修建祠堂祭祀。虽然直到明朝,官方典制仍然对设庙祭祀有品级限制,只有九品以上的官员才可以建祖庙,并且只能祭祀四代先人,平民百姓仍然只能在自己家中祭祀父母。但是明清时期官方对家族组织的社会治理功能的认可,民众修祠祭祖的风气盛行,官方对此采取了默认的态度。

上海历史上曾经出现过很多望族,大家望族财力雄厚,有充足的能力来修建祠堂,供奉和祭拜祖先。上海著名的祠堂有钱氏宗祠(嘉定钱大昕家族)、陆氏宗祠(陆深家族)、向观桥徐氏宗祠、同本堂义庄等。其中同本堂义庄是陆、张两个姓氏后人合建的宗祠,因修建者为同胞兄弟,分别承袭两姓宗祧,所以合建的祠堂称为"同本堂"。这个祠堂的章程分为总则、管理、祠祀、赡族、劝化、谱系、慈善和附则八章,是上海地区发现的最为完整的祠堂章程。这个祠堂的名称被叫做"义庄",体现出其作用不仅仅是为了祭祀,而且更为注重对族人的管理和教育等方面。

对于不能修建宗祠的平民百姓而言,他们区分血缘亲属关系的方式便是"五服"和"九族"。五服,是丧葬仪式上区分服丧者与死者血缘远近的丧服制度,分别为斩衰(音 cuī,指丧服)、齐衰、大功(功,指做工,大功即做工粗)、小功(做工精细)、缌麻。

斩衰是五服之中最重的丧服,使用最粗的生麻布制作而成,断处外露不缉边,以示不修边幅服期三年。服"斩衰"的情况是:儿子为父母、养父母,儿媳与儿子相同;女儿未出嫁者或虽嫁被休回家者为父母;嫡孙为祖父母或高、曾祖父母;妻子为丈夫。

齐衰也是用粗麻布制作的丧服,与斩衰不同的是,齐衰的丧服断处缉边,服期分三年、一年、五个月和三个月。一般来说,丈夫为妻子,男子为叔母、伯叔父母、兄弟姐妹及未嫁姐妹,出嫁的女子为父母,孙子孙女为祖父母,这些情况服齐衰一年,重孙子女为曾祖父母服期五个月,玄孙子女为高祖父母服期三个月。

大功是用熟麻布制成的丧服,服期为九个月。凡为堂兄弟、未出嫁的堂姐妹、已出嫁的姑姑和姐妹,以及出嫁女子为伯叔父、兄弟等情况服大功。

小功是用稍粗的熟麻布制成的丧服，服期五个月。是为伯叔祖父、堂伯叔父母、未出嫁的祖姑和堂姑，已出嫁的堂姐妹、兄弟的妻子，再从兄弟、为出嫁的再从姐妹，外祖父母、母舅、母姨等服的丧服。

缌麻是五服之中最轻的一种，用较细熟麻布制成，服期最短，为三个月。是男子为本族曾祖父母、族祖父母、族父母、族兄弟，以及为外孙、外甥、婿、妻之父母、表兄弟、姨兄弟等服的丧服。根据民间对血缘组织的范畴定义，五服之外就不是"一家人"的范围了。

除了"五服"，还有一个区分家族关系的概念，即"九族"。"九族"可以说是中国大家族概念中最让人耳熟能详的一个词了，古代刑罚最为严厉的就是"诛九族"。"高曾祖，父而身。身而子，子而孙。自子孙，至玄曾。乃九族，人之伦"，这是《三字经》中对"九族"范围的界定，即从己身上下各推四代，即"高祖、曾祖、祖父、父亲、己身、子、孙、曾孙、玄孙"。另一种对"九族"的范围界定为"父族四、母族三、妻族二"："父族四"指的是父母、兄弟、姊妹、儿子；出嫁的姑母及儿子；出嫁的姐妹及外甥；出嫁的女儿及外孙。"母族三"指的是外祖父一家、外祖母的娘家、姨母及其儿子。"妻族二"指的是岳父的一家、岳母的娘家。从分类中可以看出，前一种分类方法完全从父系亲属出发，九族是父系血缘下的亲属群体，而后一种分类则是兼顾宗亲关系和姻亲关系，将母族和妻族包含在内。在"九族"的概念上，使用最为频繁的解释是前一种，然而，四代同堂的家庭已经被认为是人丁兴旺的象征，五代同堂更是大家庭才会出现的情况，由己身上下而推的九代人是不可能同时在世的。一般来说，具有血缘关系的亲属群体中，同时在世的人基本不会超过"五服"的范围。

建宗祠、修家谱是家族壮大之后后世子孙必然要做的事情，家谱记录了本族人的世代繁衍状况,而宗祠则让后世子孙不忘祖先,感念祖恩,这是传统社会里凝聚族人、增强家族认同的途径。

二、年节祭祀不可废

从信仰上来说,宗庙祠堂是供奉祖先灵位的神圣空间,进入祠堂接受祭拜的祖先是宗族的保护神。为了向祖先表示后代子孙对他们的敬奉,并且得到祖先的庇佑,人们需要在特定的时间举行祭祀活动。先秦时期的祭祀按季节分为四季,"凡祭有四时,春祭曰礿,夏祭曰禘,秋祭曰尝,冬祭曰烝",然而先秦时期庙祭是贵族的特权。宋代以后,民间宗族力量增强,宗族祭祀活动因族而异,在祭祀的时间上有了较大的变化,主要以春秋大祭为主。这两个祭祀的时间多为清明和中元前后,清明和中元在民间被视为"死节",是与死去的人有关的忌日;另外在春节拜年的时候,本家族的成员也需要到祠堂拜祭祖先。

传统观念中,祖先生活的空间有两个,一个是摆放祖先灵位的祠堂,另一个是安葬祖先的墓地,所以宗族不但有宗祠,还有共同的墓地。宗族祭祀也分祠祭和墓祭两种,前者在祠堂进行,后者在墓园进行,都由族长或族老主持,相比之下,墓祭较祠祭在仪式上稍简单一些。在祠堂举行的祭祀由备祭、祭仪、会饮、分胙四个环节组成,拜祭过程相当繁冗。参与祭祀者必须整理衣冠,端正容貌,有些家族还要求参祭的族人在祭祀前斋戒沐浴,祠祭时按照辈分顺序依次排列站立,经过降神、奠献、叩拜、辞神,礼毕之后按照顺序退出祠堂。除了祭祀仪式的要求,祭祀时使用的礼器的种类、供奉牺牲的类别数量等也有相应的规定。墓祭则相对简单,族人在族长的带领下向祖坟拜揖,完成对祖坟的祭拜之后,再去祭拜自己家庭的先人即可。祭祀用的供品在祭祀结束之后分到各家,或者各家派代表参与聚会,分享供品,这具有获得祖先庇佑的含义。

家族祭祀是以祖先的名义来联络族人感情的活动,祭祀活动可以将族人对祖先的虔诚转化为对宗族的忠诚,以此强化宗族对族人在道德上的约束力和法律上的执行力,保障宗族作为基层管理组织的权力地位。

上海地区的大家族在祭祀的时候选择不同的人来履行祭祀、主持、司仪、器物管理等职责,祭祀的时候每个家庭必须有一人到场参与。祭祀仪式主要分七个步骤:主祭人向祖先神像和先人牌位行礼、奉上供品、专人诵读祝词、焚烧冥器纸帛、族人祭拜祖先、撤下供品、族人会餐分享供品。一年之中大家族在宗祠举行的祭祀一般为一到两次,而小家庭的祭祀次数相对较多,年终、清明、七月半、十月初一、冬至等时间都有家庭祭祖活动。家庭祭祖只需在家中客堂的桌上摆上祭祀食物、酒水,向祖先叩拜并为祖先焚烧纸锭就可以了。墓祭的时间在清明,上海民间祭祖上坟需要带上装着纸锭的草囤,草囤上贴着写有"收"和"送"两方名字的红纸,草囤的多少视家庭情况而定。扫墓的程序为供祭品、点香烛叩拜、烧草囤、除草培土修剪树枝等。实行遗体火化之后,骨灰一般都安放在纪念堂中,扫墓的形式就随之简化了,传统一点的形式是放上祭品鞠躬行礼,新式一点的则用鲜花代替祭品。

三、家规族训不可忘

没有规矩不成方圆,宗族作为一个社会组织,同国家需要通过律法来保障权力的施行一样,宗族通过家规族训规范族人的思想道德和行为举止,同时也为规约的执行者提供权威支持。

家谱"是宗族共同体存在的文字形式",家谱最重要的功能是对族人族籍的记录。另外,家谱的内容还包括本族的源流世系情况,居住地域和墓地的图画,赞美先贤的文章以及家规族训。除了书册形式的家谱,有的宗族还将家规族训同"忠孝节义"等文字一同书写在宗祠的墙面上,以起到警示族人的作用。

诸葛亮的《诫子书》可以看作是一篇简短的家规:

> 夫君子之行,静以修身,俭以养德。非澹泊无以明志,非宁静无以致远。夫学须静也,才须学也,非学无以广才,非志无以成学。淫慢则不能励精,险躁则不能治性。年与时驰,意与日去,遂成枯落,多不接世,悲守穷庐,将复何及!

不到百字的篇幅,包含修身立志、治学养性等方面的要求和经验传授。全篇的意思是说:君子以静思反省来提高修养,以俭朴节约来培养高尚的品德。不清心寡欲就不能使自己的志向明确坚定,不宁静安定就不能实现远大的目标。学习必须静下心来,才干必须学习才能增长。不学习就不能有广博的才干,没有志向就不能成就学业。放纵怠慢就不能勉励心志使精神振作,冒险急躁就不能陶冶性情使节操高尚。年华与岁月虚度,志愿随时日消磨,最终就会像枯枝落叶般一天天衰老下去。这样的人不能对社会有所作为,只有悲伤地困守在自己简陋的小屋里。到那时再后悔又怎么来得及呢!

历代家规中,最为有名的是北齐颜之推的《颜氏家训》,颜之推将个人经历、思想和学识记录下来,以告诫和勉励子孙后代。全书共七卷、二十篇,第一篇为序,第二十篇为终,中间十八篇则是从各个方面展开,分别为:教子、兄弟、后娶、治家、风操、慕贤、勉学、文章、名实、涉务、省事、止足、诫兵、养心、归心、书证、音辞、杂艺。从内容上来看,《颜氏家训》不仅限于对子孙在道德行为上的规范,文章、音辞、杂艺等篇章还涉及治学的方法。后世将此书评价为"述立身治家之法,辨正时俗之谬",无怪乎颜氏后人中人才辈出,有注解《汉书》的颜师古、书法楷模颜真卿、正气凛然的颜杲卿等。

但是,一般宗族的家规族训并不如世家大族那般强调为学和经世治国,更多强调的是对族人的道德和行为的规范,以此来维护稳定的社会秩序。让我们来看一则较为普通的宗族的家规族训,这是浙江省淳安县一个王姓宗族的家规,共二十四条,列举每条家规的标题如下:孝父母、友兄弟、敬尊长、隆祀典、谨丧葬、重婚假、肃闺范、礼师儒、严训课、恤孤寡、议承绍、敦族谊、厚亲属、端心术、广施予、峊忠贞、务本业、尚节俭、慎交游、戒纵饮酒、禁赌博、息争讼、备不虞、驭家人。从这二十四条家规中可以看出,家规主要是对族人在婚丧仪礼的要求和道德行为的规范,其思想核心是对族人子弟在忠孝礼义等方面的行为和思想的规训。

第三节　居住上的古今

家庭生活离不开固定的空间,中国幅员辽阔,东西南北各地的房屋建筑在材料和形制上千差万别。传统民居建筑往往依照地理环境的特点,就地取材建造:西北黄土高原的窑洞,西南雨林里的竹楼,湘西河流旁的吊脚楼,江南水乡白墙黑瓦的小院,华北皇城下的四合院,北方苍茫草原上的蒙古包……不同的自然环境造就了各色居住空间。然而,不论建筑形制如何不同,蕴含在建筑中的人文观念却是相通的,子女对父母的孝敬,后辈子孙对祖先的崇敬,清晰地体现在居住的空间上。

在居住的空间里,要做到孝敬父母,尊敬长辈,《礼记》在这方面的要求是:"为人子者,居不主奥,坐不中席,行不中道,立不中门。"奥,是指房屋的西南角,坐北朝南的房屋里,西南角是最为尊贵的位置,奥也是室内的祭祀场所,这是为人子女不得僭越的场所。做儿的,家居不可占据室内的西南隅,不可坐在席的中间位置,不可走在路的当中,不可站在门的当中。无论是居住还是入座、走路、站立,尊贵的位置都是子女要避让的,即使父母不在,也不应该有所懈怠。随着时代的发展,唐以后高脚的桌椅进入人们的生活之中,在日常居住行为上,子女依然要遵守这种礼仪制度的规范,堂屋正北朝南的两把椅子是家长的位置,八仙桌上朝南的位子也是属于家长的。现代社会里,子女们还是要坚持这样的礼仪。

家庭居住的空间不仅仅是一家人日常活动的场所,在一些特定的时间,它还是家庭祭祀的神圣空间。所以不论哪种建筑,在房屋的构造和使用上,人们都会十分注意屋内空间的布局,来体现中国社会尊重长辈、敬重祖先的礼仪制度。

一、四合院里的阳光

合院式民居是中国北方最为普遍的建筑形式,其中尤其以四合院最为典型。完整的四合院建筑分为三进,每一进院落有东西厢房,正厅房的两侧为耳房。每个院落的房屋相互分离,通过院落四周的游廊连接。四合院坐北朝南,大门在东南角,南北中轴线将院子对称分开,沿着轴线由南向北依次为倒座房、垂花门、正厅、正房和后罩房。倒座房一般用作外客厅、账房和门房,正厅是家族议事的内客厅,正房是家长和长辈居住的空间,东西厢房为子侄辈居住的房屋或者客房,后罩房为仓库、厨房和仆役居住的房间。大型的四合院还有书房、花园等空间。

北方的四合院建筑以老北京的四合院最为著名,按照规模分为小、中、大三种类型:小四合院是普通民居,南北各三间房,东西各两间厢房,这样就可以供三代之家居住了。南房用作书房或客厅,祖辈和家长住正房,晚辈住厢房。条件殷实的人家住的是宽敞的中四合院,通常为两进,由院墙隔断,留月亮门相通。中四合院的房间数量自然更多,五间北房分别为三间正房和两间耳房,东西各三间厢房。大四合院俗称"大宅门",是大户人家或者达官显贵才住得起的房屋,主人的财富地位不同,住宅的大小也有很大差别,不但在房间数量上有五、七、九等之别,院落也有差别。大型的宅院从结构上来看是由多个基本四合院复合而成,通过游廊相连接。北京的恭王府是最大的四合院,占地面积约六万平方米,分府邸和花园两部分,府邸建筑严格按照中轴线贯穿分布,有东、中、西三路,前后四进,规模相当之大。

不论各种四合院的差别多大,有一样是相同的,那就是家长和祖辈应该住在最好的房间里,这是最基本的家庭礼仪。四合院进门正中是堂屋,堂屋是一个家庭中最为神圣的地方,它的地位就像天子宣明政教的明堂一样重要,是家庭对外处理事务的场所。堂屋的布局上,正北方向一般悬挂"天地君亲师"的神位,并有条案供奉香火和祭品。"天地君亲师"包含了传统文化中政治、社会、教育和文化四个方面:天地是对自然的信仰,君是政治的象征,亲是对父母的孝敬和对祖先的崇拜,师则是对社会教育的尊敬。堂屋是一个家庭举行重大仪式活动的场所,出生做寿、婚丧嫁娶、年节祭祀等仪式都是在堂屋举行。堂屋这个小小的空间将民族文化精神融会于家庭生活之中,让活动在这个空间中的人时时都能受到文化的规约而表现出符合礼仪规范的行为。

二、竹楼上的火塘

在南方潮湿的地区,居住的空间若接近地面,不但容易受到潮气影响,而且还有蛇虫的困扰,所以这些地方的建筑多为"人住其上,畜产居下"的干栏式构造。《韩非子·五蠹》记载:"上古之世,人民少而禽兽众,人民不胜禽兽虫蛇,有圣人作,构木为巢,以避群害。"意思是说,远古时期,人少而飞禽走兽很多,人们战胜不了禽兽虫蛇，后来有圣人出现，用木头搭建巢穴，来躲避禽兽虫蛇对人的侵害。干栏式建筑就是这种巢居的演变形式，是古代南方越、濮、蛮等民族的创造，在余姚河姆渡文化遗址中，就有七千年前的先民运用榫卯结构搭建干栏式建筑的遗迹。随着长江中下游和珠江中游等流域经济文化和生产力的发展，干栏式建筑在这些地区被更为适用的砖瓦民居取代。但是在西南山地，湿润的气候带来的雨林植被区，干栏式建筑仍然是大多数少数民族的住宅形式，傣族的竹楼便是典型的干栏式建筑。

云南西双版纳产凤尾竹、毛竹、金竹、大龙竹等数十个品种的竹子，这些竹子都是建筑造楼的好材料，竹楼是傣族人就地取材建造的生活空间。傣族的竹楼分上下两层，下层是饲养牲畜、堆放柴火的空间，由粗竹或者木头做柱桩支撑而成，大多都不是四面封闭的空间。竹楼的上层距离地面约五米，四周由竹篱围住。西双版纳雨水充足，所以竹楼的屋顶为四斜面形状，方便雨水的排泄。二楼室外的走廊一侧连着上楼的木梯，另一侧则是露天阳台。竹楼的居住空间分内、外两间，宽敞的外间是堂屋和火塘，内间为卧室，卧室是私人空间，外人不能入内。

在傣族的竹楼建筑中，有两根特殊的柱子，它们被赋予了"生"和"死"的意义，一根界定了死者的活动范围，而另一根则寓意接受新生命。新生儿正式成为家庭的一员，需要经受这根柱子的"洗礼"：爷爷抱着新生儿到象征生命的柱子前，让婴儿的头顶触碰柱子，以表示承认这个孩子作为本家族成员的身份地位。在竹楼中，还有两样非常重要的东西：一是中柱，它被视为祖先神灵居住的地方，是这个家庭或者家族的象征；而另一个则是火塘，火塘相当于四合院的堂屋，是举行家庭仪式和祭祀活动的场所，此外，火塘也是家庭成员吃饭和生活的场所。火塘是家庭的象征，也是祭祀时火神、祖先来往栖身的地方。通过火塘边举行的活动，家庭成员之间增进情感,实现与祖先神灵的精神沟通。火塘是傣族人生活中既神秘又温馨的空间,是傣家竹楼在建造时必须认真对待的地方。

三、弄堂里的中西

"潮生鱼沪短,风起鸭船斜",诗中所说的"沪"是一种捕鱼的竹栅。古时候,吴淞江一带的渔民发明了一种叫"扈"的捕鱼工具,这一发明给这个没有名字的小渔村带来了"沪渎"这个称呼。宋朝商业兴起,这个小渔村成为一个新兴的贸易港口,并且有了"上海"这个新名字。1843年,上海开埠,船只带来了异邦人,还有来自东洋、西洋各色外国的器物、观念和制度,租界区盖起了风格迥异的花园洋房,上海滩成为十里洋场和不夜之城。繁华租界吸引了大量谋生的民众,人口的增加带来的是对居住的土地的需求,在人与地的矛盾下,属于那个时代的"蜗居"应运而生——石库门里弄。

石库门或许是中国最早的商品房,它的建造方主要是外国资本。1853年的小刀会起义,打破了租界在开埠后"华洋分居"的局面。在"华洋杂居"带来的冲突下,精明的西方商人开始进入上海的房地产市场,借鉴传统江南民居的房屋结构和欧式联排布局设计而成厅式楼房以供租售。这些新式的建筑令洋商赚得盆满钵满的同时,留下了一种中西结合的建筑物,承载了一个时代的记忆。

通常石库门建筑之间的巷子十分狭窄,在吴方言中,小巷被称为弄堂,"石库门"三个字所伴随的另一个词是"里弄街坊"。小说故事里若要描写近代上海民众的日常生活,总不忘提到因这个狭小的空间而导致的家长里短的纠纷,或者更为贴近的邻里之间的温情。

早期的石库门建筑在样式上采用江南传统民居的空间特征,为三开间或五开间的房屋,主要部分设计为两层楼,附属房屋为单层设计。那一时期的石库门建筑每个单元都有一条明显的中轴线，左右厢房呈对称分布，每个单元还有前后两个出入口。两个天井之间是正中的客堂，客堂左右为厢房，客堂和厢房部分的建筑为两层楼。客堂后的灶间（厨房）是单层，灶间后面的天井中有一口提供生活用水的水井。房间的使用上，客堂是家庭公共空间和会客的地方，前天井两侧的东西厢房是主人的兄弟的住房，后天井两侧的东西厢房是帮佣的住处，客堂上面为主人卧室，两侧为东西厢房，灶间楼上是亭子间和晒台。这种样式的石库门在空间布置和功能划分上最为接近中国传统居住方式。

这类石库门建筑在布局上保持了传统民居"封闭式深宅大院"的样式，而且在墙的造型上也采用传统的马头山墙、荷叶山墙等形制，而在门框的装饰上则加入了西式的构图和图案。这种"三进一单元"的石库门建筑已经成为现代海派建筑的象征，代表性的建筑群有南京西路的静安别墅、山阴路的大陆新村等。

辛亥革命后的上海，传统大家庭的居住方式解体，西方文明的渗透带来工商业的蓬勃发展，剧增的人口对住房有了不一样的需求。新式石库门里弄住宅的结构有了很大的改变，大家庭分化带来的对独立住房的需求和地价的飞涨导致的住房成本的提高，这一时期的房地产商人更加注重建筑的容积，推出不考虑对称性的单开间或两开间布局的建筑，楼高上也有所增加，为三层带阁楼建筑。单开间的建筑不设厢房，两开间的建筑在一侧设前后厢房，后天井后部改成与房屋错层的灶间，同样错层的灶间上方为亭子间，亭子间的上面是晒台。这类石库门建筑在装饰题材上增加了更多的西方元素，用三角形、长方形、弧形、半圆形的花饰装饰门楣。与早期的石库门房屋最为不同的是新式石库门在客堂之外独立出一个餐厅，在房屋装修上也引进了西式壁炉和洗手间设备。新式石库门早期为中上层社会人士的住宅，1949年后，这种建筑成为中下层百姓的聚居空间,形成了特有的"七十二家房客"的现象,有时候一个亭子间就能挤下一家人。

虽然石库门建筑随着时代的演进逐渐从适合大家庭的结构演变为适合主干家庭生活的结构,但是无论西方文化如何渗入,中国传统文化的基础是无法改变的,即使从客堂中分隔出了餐厅的空间,然而用于供奉神祇和祖先的空间是不能被去除的。

第六章
中国人与社会

社会学家费孝通曾在《乡土中国》一书中提及他理解的中国："这是一个'熟悉'的社会，没有陌生人的社会。"传统中国社会的人们，以村落为最小单位聚居在一起。阡陌交通，鸡犬相闻，大家生活在一个"不见外"的空间中。赋予地方性的乡土社会，导致了中国人在不同区域间接触少，各自保持着孤立的社会圈子。但正因为如此，人们凭借这种小范围的关系网络，知根知底，也自得其乐。在这个生于斯、死于斯的社会里，中国人的生产生活、交际往来，自有一套规范准则，这套行为规范就叫做礼俗。

第一节　身份称谓话礼仪

关于"名"字，《说文解字》解释说："名，自命也，从口、夕。夕者，冥也，冥不相见，故以口自名。"意思是说，在早期的社会交往中，人们白天相见，可以通过形体、面貌、声音相互识别，一旦到了晚上，相互看不清楚，就只能通过自报名字来区分你我了。可见，人名的产生是社会交往的需要，它最重要的作用就是在社交中区分彼此。随着社会的发展、社会分工的细化，人们的身份地位也发生了变化。为了明确每个人的身份地位,古代统治者就发明了等级制度。这种制度也成了称谓礼仪多样性的重要推动力。达官贵人、知识分子的尊称、讳称大有讲究,而黎民百姓或许只有小名,甚至无名。不过,中国人律己敬人的道德传统正是通过纷繁复杂的称谓礼仪得以体现。

一、名、字、号——"直呼其名"为大不敬

姓名是一个人的名称符号,所谓"名正言顺",由于有了姓名人们才能正常交流。古人称谓除了代表血缘的姓,还要有名、字、号。过去,只有长辈、位尊之人才可称人姓名,倘若平辈、晚辈直呼其名,乃是以下犯上的不敬之事。有时,天子也会因称谓不当而有失礼数。

明人王同轨写的《耳谈类增》曾记载,明朝嘉靖皇帝的一个亲戚杀了人,时任刑部尚书的林俊便定了皇亲的死罪。这个林俊是什么人呢?他是明成化十四年(1478年)进士,成化、弘治、正德、嘉靖四朝的老臣,一贯刚直敢谏、廉正忠诚。但这次他要杀皇帝的亲戚,嘉靖皇帝很不高兴,下圣旨命令林俊回话解释清楚,圣旨上直接写了"林俊"的名字。林俊看到皇帝在圣旨上直呼其名,十分生气,当面对嘉靖说:"老臣官位已经做到尚书了,天子是不会无故直接叫别人名字的。老臣执行祖宗定下的法律,皇上却直呼我名,我何罪之有啊?"当时他面色严肃,声音响亮,声震宫殿,皇上自然尴尬生气。林俊的一个学生看见皇帝生气,忙上前进言,把孔子的"君使臣以礼"的道理给皇帝讲解了一下,嘉靖皇帝碍于礼法,无奈只好作罢,不能加罪给林俊。君王对待臣子要符合礼数,这里的礼数就是不可直呼其名。林俊,字待用,一字见素,皇帝应称其为"林待用""林见素"。从年龄上说,林俊身为长辈,又官至尚书,直呼其名的确不妥。正是因为人之姓名意义重大,故不可妄自称呼,所以

首先就要来了解名字的命名法。

《仪礼·丧服》中说,男子出生三个月后,由父亲起名。其实在我国民间,部分地区至今仍保留着婴儿满月时才命名的习俗,不过命名的权利不再由父亲一人享有,而是由婴儿的亲人共同担当。古时人们对取名极为重视,而帝王之子的名字则被认为直接关系国家的兴盛与否。《左传》记载,在春秋时代,鲁桓公夫人生下长子,鲁国为此举行了隆重的祭祀和庆祝仪式。在行礼之前,鲁桓公向博学的申繻请教给自己的嫡长子、未来的鲁国国君取什么名字。申繻答曰:"名有五,有信,有义,有象,有假,有类。以名生为信,以德命为义,以类命为象,取于物为假,取于父为类。不以国,不以官,不以山川,不以隐疾,不以畜牲,不以器币。"由此,古代确立了"五法六忌"的起名原则。简单来说,"五法"是指:

信者,表出生时特征也。比如身上的胎记、手掌的特殊纹路,乃至特殊的日子,等等。如唐叔虞,其手掌纹路有字形曰虞,故名之曰虞;鲁季友出生时,其手掌纹路有字曰友,故名之曰友。

义者,表祥瑞也。如周文王名昌,周武王名发,都饱含了吉祥如意的美好祝愿。

象者,表类似物体也。如孔子名丘,据说是因为"生而首上于顶",脑门比较高,形似土丘,故名之曰丘。

假者,表假借事物也。如春秋时很多人名"杵臼"(宋昭公、晋之公孙杵臼),就是取杵臼之坚实不坏之意;孔子名其子曰鲤,也是这一类(似取鲤鱼跃龙门之意)。

类者,与父有关也。鲁桓公因其太子与其同日而生,故命名为"同"。

"六忌"是指:不用国名、不用官名、不用山川名、不用疾病名、不用牲畜家禽名、不用礼器货币名。这也是本着维护国家稳定和祈福的原则而定。

待到成年之后,古人就要取字了。《礼记·曲礼上》:"男子二十,冠而字……女子许嫁,笄而字。"古代男子二十岁成人,须行冠礼加字,这标志着其将要出仕,进入社会;而称未婚女子是"待字闺中",是因为对古代女子来说,结笄、取字和婚配都是成年的标志。取字大致说来有以下六种类型:

同义式:字和名意义相同或相通,是并列关系。如屈原,名平字原,平和原是同义。周瑜字公瑾,诸葛瑾字子瑜,瑜、瑾皆指美玉,是近义。

反义式:字和名意思正相反。如曾点,字皙,点为黑,皙为白,意义相反。又如朱熹,字元晦,熹明晦暗,意义相反。

辅助式:字和名意思相近,但不完全相同,可以互为辅助。如陆机,字士衡,机、衡都是北斗中的星名,互为辅助。郑樵,字渔仲,打柴为樵,钓鱼为渔,常为侣伴,互相辅助。

扩充式:字与名往往出自一句话中,意思相顺,而且字为名的意思作补充解释或修饰。如赵云,字子龙,《周易》说:"云从龙,风从虎。"名和字在一句话中,意思相顺。又如陆羽,字鸿渐,《周易》曰:"鸿渐于陆其羽可用为仪。"字对名做出了解释。

延伸式:字为名意思的延伸。如李白,字太白。太白指太白金星,这是对"白"意的延伸。杜牧,字牧之。牧之即放牧,延伸解释了"牧"的含义。

拆名式:如刘侗,字同人,系拆"侗"字而成。

古人的"名""字"皆由长辈选取,而"号"则充分可以发挥自己的意愿。"号"为自取,故又称自号。《周礼·春官·大祝》记载:"号为尊其名更美称焉。"古人于名、字、号之间的关系,可简单地概括为:名以正体,字以表德,号以明志。取号之法甚多,都表明了个人的志趣,主要有以下几种:

有的以兴趣爱好为号。如欧阳修自号"六一居士",他在《六一居士传》里解释道:"吾家藏书一万卷,集录三代以来金石遗文一千卷,有琴一张,棋一局,常置酒一壶,以吾一翁老于此五物之间,岂不为'六一'乎?"

有的以书斋为号。文人雅士借此来表达思想感情、人生感悟、性格爱好、收藏精粹等。宋朝词人辛弃疾的书斋名稼轩,遂以"稼轩"为号;明代哲学家王守仁曾经筑室读书于阳明洞,故号"阳明先生"。

有的以居所籍贯为号。李白自号"青莲居士",是因为幼年随父迁居四川青莲乡,又喜与采莲人交往,教益甚多;杜甫曾居住在汉宣帝墓地少陵域内,故自号"少陵野老"。

有的以志向为号。陆游感于北宋恢复中原遥遥无期,忧世愤俗,放荡形迹,故自号"放翁",以示蔑视苟且偏安之昏君庸臣,誓不与之同流合污。近代民主革命女志士秋瑾侠肝义胆,绝非平庸女流之辈,故自号"竞雄""鉴湖女侠"。

我们从各个朝代取名号的演变过程,也可看出当世的社会风尚。大唐盛世,经济繁荣,当时人的名号也有盛世风范;反观北宋国将不国,百姓颠沛流离,忠义之士的名号也往往带有感怀之意。中国人名、字、号之丰富,不胜枚举,而其中也折射出民族文化的某些方面,诸如语言、习俗、文化心理、人生观等。虽然新文化运动以后,国人起字、号之风尚逐渐消失,但今人的网名、昵称,又何尝不是另一种显示自身志趣的号?

二、尊称与谦称——屈己敬人的称谓原则

在古人的日常交往中,为了表示礼貌,一般不直呼对方之名,而是称字、称号,这实际上就是一种尊称。在更多的场合下,如果不熟悉对方,或不知道对方的身份地位,就可以用对某一类人通用的礼貌性称呼。常见的如在称谓前加"尊""贤""令"之类表示尊

敬、钦佩的形容词。《颜氏家训·风操》有云:"凡与人言,称彼祖父母、世父母、父母及长姑,皆加'尊'字;自叔父母已下,则加'贤'字",如尊父、尊夫人、贤弟、贤婿、令尊、令堂等。不过,中国人对于自己则比较谦逊,常用"鄙人""不肖"等词语表示自谦。这类称谓古代很多,且沿用至今。

古时皇帝身为一国之君,身份尊贵。"天子、陛下、飞龙、万岁",我们从这些称呼中就可感受到王者风范。

事实上,古代等级制度严格,每个身份都有明确的称谓,倘若用错,轻则遭人白眼,重则以死谢罪。在一国之内,诸侯是君;对天子而言,诸侯是臣。公、侯、伯、子、男代表的是天子授予的五等爵位,可谓尊贵的象征。大夫是国家的高级官员,卿是大夫中的上层,是国家日常政务的主持者,一般也称大夫。以《春秋》为例,书中国内外诸侯,一般都称其爵位,如齐侯、宋公、郑伯、楚子、许男等。记载大夫的基本原则是称名,不称名无以区分彼此。大夫以下的人皆为卑微者,卑微者称人,卑微者若有罪,则称为盗。称爵、称名、称人、称盗,构成了《春秋》中不同阶层称谓原则的基本框架,可谓"微言大义,一字褒贬",体现出等级制度下的和谐有序。

后世语义逐渐扩大,"君"转化为比较宽泛的敬称:称父亲为"家君",称已故的祖先为"先君",妻子称丈夫为"夫君"等。另外,"君"也可用作对他人的尊称,相当于现在的"您"。

"父"和"母"是现代中国社会的亲属称谓。追溯至古代,这也是人们对男性与女性的尊称。汉代《释名》记载:"父,甫也。始生已者。"而据《说文解字》:"甫,男子美称也。"所以《广韵》说:"父,男子之美称。"无论是夸父逐日,还是《史记》称孔子为"尼父",都表达了对其尊敬之意。另外,"公""子"的尊称也广泛运用在男性之间。战国时,已出现"足下"的男性尊称,多用于臣子称呼君王,如《史记·项羽本纪》:"谨使良大王足下。"汉代时"足下"的适用范围已经扩大,虽已不再用于称呼君王,但仍是十分流行的尊称敬语。先秦两汉时期,"先生"是指有成就或德高望重的诸子百家,亦可单独称作"先"或"生",有表示尊敬的含义。如西汉政论家贾谊世称"贾生"。

由于古代女性多在家中相夫教子,社会交际较少,故对女性的尊称也屈指可数。古代天子的妃子称"后",诸侯的配偶称"夫人",大夫的配偶称"孺人",士的配偶称"妇人",庶人的配偶称"妻"。"母"主要是对老年妇女的敬称,如《汉书·韩信传》:"吾必重报母。"也称以妇道教授子女的女教师,如《公羊传·襄公三十年》:"妇人夜出不见傅母不下堂。"

对他人用敬称,对自己用谦称,是中国人的传统。谦称,一般用于自己或者与自己相关的人。先秦时期的贵族都有特定的谦称,如《颜氏家训》载:"昔者王侯自称孤、寡、不穀。"王侯称孤道寡,是谦称自己德行尚浅;"穀"是善的意思,"不穀"犹言不善。男子一般对尊贵者自称为"臣"或"仆",先秦以后,只有官员对帝王称"臣"。在官场中,下属对上司自称"卑职",而老百姓在地方官面前要自称"小民""小人"。年轻者对年长者自称"晚生""后学",而年长者对后辈自称"老朽""愚"。

我国现代著名历史学家张舜徽先生在《养怡堂答问》中记录了一个有趣的故事。晚清时期,清政府主张废科举办学校,湖南常德中学有一学生(其时学生年龄都不小了)写信给知府,用文言文书写,多处自称为"仆"。知府看后,很不高兴。后来他到学校来考察,说废科举之后,教育大为退步,然后话锋一转,说:"也不能说毫无成绩,我们倒是教育出许多'仆'来,真不容易呀!"学生原为好意用谦称,为何又遭到知府的冷嘲热讽?原来,这个"仆"字虽然是对自己的谦称,但只是用于平辈之间或长辈对晚辈的情况下。学生给知府写信而自称"仆",显然不能表示谦虚,反而显得倨傲了。

同样,古代针对女性自谦也有一套明确的准则。《礼记·曲礼》有云:"夫人自称于天子,曰老妇;自称于诸侯,曰寡小君;自称于其君,曰小童。自世妇以下,自称曰婢子。"需要注意的是,现代历史小说、影视剧中,皇帝的嫔妃同皇上讲话时自称"臣妾",这并不符合历史事实。西汉孔安国为《尚书》做注释:"役人贱者,男曰臣,女曰妾。"《周礼注疏》也说:"臣妾,男女贫贱之称。"可见,"臣妾"是对地位低下者的统称。

提及与自己相关的人或物时,也有很多讲究。如称父母,一般在称谓前加"家"字,如称自己的父亲为"家父""家君"或"家严",称自己的母亲为"家母""家慈"。倘若父母已经去世,则称"先父""先大人""先母"。同样,对他人称呼自家的其他亲戚,也都要加"家"字,如"家伯""家伯母""家叔""家叔母""家兄""家嫂";对比自己年龄小的,则可以称"舍弟""舍妹"等。称呼自己的妻子,也要用谦称,如"内人""内子""拙荆";自己的儿子可称为"犬子""贱息";称女儿为"息女""小女",等等。谈论到自己的东西时也要用谦称,如称自己的房子"寒舍""蓬荜""舍下",称自己的文章为"无能之辞""鄙贱之语""拙作",称自己的意见主张为"管见""浅见""陋见",表演技艺时说"献丑",在别人之前发言不忘说"抛砖引玉"。上文提及的一些敬称、谦称,还只是管中窥豹。中国人称谓用语之丰富,也体现了礼仪之繁复。

三、谥号与讳称——一字见褒贬

谥号是古代帝王、诸侯、卿大夫、后妃等有地位的人死后,依其生前事迹所给出的称号,有褒贬善恶功过、盖棺论定之意。此制度开始于周代,《逸周书·谥法解》有云:"谥者,行之迹也。号者,功之表也。车服者,位之章也。是以大行受大名,细行受细名,行出于己,名生于人。"

通常来说，君王的谥号由礼官议定，由新即位的皇帝宣布，其他人的谥号由朝廷给出。谥法初起时，只有"美谥""平谥"，没有"恶谥"。直至西周共和行政以后，周厉王因"防民之口，甚于防川"等暴政被谥为"厉"。另外还有私谥。谥号的选定根据谥法，谥法规定了一些具有固定含义的字，供确定谥号时选择。这些字大致分为下列几类：

上谥，即表扬类的谥号，如："文"表示具有"经纬天地"的才能或"道德博厚""勤学好问"的品德，"康"表示"安乐抚民"，"平"表示"布纲治纪"。得到此类谥号的有汉文帝刘恒、晋康帝司马岳、汉平帝刘衎。

下谥，即批评类的谥号，如："炀"表示"好内远礼"，"厉"表示"暴慢无亲""杀戮无辜"，"荒"表示"好乐怠政""外内从乱"，"幽"表示"壅遏不通"，"灵"表示"乱而不损"等。得到此类谥号的有隋炀帝杨广、周幽王姬宫湦、汉灵帝刘宏。

中谥，多为同情类的谥号，如："愍"表示"在国遭忧""在国逢难"，"怀"表示"慈仁短折"。此类有晋愍帝司马业、晋怀帝司马炽。

私谥，这是有名望的学者、士大夫死后由其亲戚、门生、故吏为其议定的谥号。"私谥"始于周末，到汉代才盛行起来。《孟子》中说："柳下惠，圣之和者也。"事实上，"惠"乃是此人的谥号。柳下惠，姬姓，名获，字子禽，一字季，出生于春秋时期鲁国的柳下邑，弟子为他谥号"惠"，故世称柳下惠。

谥法是古代统治阶级极为重视的一种礼仪文化，朝廷之所以要为死者加一个特殊的名号，原因大致有三：一是为了避讳，以谥号代替死者姓名，避免直呼其名，以示敬重；二是为了区别尊卑，建立等级制度；三是为了惩恶劝善，维护封建礼教。这种根据死者一生是非功过而给予的总结性的称谓，既是对死者的慰藉或谴责，也是对生者的一次礼法教育。有趣的是，明清时期相当热衷于为帝王、皇后取谥号，原本帝王谥号只有一两字，到明太祖时变成了二十一个字，到乾隆时更是变成了二十五个字。而慈禧死后谥号为"孝钦慈禧端佑康颐昭豫庄诚寿恭钦献崇熙配天兴圣显皇后"，根据清宫旧制，保留慈禧十六字徽号，前加"孝钦"后加"配天兴圣显皇后"，共计二十五字，独居后妃首位。

南开大学历史学院教授孙立群先生，曾对现今某些历史剧乱用谥号的现象进行了批评。他曾看过一部关于战国时期赵武灵王的话剧，我们知道，赵武灵王是谥号，因此赵武灵王生前就不可能出现这个称呼，不能满台都喊一个死人的称号，这很滑稽。事实上，类似的现象还有很多。比如《康熙大帝》中孝庄皇后自称"孝庄"，古装剧中皇后常自称"哀家"，"孝庄"是谥号，"哀家"本是皇帝死后皇后的自称，起源于戏剧，并非真实的称呼，更不可能在皇帝健在时自称。

所谓"讳"，《说文解字》释为"忌也"，《广雅·释诂》释为"避也"，《玉篇》释为"隐也"。"讳"字从言从韦，"韦"通"违"，就是在语言中有所忌而必须避开、隐去的意思，今天则称为避讳、忌讳。避讳的原因较多，最主要的是出于对某些人物的尊敬或畏忌，不能直呼其名字，而对其名字所用的字加以回避，凡涉及其名字所用字之处，均改用其他方式来表示。这种情况，可以视为古代尊称的走向极端和扩大。

陈垣先生在《史讳举例·序》中指出，民国以前，凡是书写文章都不能直接写当代君主或所尊敬之人的名字，必须用其他方法代替，这就是避讳。这一习俗从周朝开始，至秦朝确立，唐宋时盛行，已经有两千多年的历史了。具体来说有以下几种情况：

国讳：又称"庙讳"。指举国臣民，甚至包括皇帝本人，都必须遵循的避讳。本指皇帝本人及其父祖名字，后来范围扩大，讳及皇后及其父祖的名字，皇帝的字、前代年号、帝后谥号、皇帝陵名、皇帝生肖等。秦始皇名政,故讳"政"及同音字。因此正月改作端月,见《史记·秦楚之际月表》,司马贞《史记索隐》曰:端月,"正月也,秦讳正,故云端月也"。高祖名邦,"邦"字改为"国";吕后名雉,凡"雉"均改称野鸡等均属此例。

家讳:指家族内部遵守的避父祖名的做法。凡父祖名某某,都必须在言行、作文时避开以此为名的事物。它其实是国讳的一种延伸,同国讳一样是封建等级、伦理观念的体现,又称私讳。范晔之父名范泰,故而在他所著的《后汉书》中就改郭泰为郭太,改郑泰为郑太。《红楼梦》中林之孝的女儿原名红玉,因为犯了宝玉的讳,只好改为小红。最失意的当属唐朝大诗人李贺,只因他的父亲名字中有个"进"字,所以他终身不能参加科举考试。否则,一旦考取进士,就触犯了父亲的名讳。而李贺又是才高八斗之人,为此他年纪轻轻便郁郁而终。

圣讳:对封建社会所推崇的圣人贤者的名讳。各朝圣讳略有不同,一般有孔子、孟子、老子、黄帝、周公等。北宋大观四年(1110年),为了避孔子名讳,朝廷改瑕丘县为瑕县,龚丘县为龚县。

宪讳:指对上司官员的避讳。因下属官员对上司长官称"大宪""宪台",而对他们的名字要避讳,所以称宪讳。西晋的政治家、文学家羊祜死后,荆州人为避"祜"之名,将"户"改为"门"。

个人讳:对自己名字的避讳。陆游《老学庵笔记》记载,宋时有州官田登,自讳其名,州境之内皆呼"灯"为"火",因此就有了"只许州官放火,不许百姓点灯"的笑话了。

《春秋谷梁传》中说"为尊者讳耻,为贤者讳过,为亲者讳疾",也就是说凡是尊者、贤者、亲者的耻辱、过失、不足,都最好少说,对那些有失三者体面的事,知道的人越少越好。俗语"家丑不可外扬"就是对"为亲者讳"的生动写照了。

第二节　金兰之友重信义

俗话说"在家靠父母,出门靠朋友。"古人十分看重朋友之间的交往,唐代诗人王勃曾写下"海内存知己,天涯若比邻"的名句,盛赞知己朋友的重要。中国人喜欢广交朋友,不过,君子交往也要有原则。《庄子·山木》有云:"且君子之交淡若水,小人之交甘若醴;君子淡以亲,小人甘以绝。彼无故以合者,则无故以离。"君子之间的交往,不含任何功利之心,他们的交往重在友谊,长久而亲切;而小人之间的交往建立在相互利用的基础上,表面看起来如甜酒,一旦对方满足不了功利的需求时,就很容易断绝来往。对于中国人来说,交友除了要志趣相投,更应该恪守信义。结交朋友要表达结交的诚意,这种诚意不是把金钱、礼物、虚言、夸辞当作敲门砖,而是纯粹的结交愿望的体现。这就是将心比心,以诚动人。同时,曾子主张的"每日三省吾身"之一,即是"与朋友交而不信乎?"结交朋友,不守信用怎么行?他还认为:"朋友不信,非孝也。"诚实守信乃是朋友相处的基本原则,与孝一样乃为人之本。这种重信风尚,蕴含在交友的方方面面。

一、初识——互投名刺与相见礼

过去人们为了结识他人,须主动拜谒。这一般是下对上、幼对长的拜会。拜谒还分为几种:私下告求,称为"请谒";为某种目的而求见,称为"干谒";不正当的请见,称为"险谒"。而这个"谒",就是古时候的名片。这是用于下级对上级、晚辈对尊长通报姓名时,通常场合比较庄重严肃。而平时在亲朋同僚之间使用的是一种比较简易的名片,叫做"刺"。

"刺",又称"名刺"。因最早以木片、竹片削制而得名。纸张产生后,多以一方红纸代替,故又称"名帖""名片"。作为请求见面用的自我介绍,它早在秦汉之际已见应用。最初叫"谒",东汉时期多称为"刺",元代称为"拜帖",明清时又称"名帖""片子"。旧时,官场中拜谒时必先投刺于门,等候门人通报,获得主人允许后才能入门拜见。中产以上的人家逢节日喜庆,向他人表达祝贺而不登门拜访,就以名帖写"某某率某某顿首拜"等字样,贴于对方大门之上。古时有不少故事反映了这一礼俗。汉末贤士郭泰声名远播,被很多人仰慕。有一次,当他到达洛阳时,乘车出行,路人就纷纷投刺,常常"载刺盈车"。再如南朝夏侯叔人,非常孝顺,远近闻名,人们争相与他结为朋友,家中"积刺盈案"。还有南朝梁代人何思澄,以投刺为爱好,每晚削木书刺,天一亮就驾车外出投刺访友,晚上归来,一大把名刺也就投光了,天天如此。

关于名刺,还有个故事叫"遍谈百刺"。三国时,魏国大将夏侯渊有个儿子,叫夏侯荣,是个神童,日诵千言,过目不忘,七岁能写诗作文,才华过人。魏文帝曹丕听说后,便想考考他。一日皇帝举行宴会,席间宾客有上百人,每人手里都拿一张名刺,名刺上面写有爵位、姓名等。待到曹丕召见夏侯荣,他看过一遍名刺,就与每个来客谈话而不会弄错一人,在场人士无不啧啧称奇。

具体来说,名刺上需写清姓名、籍贯、官职等内容。如明代的"名帖"为长方形,一般长七寸、宽三寸,递帖人的名字必须写满整个帖面。如果递帖给长者或上司,名帖上写的名字要大一些以表示谦恭,名字写得小会被认为是狂傲无礼。

到了清朝末期,才正式有了"名片"这个称呼。当时随着对外交往的增多,名片逐渐普及开来。清朝的名片,开始不断缩小。在官场上,名片越小地位越高。所以官职低的人使用较大的名片以表示谦恭,官职高的人使用较小的名片来显示自己的地位,也包含谦虚之意。当时,已经有人学会利用名人的名片了。清道光年间,有人利用浙江鄞县举人徐时栋的名片前往官署徇私说情,不过被识破了。到后来,许多名人都会在名片背面注明"不作他用"字样,犹如今天使用身份证复印件等也一样要注明用途。

古人行事处处依礼,除了递上名片,对于初次拜访地位相同之人,或者位低者拜见位高者,都需要携带见面礼物以示对他人的尊敬。《仪礼·士相见礼》中记述了大量君子间交往的礼节仪式,强调了人际交往的伦理道德意义。其中篇首就提到了"见面执挚"。执挚是周代见面礼仪,"挚"通"贽",即礼品。因人有贵贱长幼,故所执挚各异。据《礼记》等古籍记载,周代人拜谒尊长及串亲访友必携礼。"天子"无客礼,以鬯(以黑黍酿成的一种酒)为挚;诸侯以玉为挚;卿以小羊为挚;大夫以雁为挚;士以雉(野鸡)为挚。一般老百姓又因男女长幼之别,多以匹(家鸭)为挚。学生以束脩(一束肉干)为挚,妇女以椇(即"枳椇",又名拐枣)、榛、栗、枣等为挚。

古人的"执挚"不同于现在的礼物馈赠,其礼节众多:一是不能无挚;二是不能根据自己的经济条件随意选择以何为挚,何人该以何物为挚是有规定的;三是挚并非馈赠之物,除表示礼貌外,主要作用是表明身份。古人很注重礼尚往来,客人来访后,主人亦应前往客人住所拜访,俗称"回拜"。若来而无往,则为失礼。上古回拜以第二天为宜,后世则渐渐演变为以同日为宜。至近代虽仍重回拜,但可根据情况随意确定日期,方式也有一些变化,如富豪之家多改为以名刺示意。古时回拜时应送还客人带来的礼物。后世探亲访友也多携礼品,但与古时"执挚"有别,是一般的馈赠,回拜时则忌讳原物送还。只有在拒绝对方时,才用这种不受礼的方式表明态度。

二、相识——以文会友与以武会友

"有朋自远方来,不亦乐乎?"朋友远道而来,以什么方式来会友呢？古代不像现代有五花八门的娱乐方式，会友方式总体来说分为两类：文和武。前者作诗词歌赋，供友人品鉴；后者以宾射之礼，亲故旧朋友。

以文会友指文人以诗文结交朋友。《论语·颜渊》有云："君子以文会友，以友辅仁。"文人相交，轻财货而重情谊、才学，多以诗文相赠答，表明心志，故有"君子之交淡如水"之说。春秋时期，公卿列士在朝聘、会盟中赋诗言志，以温婉含蓄、合乎礼仪的方式进行交往对话，从而促进邦交、增进团结、争夺外交利益。这种相互应酬的礼节，可以对宾客表示敬意，也可以显出自己能说会道的才华。

魏晋南北朝以来，随着诗歌创作文人化、个体化的兴起，文士之间的诗文聚会活动纷纷出现，各种文人群体、诗歌流派和诗社的诗歌交往越发增多，也间接促成了会饮诗、赠答诗、唱和诗等题材的大量涌现。唱酬作为"以文会友"的通行方式，深受文人喜爱。尤其在宴饮等聚会时，不可有酒无诗。著名的"曲水流觞"出典便是东晋时王羲之与当时名士谢安、孙绰等四十二人，在会稽山阴兰亭，流觞赋诗，与会者一觞一咏，否则罚酒三杯。后世文人仰慕，争相仿效，以致形成一种历久不衰的风尚。

后世以文会友的交往礼俗越发兴盛，随着唐宋以降士大夫阶层的扩大，以文会友扩大到庶族民间，"歌诗为礼"的应酬之风日益兴盛。以文会友不仅是文士群体的欢聚娱乐，也促进了人伦情感的交流融合。《礼记·学记》曾说："独学而无友，则孤陋而寡闻。"闭门造车成不了大家，与朋友交往可以提高自身的修养，完善自己的品格。更重要的是，"以文会友"体现了诗歌娱情的诗学美学观。先秦礼乐时代，"诗"归属于"乐"。"乐"具有娱乐、陶冶的功能，通过群体的欢娱维系整体的和谐。因此，诗原本就有娱情的属性。如《诗经·小雅·鹿鸣》云："呦呦鹿鸣，食野之苓。我有嘉宾，鼓瑟鼓琴。鼓瑟鼓琴,和乐且湛。我有旨酒,以燕乐嘉宾之心。"表现了群臣宾客的欢聚宴饮之乐。到唐代,州县长官宴请科举考试中得中举子的宴会就称作"鹿鸣宴",在宴会上会歌唱《诗经·小雅·鹿鸣》一诗,表达礼遇贤才之意。"鹿鸣宴"后来就一直延续下来,清代更加隆重,规模更大,宴会由一省巡抚主持,宴请新科举人和考官,席间不仅唱《鹿鸣》诗,还要跳魁星舞,场面热闹非常。

古人用诗词歌赋结交朋友,现代也有用诗歌拉近彼此关系的。毛泽东主席平生爱好诗文,常常以诗会友,也借此争取民主人士与中国共产党同舟共济。新中国成立前,毛泽东曾利用一首黄炎培的诗,拉近了中国共产党与民主人士黄炎培的距离。1945年,应毛泽东主席的邀请,黄炎培等人去延安访问。毛泽东特意在他的窑洞里挂了一幅有黄炎培题诗的画。这是沈钧儒先生的次子沈叔羊于1943年所作,画上是一把酒壶,上书"茅台"二字,壶旁有几只酒杯,画上有黄炎培先生所题《茅台酒歌》:"相传有客过茅台,酿酒池中洗脚来。是真是假我不管,天寒且饮两三杯。"原来,1935年3月,红军长征渡赤水时,路过贵州茅台村,群众以醇香的茅台酒来犒劳子弟兵。红军战士们舍不得喝,把它当作宝贵的医疗用品,用来擦治脚伤。然而,这段佳话却被歪曲宣传,国民党造谣说红军战士在酿酒池中洗脚。黄炎培先生即以此谣传作引子为该画题词。他仗义执言,借诗言志,表达了对中国共产党的同情。黄炎培见到这幅画被挂在中共领袖的窑洞里,深感共产党很重义,有团结之诚意,这使他与毛泽东相谈甚欢。后来,黄炎培坚定与中国共产党合作,为新中国的建立和社会主义革命建设作出了巨大贡献,并以民主人士身份当选了新中国第一届政务院副总理。

文人舞文弄墨,武士以武会友。古代习武之人最重要的交际活动便是射礼,即以射箭活动为一种礼仪。射箭,最初本是狩猎的手段,后来演变为杀敌制胜的方式在战争中被广泛使用。战国以后,中原各国学习胡服骑射,射箭在战争中发挥的威力更大了。早在西周时代,射箭就被认为是男子的事业,上自天子下至庶人都要练习射箭,学校也把射箭列为重要的课程之一。孔子教学生以"礼、乐、射、御、书、数"六艺,其中"射"就是指射箭。周天子还把饮酒射箭定为一项礼仪,设立专职官员"射人"掌管,天子、诸侯、卿、大夫、士等都亲自参加,以示提倡。

射礼有四种形式:一是大射,为"将祭择士"之射,即天子、诸侯在祭祀之前,与群臣在郊外的射宫举行的射箭比赛,旨在通过射箭来选拔陪祭人员,未射中箭靶的人则不能参加祭祀。二是宾射,即天子、诸侯招待来朝、来聘的宾客而在朝廷举行的射礼,旨在通过射箭联络感情、密切关系,故《周礼·大宗伯》载:"以宾射之礼,亲故旧朋友。"三是燕射,即天子、诸侯闲暇之时,在其庭院里同群臣宴饮、射箭,以此取乐。四是乡射,即乡大夫、州长等地方官在乡、州的学校里,为国君推荐贤士或以礼会民时举行的射礼。

后来,宴请宾客的射礼逐步演变为"投壶"。《礼记·投壶》里记载,投壶是主人与客人宴饮、谈论才艺的礼仪。投壶在战国时兴盛,《左传》曾记载晋昭公宴请各诸侯国君主,举行投壶之戏的事。秦汉以后投壶盛行不衰,士大夫们每逢宴饮,必有"雅歌投壶"的节目助兴。投壶之戏唐朝得到大力发展,宋代以后,投壶游戏逐渐衰落,但还在士大夫中进行,并未断绝,到清朝末年宫中也还在流传。北京的中山公园里有一座十字形亭子,叫"投壶亭",公园里至今还保存了六只古代铜质投壶。

投壶有一定的礼仪程式,主人是投壶礼的主持者,宾客是参与者,司射是投壶礼的具体指挥者,另有乐工一人,演奏音乐。宾主就位,在离壶5—9尺外,依次投壶,将八枚箭矢投完为一局。需将箭矢的端首掷入壶内才算投中,要依次投矢,抢先连投者投入也不予计分,投中获胜者可罚不胜者饮酒。更多时候,投壶不单纯以娱乐或赌赛为目的,而注重立德正己与君子之争,投壶之义即暗含礼射之义。《礼记·射义》解释说,通过射者在射箭时的进、退等举止可以考察他的德行,以及是否有仁德之心,射礼体现的是"立德正己"的宗旨,因而这种比赛被视为君子之争。

以武会友最为人们熟悉的,乃是武侠小说中关于武林人士切磋武艺的种种故事。中国旧时武术家比武,常在擂台上进行。擂,即是打击的意思,可谓是武术散手的早期竞赛形式。比武通常有两种形式:一为由主办者(桩主)摆擂台,能武之士皆可上台与之较量,称为"打擂";另一种为由主办者设台,比武者按报名程序上台较量,取胜者留在台上,以决出武艺最高强者,称为"擂台赛"。相传在唐宋时已有打擂比武的活动,而明代武术流派林立,这一比赛方式更为盛行。

为了保持和谐的人际关系,传统武德特别强调"待人以宽,责己以严"的思想,要求习武者在武术活动中,"举动间要心平气和,善气迎人","须和顺温良","不可妄论他人之短长"。在与人交手切磋武技时,强调以武会友,出手相交,点到为止。在与人发生矛盾时,强调以德服人,不可轻显其技,更不准好勇斗狠和恃强凌弱。在路遇不平、主持正义、惩暴制恶时,也主张以止暴为主,万不得已用之,且须适可而止,不可太过。这些无不体现了习武者朴素的人道主义精神和宽容大度的气量。因此古人无论是以文会友,或是以武会友,皆为修德的体现。

三、相知——结拜与连宗

在古代的社交活动中,还流行着"结拜"的风气。结拜也称拜把子,是指异姓好友为使关系更加密切,不管分别来自何方,也不论各自的家庭背景,只要通过一定的仪式结拜之后,就互相以兄弟姊妹相称。民间叫做"干兄弟""把兄弟"或"干姊妹"。不但结拜者来往如同兄弟姐妹,双方家人也如至亲往来,称呼如同家人,称为"干亲"。结拜兄弟最广为人知的,大概要数《三国演义》第一回描写的刘备、关羽、张飞"桃园三结义"。桃园结义虽为小说中的故事,但三国时期结拜风气盛行却是事实。结拜就是"结金兰之好",其典出自《易经·系辞上》:"二人同心,其利断金;同心之言,其臭如兰。"意思是说两人同心协力,能够把坚硬的金属截断;心心相印的语言,像兰花一样馥郁芬芳。这是用"金兰"形容两人情投意合。南朝文学家刘义庆在《世说新语·贤媛》中记述竹林七贤中山涛与嵇康、阮籍的友谊时也说:"山公与嵇、阮一面,契若金兰。"后来,"金兰"就被引申作为结拜兄弟姊妹的代名词了。

结拜的主要礼仪是焚香祭祀、跪拜磕头、共立誓言和互相"换帖"。帖是一种书面的文契,一般用长条红纸来回折叠几次成信封大小,再在封面写上"金兰谱"或"兰谱"。里面则大多写有"结拜人某某等二人或若干人,因交情甚笃,友谊深厚,愿意结拜为异姓兄弟或姊妹"的字样,然后写明结拜人数、各人的姓名籍贯、生辰八字,以及父、祖、曾祖的姓名和出身、官职等,最后标明结拜的日期,结拜人均签名盖章或按手指印。在祭祀完各人的祖先之后,互相交换此帖,每人保存一份,便算正式结拜为兄弟姊妹了。古人云"三年曾结盟,百岁图欢庆",由此看来,结拜乃人生之一大乐事。

俗话说"有难同当,有福同享",一旦结拜了,那么他们相互之间应当履行一定的义务。一般来讲,最主要的是遵守信用和道义。《三国演义》描写刘、关、张"三人焚香再拜",共发誓言:"念刘备、关羽、张飞,虽然异姓,既结为兄弟,则同心协力,救困扶危,上报国家,下安黎庶。不求同年同月同日生,只愿同年同月同日死。皇天后土,实鉴此心。背义忘恩,天人共戮!"其中的"不求同年同月同日生,只愿同年同月同日死",几乎成了后来结拜者必说的口头禅。

中国社会以家庭为单位,皇帝的天下是"家天下",皇帝把皇亲国戚分封为地方诸侯,人们把地方官员比作"父母官"。由此可见,中国的社会结构表面上是行政结构,实际上是家庭结构的扩展。由于血缘关系有限,人们为了扩大交往,就不得不增加名义上的"血缘关系",来增强个人的社会背景和增加人际资源。而由于中国传统社会是"家天下",所以每逢改朝换代的时候,在社会的上层就会出现大量结拜现象。比如隋朝末年,李世民曾与突厥人"焚香火",即结为兄弟。用意在于表明双方是一家子,因此双方要相互支援,不要发生冲突。可见,异姓兄弟的结拜在不违背传统的权力结构和家族结构的条件下,具备了准血缘的关系,进一步增加了自身的势力,并以此获得更多的社会权力,从而对政治施加影响。

结拜虽有情义因素在内,实际上是古代扩大社会势力的一种办法。与此相似的还有"连宗"。所谓连宗,就是陌生的、并不相干的同姓人互相认作本家。《红楼梦》第六回中,曾谈及王熙凤祖父与一个小小人家,即刘姥姥的女婿王狗儿的祖上连宗的事:"原来这小小之家,姓王,乃本地人氏,祖上也做过一个小小京官,昔年曾与凤姐之祖、王夫人之父认识。因贪王家的势利,便连了宗,认作侄儿。"这种连宗的理由,表面上常说"五百年前是一家,一笔写不出两个王字",其实同姓未必同宗。就王姓来说,先秦时帝王的子孙多称王子、王孙,他们的后人就有不少称为王氏。例如商代的王子比干、周朝的王子晋、战国时魏国信陵君王子无忌以及田氏齐王等,都有子孙称为王氏。王姓来源不一,分支众多,如无家谱记载,同宗的可能性是很小的。

如果是有家谱可查的同族认亲,则称为"认宗"。古代有写家谱的习俗,一般大户都要立祠堂、修家谱,常常上推记录十几代甚至数十代的繁衍分支情况。如果属于"同谱",即同一宗族的人,虽然由于种种原因失散,甚至几代没有往来,但只要有一方到另一方登门拜访,就有了联系,即可"认宗"。认宗由于有据可查,递个写明宗族关系的名帖就行了；而连宗则一般还要举行仪式，有祠堂的要到祠堂中烧香，并通知族人参加，排列辈分后记入家谱中，以后就要按照本族人、本家人的礼数来往了。一般情况下，连宗双方的社会地位及势力并不对等，有的甚至还十分悬殊。如京城一个"小小人家"竟可与列入"护官符"、被誉为"东海缺少白玉床，龙王来请金陵王"的显赫名宦之家连宗。在等级森严的封建社会，这似乎不好理解，那么其原因在哪里呢？

这是因为古代社会有着很强的宗法氏族观念。在宗法社会中，氏族是社会的重要组成单位，各个氏族集团都讲究人财两旺，即人丁越多越好，财产也越多越好，而且把人丁放在第一位，因为只有人多才可势众。一方面，那些寒门小户因势孤力单，为在社会上寻求照应，当然要趋炎附势，想方设法通过连宗、认宗高攀权贵，进而希求有所发展；另一方面，那些有权有势的富贵之家，多一门本家就等于扩大一点势力，为了壮大门庭，也乐于接纳那些追随投靠者。

初识、相识、相知，成就一段友情大抵如此。孔子曰："益者三友，损者三友。友直、友谅、友多、友闻，益矣；友便僻、友善柔、友便佞，损矣。"就是说，与正直、讲信用、有学问的人交朋友，会得益匪浅；与那种献媚奉承、心术不正、华而不实的人交朋友，会带来坏处。这对我们今天如何交友仍有启示。

第三节　金榜题名入仕途

《礼记·学记》有云："建国君民，教学为先。"意思是说，无论是建设国家，还是管理公众事务，教育是最优先、最重要的事情。自古以来，中国人一直履行着尊师重道的优良传统。同时，"学优登仕,摄职从政"也成为千百年来中国文人的奋斗目标。《荀子·大略》曾说:"学者非必仕,而仕者必如学。"直至隋代,中国人以这种行为准则建构起庞大的科举制度体系,而科举礼仪制度是科举制度中的重要组成部分。善教有道,为官亦有道。本节将探讨由科举制度延伸出的礼仪规范,以及古人的尊师传统与为政原则。

一、升学拜师与尊师礼仪

中国自古以来十分重视教育,自然也很早意识到启迪儿童心灵和智慧的重要性。殷商时期已有蒙学教育的相关记载,《史籀篇》可谓是中国历史上最早的儿童识字课本。一般来说,儿童四五岁时就要开始读书,一些儿童由父母教授,更多的则是走进私塾学堂,由老师教授。由此,一个人就开始了终其一生的学习生涯。

在古代,学生从师受业首先要举行拜师仪式。这既是对师生关系的认可,也是对老师的尊重。在一系列复杂的仪式下,显示出古时学生对老师的尊敬。具体的仪式顺序是:① 主事者入席;② 延师晋堂就位;③ 告天神;④ 告祖宗;⑤ 呈拜师帖;⑥ 拜文房四宝;⑦ 拜孔圣;⑧ 明师回帖;⑨ 奉呈学金;⑩ 礼呈戒尺;⑪ 开筵。

拜师礼中,学生要准备肉干(感谢师恩)、芹菜(寓意业精于勤)、莲子(寓意苦心教学)、红枣(寓意早早高中功名)、桂圆(寓意功德圆满)、红豆(寓意鸿运高照)等六礼束修,向老师敬献拜师帖,并齐向老师行三跪九叩大礼。老师在收下束修后,回赠《论语》、葱(寓意聪明)、芹菜(寓意勤奋)等礼物;同时带领学子齐颂《大学》首章,象征着承担下"传道、授业、解惑"的责任。而在"礼呈戒尺"环节中,学生用红盘把一把戒尺恭送老师,寓意请老师严加教诲。

对师道的尊崇,对教育的礼敬,自古由"释奠礼"表现出来。据《礼记·文王世子》记载:"凡学,春,官释奠于其先师,秋冬亦如之。凡始立学者,必释奠于先圣先师。""释奠礼"就是设酒、菜祭奠先师,表示尊敬。最初释奠礼并没有特定的对象,这里所说的"先师",是指曾对教育有贡献且已经去世的教师。后来,由于孔子生前非常注重教育,并对后世影响深远,到唐朝时,孔子被尊称为"先师","释奠礼"就成为祭孔的专门典礼了。同时,经过历代的筛选、增入,历代百余位先贤先儒与孔子一同受祭。

位于山东曲阜的孔庙每年仍举行祭孔大典——"释奠礼"。孔子去世后的第二年(公元前478年),鲁哀公下令在孔子的旧宅为其立庙,并且每年定期祭祀,这是我国历史上正式祭孔活动的开始。《礼记》规定,"天子七庙""诸侯五庙""大夫三庙""士一庙",孔子身为没落贵族,按理说不具备立庙资格,由此可见孔子享有的礼遇之高。公元前195年,汉高祖经过鲁国故地,亲自祭祀孔子,这是帝王祭孔的开始。后来,喜好儒术的汉元帝征召孔子第十三代孙孔霸为帝师,封阙内侯,号褒成君,赐食邑八百户,以封地内的税收来祭祀孔子。汉明帝永平二年(59年),规定太学及各郡县每年定期祭祀周公和孔子。从此,祭孔成为全国性的重要活动,并不再局限于曲阜的孔庙。

古时尊师礼仪还有"释菜之礼"。唐代,太学在开学典礼仪式上设酒、芹、枣、栗等蔬果菜羹,以祭献孔子及颜渊等贤哲,这便是"释菜之礼"。《新唐书·儒学传上》记载皇帝亲自到太学,观释菜礼仪,并命孔颖达讲经。清代尤其隆重,如顺治二年(1645年),顺治皇帝下令每月朔日行释菜礼,典礼时鼓乐齐鸣,文官主祭,武官相随,舞六佾,奏咸平之乐,行三跪九叩大礼。关于"释菜",有这样一个故事:汉朝应劭在《风俗通义》中记载,当年孔子周游列国,被困于陈蔡之地,处境十分窘迫,但仍每天在屋内弹琴奏乐。一天,颜回拿来一些"菜"放到孔子门前,表示对老师的敬重和不离之意。子路和子贡见了,不以为然,感叹生活艰辛而孔子却只知享乐。颜回也不知道怎样解释老师的行为,就向孔子说明了这件事。孔子听后也感到生气，认为子路和子贡是"小人"，让颜回把两人叫来，教导两人关于"达"与"穷"的道理，表明自己"临难而不失其德"的信念。

近代以来，古老的释菜之礼渐趋消失，但并未绝迹，在南方岭南一些地区至今仍保留有置菜于老师门外以示敬意的风俗。2011年9月10日的教师节上，武汉大学学子身穿汉服，行汉代"释菜礼"，以此向老师表示尊敬与感谢。古老的礼仪形式、庄重的氛围，唤醒的是对教师的尊重和对知识传承的重视。

古人如果要学习一门技艺，拜师仪式则稍有不同。学生先请中间人向师傅说合，再择吉日设宴，写拜师帖，行拜师礼。拜师礼为三、六数，意为"三百六十行，行行出状元"。学徒期间不付工资，师傅管吃、住，并制作冬夏衣各一套。一般第一年打杂，第二年始学艺，三年满师要设出师酒，之后再给师傅帮工一年为熟练期。学徒期间，要无偿帮师傅做家务，一年三节要"哨师傅"，即送礼物。设出师酒的同时，要向与师傅一脉相承的同行送红包，称"坐凳礼"，礼金一般是师傅一天的工资，礼到情到，此后可得关照。出师时，徒弟给师傅礼金，师傅则给徒弟一套工具，并在出师酒席上分自己碗中的一半饭予徒弟，象征徒弟出师，又表示师傅有事做，徒弟也饿不着，也表示徒弟今后的技艺是师傅传授的。《吕氏春秋》曰："事师之犹事父也。"学生要像在家中对待父辈那样，在生活方面照顾和服侍老师。这是古人尊师重道的处事风范。

在当今时代，尊师礼仪的具体方式发生了巨大的变化，师生间的相处方式也不尽相同。当今社会纷繁复杂的信息犹如"乱花渐欲迷人眼"，但是，尊重教师、尊重知识的观念仍须一以贯之，爱护学生，传道、授业、解惑的教师职责仍需谨守。教师要以身立教，为人师表。孔子曰："不能正其身，如正人何？""师严然后道尊，道尊然后民之敬学。"一支粉笔，三尺讲台，师者要耐得住寂寞；书山有路勤为径,学海无涯苦作舟,学生也要刻苦读书。所谓教学相长,教与学是一个相辅相成的关系。

二、为官之道与忠恕之意

学有所成而后出仕,一直是中国古代文人的奋斗目标。入仕前,需要经过一系列的选拔考试——科举。科举作为一种通过考试来选拔官吏的制度,对中国社会和文化产生了巨大影响,直接催生了不论门第以考试产生的"士大夫"阶层。从隋朝大业元年(605年)开始实行,到清朝光绪三十一年(1905年)举行最后一科进士考试为止,科举制经历了1300年。

如果说,科举礼仪制度是科举制度中的重要组成部分,而科举筵宴可谓是科举礼仪制度的集中体现。在科举时代,上至殿试、下至乡试都有一整套完备的筵宴礼仪。如殿试一级的筵宴主要包括曲江宴或琼林宴等,乡试一级的筵宴则包括上马宴、入帘宴和鹿鸣宴等。又因古代科举制度分设文、武两科,所以有鹿鸣宴、琼林宴为文科宴,鹰扬宴、会武宴为武科宴的区别。其中,比较特殊的宴席当属"鹿鸣宴"。

乡试合格后,由州县长官举行宴会,宴请考官、学政及诸生。宴会采用西周乡饮酒礼的仪式,歌《鹿鸣》诗(《诗经·小雅·鹿鸣》),待以宾礼,因此这个宴会称为"鹿鸣宴"。"鹿鸣宴"除因《诗经》得名外,还因鹿在古时被崇为仙兽,寓意为难得之才。皇帝贵为天子,"鸣"意为天赐,故皇帝为主、才子为宾的这一御膳被名为"鹿鸣宴",意指天子觅才、重才之宴。又一种说法为,鹿与"禄"谐音,古人常以鹿来象征"禄"的含义,以此表达升官发财的期望,而新科入举乃是入"禄"之始。

鹿鸣宴是封建统治者"选贤任能"的政治诉求与封建文人"修身、齐家、治国、平天下"的政治理想相结合的反映,是科举时代备受关注的重大庆典。由于乡试规模庞大、影响广泛,因此伴随乡试而产生的鹿鸣宴对封建社会的士风文习产生了重要影响。

宴饮结束,儒生们就开始真正地进入官场了。如何做官,首先得从理解"官"字入手。《说文解字》曰:"官,吏事君也。"意指脚踏实地服务君王的人。而从甲骨文字形看,"官"从"宀"(mián),覆盖之意。以广覆众,则有治众的意思。所以,"官"是指通过治理民众来服务君王的人。"治"者,其基本语义一是管理,如"法者,治之端也"(《荀子·君道》);二是与"乱"相对,即有秩序、安定,如"天下之生治久矣,一治一乱"(《孟子·滕文公下》)。因而,为官之人通过管理来使社会有秩序,使民众生活安定。

所谓"没有规矩,不成方圆",官场中上下级间也要遵循一定的处事原则。《孟子·离娄篇下》有云:"君之视臣如手足,则臣视君如腹心;君之视臣如犬马,则臣视君如国人;君之视臣如土芥,则臣视君如寇仇。"这便是"君礼臣忠"的基本原则。而在更高的层面来看,君臣之间、官民之间,都要遵从"忠恕之道"。

《论语·里仁》中曾子曰:"夫子之道,忠恕而已矣。"所谓忠恕之道,其本质内涵就是推己及人。它包含两方面:一是"己所不欲,勿施于人"。人们能够将心比心,对于不愿别人损害自己的思想和行为,自己也不应当以这种思想和行为去损害别人;二是"己欲立而立人,己欲达而达人"。人们能够视人如己,由自己的心去理解、推知他人的心,去积极地利人、助人。不论是"所欲"还是"不欲"都是自己内心的感受,不论是"勿施于人"还是"立人""达人",都是针对他人。推及治世之道,亦是如此。

"忠",本来是中华民族的一种优良品德,但世人一提到"忠",往往联想到的是"忠君""愚忠"。其实,这是对"孔孟之道"的误解,并不符合原始儒学的"真精神"。原始儒学中的"忠"和"恕",既是个人修养,也是社会交往之道。当然,"忠"也可用于政治,成为治世之道,但这并非其主流。究其本源,"忠"是个形声字,"从心,中声",其本义为发自内心的忠诚、真诚。从伦理道德来说,儒家认为人应该坚守此"忠"。朱熹在《论语集注·里仁》中说:"尽己之谓忠。"顺此而言,所谓"忠",便是待己以"忠"、待人以"忠"、待事以"忠",为人真诚,尽职尽责。

在传统社会中,"忠"反映在处理君臣关系上,具体化为"忠君"。但是孔子及早期儒家并不赞成臣对君的盲从。孔子认为,忠君要敢于表明自己的政见,阻止、纠正君的错误。《论语·为政》记载:"季康子问:'使民敬忠以劝,如之何?'子曰:'临之以庄,则敬;孝慈,则忠;举善而教不能,则劝。'"意思是说,臣子对于君主,不能阳奉阴违、隐瞒欺骗,而是要尽劝谏的义务,如果君主不接受,就要当面犯颜直谏,也就是要做到"忠谏"。进谏要出于公心,以社稷为重,以实相告,据理力争,不避危险。进谏的意见即使和君主的意见不同甚至违逆君主的意志,只要是有利于国家社稷,也应直言不讳。这也是作为臣子应尽的义务和责任。

但与"忠"有所不同的是,儒家所说的"恕"主要是一个伦理范畴,一般不作为政治范畴来使用。"忠"主要是对自己的内在的要求,"恕"则扩展而为外在的人与人的关系。《中庸章句》认为,"尽己之心为忠,推己及人为恕"。通俗地说,所谓"恕"就是根据自己内心的体验忖度他人的思想,以达到推己及人的目的,实现一种道德境界。对于官员来说,俗话说,"官民鱼水情",为官者要体恤民生疾苦,劳民伤财,得不偿失。

具体来说,如何当好官,宋代吕本中《官箴》有云:"当官之法,唯有三事:曰清、曰慎、曰勤。"大意是,为官原则不过三点:清廉、谨慎、勤勉。吕本中进一步阐发道:世上当官之人,面对钱财,处理事务时,不能自我克制,常常自以为不一定败露。抱着这种侥幸念头,什么事都敢做。虽常常失败,却无法自控。因此明正心志,处理事务从一开始就要自励自警,这是不能不注意的。如不是这样,而是耍弄权术智谋,千方百计补漏救拙,虽侥幸免于灾难,损失却很大。不如自始即不为之,也就无须补救了。其实,唐人司马承祯在《坐忘论》中就表达了类似的观点:"与其巧持于末,孰若拙戒于初。"这是当官者处理事务的基本法则。遇事作决断前深思熟虑,就不会事后后悔不迭了。

为官之道,首先在一个"清"字。百姓赞扬为政清廉的官员,以下这些清廉官员的美称得以流传至今:

一钱太守:后汉刘宠任会稽太守,操守清正。离任时,当地老人送他一百钱,他不肯收。后因盛情难却,他只选了一钱作纪念。于是,他被称为"一钱太守"。

二不公:明代范景文历任兵部侍郎、工部尚书、内阁大学士等职。他因在门口张贴大字"不受嘱、不受馈",因而被称为"二不公"。

三汤道台:清代汤斌曾任岭北道道台,三年为政,每日以豆腐清汤为肴,老百姓给了他一个"三汤道台"的美号。

四知先生:后汉杨震任东莱太守时路经昌邑,县令王密想以十金相赠,说:"天黑,无人知道。"杨震严厉地回答道:"天知、地知、你知、我知,何谓无知?"此事传开,大家称赞杨震是"四知先生"。

五代清郎:袁聿修曾经历五个朝代,即北魏、东魏、北齐、北周、隋。他为官50多年,始终以清贫为本,于是被称为"五代清郎"。

虽然我们惋惜中国千百年的封建集权统治导致官本位的思想意识在所难免,但"做官先做人,万事民为先","居庙堂之高则忧其民,处江湖之远则忧其君"。修身齐家治国平天下,首要的乃是修身。为官之道,有赖于官员自身的学习反思,更有赖于制度的完善。

第四节　商海浮游辨义利

《管子·小匡》曰："士农工商四民者,国之石民也。"这句话揭示了春秋战国时期阶级特点,即读书为先,农次之,工再次之,商人最后。之所以如此排位,是因为商是互通有无的,必依赖他人而后能行。如果大家都去经商,都去依赖他人,则无人可以依赖了。商的地位排在末尾,有不禁止又不提倡的深意。虽说商贾地位不高,但古代经商之人仍有一套为人处事原则,时刻警醒自己诚实守信、为富当仁,追求达则兼善天下。这一类商人便被尊称为"儒商"。古有陶朱、子贡、白圭等一代儒商,后有徽商、晋商、淮商、闽商、郴商等儒商商帮,为后世商贾树立了榜样。

一、诚实守信是为商道

要探究中国商业文明的源头,可追溯到上古时代。作为中华民族的农业之神,神农氏也是商业文化的奠基人。《周易·系辞下》中有"(神农氏)日中为市,致天下之民,聚天下之货,交易而退,各得其所"的记载,这就是最早的商业活动。春秋时期,商人的地位有所提高,被列为"四民之一",《左传》称"士农工贾,不败其业"。齐鲁商贾、郑国商贾、吴越商贾都很活跃。进入战国时期,商贾地位一落千丈,秦时商贾是罪人、俘虏,没有正常人的待遇。汉、魏、晋以及南北朝时期,商贾们在恶劣的环境中艰难跋涉,苦苦挣扎。汉初甚至规定"商贾不得入仕"。到了唐宋,朝廷政策逐渐开放,唐时曾一度出现"官家不税商"(姚合《庄居野行》)的情况。及至唐中叶,社会上已经出现了重视商业的言行。杜甫认为,要富国强兵利民,不仅要发展农业,还必须有国内商业的流通、产品的交换、南北货物的调配,这样才能互通有无,促进生产的迅速发展。明清时期,随着商品生产的不断发展,江南一代出现了资本主义萌芽,商贾势力也获得了较大发展。

中国商贾,历经风雨,终得正名。总体来说,古代成功的商贾,都是奉行诚信、朴实、节俭等信条的。他们在商业活动中自觉抵制假冒伪劣商品,甚至为此承受巨额亏损。例如,清代徽商吴鹏购进了八百斛(一斛为五斗)胡椒粉面,尚未出售却被告知胡椒粉有毒,原卖主要求中止合同并原价退货,但吴鹏考虑到这批毒胡椒会再以其他形式出售害人,就表示自己愿意承担巨额损失,谢绝退货,销毁全部胡椒粉。再如,道光年间商人舒遵刚,信奉"生财有大道,以义为利,不以利为利"的经商格言,呼吁杜绝欺诈获利行为。

追本溯源,"诚"与"信"是儒家哲学思想、伦理思想的重要范畴,在儒学思想中占有重要的地位。"诚"的本义与"信"相近,《说文解字·言部》解释道:"诚,信也。"但"信"与"诚"相比,其侧重点又有所不同,"信"重在外部的言行,"诚"重在内心的态度。"信"来源于"诚","诚"可谓"信"的基础。

具体来说,儒家所说的"诚",有两层含义:一个是从实理的角度所说的真实,指的是一种"真实无妄"的状态;另一个是从人事的角度所说的诚实,指的是诚而无欺、诚而有信。《朱子语类》:"诚者何?不自欺不妄之谓也。"在伦理学上,"信"有两层含义:一是守信,二是信任。两者之间具有因果关系,只有自己守信,别人才会信任你。

现如今,商贾题材的电视剧层出不穷,其中更是以《大宅门》《钱王》等剖析历史上巨贾的剧集堪为佳作。《乔家大院》《大清徽商》等剧作中的主人公,大抵都是"心里装着天下的商人",他们"言而有信,诚必有果",以"诚信"为经营理念,以一种儒商的姿态,与来自家族内部、商家对手和朝廷权贵斗智斗勇,致力于实现以强国为本、以富民为务,为天下聚财、为苍生造福的儒家思想。在着力刻画晋商传奇的《乔家大院》中,观众从主人公乔致庸的言行中看到了他"人弃我取,薄利广销,维护信誉,不弄虚伪"的经商风格。无论是剧中对白:"我们既然做了商人,就要有商人的志向,我们要做天下那么大的生意,为万民谋天下那么大的财富",还是在提拔马荀任职复字号大掌柜后,他新立店规:"第十四款,店内任何人一律不得喝花酒;第十五款,店内任何人无故不准进戏园子听戏;第十六款,买卖公平,不准强买强卖,欺蒙商客……",都不仅显示了乔致庸为人的气魄,也表现了他严于律己的品格。一个健全的管理制度,能够提高企业经济效益,促进企业发展壮大。古之圣人孔子提倡"德治",先秦法家韩非子提倡"法治",但绝对的"德治"与绝对的"法治"显然无法有效经营好乔家庞大的产业,以"儒家的心肠、法家的手段"进行管理的乔致庸,的确是更胜一筹。

正处于激烈转型期的当今中国,社会上仍充斥着拜金主义的思想。"娶妻当娶白富美,嫁人当嫁高富帅"已然成为某些人的精神标杆。诚然,我们不否认经商之人的卓越远见和商业头脑,但正所谓"君子爱财,取之有道",即使制作"地沟油""假鸡蛋"的商人因投机取巧而腰缠万贯,也只能称得上是奸商,成不了大事;而真正以诚信经营为理念的商人,才真正称得上是儒商,定然会富甲一方。

二、为富当仁是为人道

虽然说中国人乡土意识浓厚,喜欢居于一隅,不愿出门远行,但也免不了应试、做官、经商等活动。尤其在宋元以后,人口流动与向外发展成为中国封建经济不断传播和发展的主要载体。出门在外的游子最希望能有所照应,于是,各种因地域或利益而结成的社会互助团体逐渐形成。这些团体如江湖帮会、同乡会、会馆、行帮、商会等,成了游子他乡的避风港湾。一些有经济实力的富贾倾囊相助，也使得这些互助团体得以维持下去，扶危济困、缓急相济。"不义而富且贵，于我如浮云"，这是孔子在《论语》中教导学生的话，也是"为富当仁"的儒商的处事箴言。

历史上的商帮大体上崛起于明清时期，经过一系列资本重组，逐渐发展出山东商帮、山西商帮、陕西商帮、洞庭商帮、江右商帮、宁波商帮、龙游商帮、福建商帮、广东商帮、徽州商帮十大商帮，其中尤以晋商和徽商最为著名。明清商人的突出特点，是以地域为中心、以血缘乡谊为纽带，在全国从事商业活动。

会馆的"会"，是聚合的意思，"馆"则是供宾客居住的场所。"会馆是同乡人士在京师和其他异乡城市所建立，专为同乡停留聚会或推进业务的场所，狭义的会馆指同乡所公立的建筑，广义的会馆指同乡组织"。

首先，会馆是明清社会政治、经济、文化变迁的特定产物，它不仅是明清时期商品经济蓬勃发展的必然，也与明清科举制度、人口流动相伴随。明清时期交通的便捷、生产力的发展为贩运商业的发展提供了广阔的天地，南来北往的商人促进了国内物资的流通，可是由地域文化熏染出的不同语言、文化习俗又构成了商人们谋求发展的障碍，同籍商人的会馆由此有了内驱力。科举制度的发展助长了地方主义观念的盛行，人们为谋求本地人出任官员人数的增多，不惜由官捐、商捐来建立会馆，为本籍应试子弟提供尽量周全的服务，如闽中会馆甚至为考试学子提供考前辅导和考后打通关节的服务。在移民集中的区域，会馆则避免或减少了当地居民与外来人员的矛盾。

其次，在社会功能上，会馆最初是作为同籍在京之人聚集之所而出现的，其后在不断发展过程中，功能日益增加并规范化，"祀神、合乐、义举、公约"是其基本功能。神灵崇拜为会馆树立了集体象征和精神纽带；合乐为流寓人士提供了聚会与娱乐的空间，人们在节日期间"一堂谈笑,皆作乡音,雍雍如也";义举则不仅为生者在身处逆境时提供帮助,更注重给死者创造暂厝、归葬的条件;而公约则要求会员遵循规章制度,维护集体利益,从而维护社会秩序的安定。会馆创建之初便被要求发挥编户齐民、辅助治化的功能。

再者,会馆的表现形式多种多样。从范围看,除了以行政区划为单位外,还有因经商的地区相同而建的会馆,如泉郊会馆、厦郊会馆;又有同业组织为应付当地土著的压迫和保护自己利益而建立的会馆,如颜料行会馆、药行会馆等。从建构规模看,有的会馆规模宏大,有正殿、附殿、戏台、看楼、义冢、义田、议事厅;有的会馆仅为一小室,以供一神或数神为满足。从经费来源看,有官捐、商捐、喜金、租金、抽厘、放债生息等名目,各个会馆又各有侧重。再从内部管理看,有的由官绅掌印,有的则是商人主管,有的还可能是手工业者或农民自理。

从会馆的发展中,可以看到一个变革的中国社会。梁漱溟先生曾说:"离开家族的人们没有公共观念、纪律习惯、组织能力和法治精神,他们仍然需要家族的拟制形态。"家族观念不断泛化,以致血缘、地缘与利益关系都可以成为宗族发展的联系纽带,于是出现了类似会馆的宗族拟制形式,成为基层社会的集团组织。有钱有势的商贾仗义疏财建立会馆,不仅是为自己扩大人脉势力,也是为同乡同业谋福祉,可谓成人之美、功德无量。

虽说"无商不奸"已成俗语,但事实上,商贾未必要奸诈才能获利,实现义和追求利并不必然矛盾,实现义中取利,达到义利两顾的和谐之态,这也是深受儒家思想浸润的隋唐时期商贾所追求的理想状态。唐代京城药商宋清可谓是将义与利相统一的商贾代表。柳宗元曾作《宋清传》,刻画了一位中国药业商人的形象。宋清在经营药店的过程中,无论朝官或升或降,他都不计官阶,迎来送往;贫士来买药,宋清经常是怀恻隐之心,给折扣、少收钱;若是碰到有急难的病人,他更是不计利益,"倾财救之"。于是,来他店里买药的人特别多,自然收入颇丰。可见,正是宋清的仁义治商给他带来了非常可观的利润回报,正所谓"财自道生,利缘义取"。

春秋末期的政治家、军事家和经营思想家范蠡的经商之道,现在也仍为人传颂,被称为"陶朱公理财十二则":

能识人:知人善恶,赈目不负。能用人:因财器便,任事可赖。

能知机:善贮时宜,不致蚀本。能倡率:躬行以率,观感自主。

能整顿:货物整齐,夺人心目。能敏捷:犹豫不决,到老无成。

能接纳:礼义相交,顾客者众。能安业:弃旧迎新,商贾大病。

能辩论:生财之道,开引其机。能辨货:置货不拘,获利必多。

能收账:勤谨不眷,取讨必多。能还账:多少先后,酌中而行。

"欲从商,先为人。"诚信为本,勇于决断,不仅是做人的优良品德,更是商人成功的秘诀。古人的智慧是今人宝贵的财富。

参考文献

著作

蔡丰明.上海都市民俗[M].上海:学林出版社,2001.

晁岳佩.春秋三传义例研究[M].北京:线装书局,2011.

陈垣.史讳举例[M].北京:中华书局,2004.

邓伟志,胡申生.上海婚俗[M].上海:文汇出版社,2007.

杜莉,等.筷子与刀叉·中西饮食文化比较[M].成都:四川科学技术出版社,2007.

冯克成,田晓娜.礼仪全书——丧葬礼仪[M].北京:人民武警出版社,2011.

[法]范热内普.过渡礼仪[M].张举文,译.北京:商务印书馆,2010.

高建军.家规礼仪[M].沈阳:辽海出版社,1999.

顾希佳.礼仪与中国文化[M].北京:人民出版社,2001.

何炳棣.中国会馆史论[M].台湾:台湾学生书局,1966.

胡朴安.中华全国风俗志[M].上海:上海科学技术文献出版社,2011.

黄诗结,黄冰.中华传统礼仪[M].北京:气象出版社,2004.

礼记·孝经译注[M].贾德永,译注.上海:上海三联书店,2013.

李露露.中国节[M].福州：福建人民出版社,2005.

刘魁立.中国节典：四大传统节日[M].合肥：安徽教育出版社,2008.

刘丽芳.中国民居文化[M].北京：时事出版社,2010.

刘云,等.筷子[M].天津：百花文艺出版社,2007.

刘宗迪.七夕[M].上海：上海三联书店,2013.

刘志辉.礼记孝经[M].北京：中信出版社,2014.

[法]罗兰·巴特尔.符号帝国[M].北京：商务印书馆,1994.

彭林.中国古代文明礼仪[M].北京：中华书局,2013.

彭林.仪礼[M].北京：中华书局,2012.

彭林.中华传统礼仪概要[M].北京：高等教育出版社,2006.

乔继堂.细说中国节[M].北京：九州出版社,2006.

舒大刚,彭华.忠恕与礼让：儒家的和谐社会[M].成都：四川大学出版社,2008.

唐凯麟,陈仁仁.成人之道：儒家伦理文化[M].济南：山东教育出版社,2011.

王日根.中国会馆史[M].上海：东方出版中心,2007.

武敬敏.图解中国传统节日[M].北京：光明日报出版社,2010.

徐帮学,等.民间实用婚俗礼仪通书[M].北京：气象出版社,2007.

徐华龙.上海风俗[M].上海：上海文艺出版社,2009.

徐吉军.中国丧葬史[M].武汉：武汉大学出版社,2012.

杨昌鸣.东南亚与中国西南少数民族建筑文化探析[M].天津：天津大学出版社,2004.

杨琳.中国传统节日文化[M].北京：宗教文化出版社,2000.

余志和.称谓通鉴[M].北京：世界知识出版社,2010.

仲富兰.上海民俗——民俗文化视野下的上海日常生活[M].

上海：文汇出版社，2009.

钟敬文.民俗学概论[M].上海：上海文艺出版社，1998.

张继春，李宗泽.中华礼仪文化与文明[M].北京：中国社会科学出版社，2013.

张君.神秘的节俗：传统节日礼俗、禁忌研究[M].南宁：广西人民出版社，2004.

张雪敏，叶品毅.石库门里弄建筑营造技艺[M].上海：上海人民出版社，2014.

郑传寅，张健.中国民俗辞典[M].武汉：湖北辞书出版社，1987.

周作明.民俗通书[M].桂林：漓江出版社，1991.

上海民间文艺家协会编.中国民间文化（第三集）——上海民俗研究[M].上海：学林出版社，1991.

《中国体育百科全书》编委会.中国体育百科全书[M].北京：人民体育出版社，2001.

论文

崔普权.名人与筷子——筷箸文化谈[J].北京档案，2000(11).

樊敏.毛泽东统战艺术研究——毛泽东与民主人士以文会友[J].湖南省社会主义学院学报，2012(1).

范志忠.文化视野的商贾题材电视剧[J].当代电影，2007(3).

葛文潮.筷子与国民性[J].上海采风，2007(10).

黄涛.清明节的源流、内涵及其在现代社会的变迁与功能[J].民间文化论坛，2004(5).

黄涛，杨雯雯.端午节的历史传承与当代复兴[J].温州大学学报(社会科学版)，2011(4).

焦杰.试论先秦冠礼和笄礼的象征意义[J].南开学报(哲学社会科学版)，2011(4).

蓝翔.筷箸文化意趣多[J].教师博览,2004(5).

李静玮.人类学视角下的中国食俗研究[J].当代教育理论与实践,2011(1).

李庆祥.日本的箸与文化——兼与中国筷子文化比较[J].解放军外国语学院学报,2009(5).

李祥文.结拜风俗研究[J].山西师大学报(社会科学版),2009(6).

李银河.婚礼的变迁[J].江苏社会科学,2002(5).

刘冬颖.《尚书·酒诰》与《诗经》中的酒德[J].东疆学刊,2003(3).

刘魁立,萧放,张勃,等.传统节日与当代社会[J].民间文化论坛,2005(3).

刘衍军,陶水平."以文会友"交往传统的诗学美学阐释[J].江西社会科学,2011(4).

聂绛雯.古代婚姻制度中的"媒妁之言"[J].漯河职业技术学院学报(综合版),2006(2).

欧阳辉纯.论宋代理学"理"的伦理内蕴[J].沈阳师范大学学报,2011(4).

潘文晋.从中西婚礼文化看中西方文化差异[J].今日南国(理论创新版),2008(3).

曲彦斌.中国婚礼仪式史略[J].民俗研究,2000(2).

宋立.浅议筷子的文化意义[J].企业导报,2012(6).

唐黎标.韩国的食礼[J].东方食疗与保健,2006(9).

土木.筷子的礼仪[J].社交礼仪,2002(10).

王光荣.人生礼仪文化透视[J].广西右江民族师专学报,2004(5).

王秀文.日本成年礼俗及其社会文化含义[J].日本学刊,

1992(3).

王叶.缤纷多彩的中西婚礼文化[J].海内与海外,2006(10).

萧放.端午节俗的传统要素与当代意义[J].民俗研究,2009(4).

萧放.古今节日文化的比较与思考[J].西藏民俗,1998(3).

忻平,张坤.政俗关系视野下的民国"新年"之争——以《申报》为中心[J].江苏社会科学,2014(2).

熊群花.从筷子和刀叉看中西传统文化的差异[J].学术前沿,2005(11).

杨汝福.中国古代的各种成年礼仪——现代成年礼仪构想[J].河池师专学报(社会科学版),1996(3).

余琳.从婚礼习俗看中西文化差异[J].山西青年管理干部学院学报,2012(2).

张承平,万伟珊.文化的普适与包容——中西传统节日的文化差异与社会认同[J].长沙电力学院学报(社会科学版),2002(4).

张怀承,王超.隋唐商贾职业道德生活[J].广西民族大学学报,2010(2).

张吴湖.筷子与刀叉:中西文化符号的比较[J].河南科技大学学报(社会科学版),2006(3).

附 录

一、常用亲属称谓表

父系亲属

对　象	称呼对方	自　称	敬　称	谦　称
父亲的祖父	曾祖父(太公)	曾孙(曾孙男)、曾孙女	令曾祖(曾翁)	家曾祖父
父亲的祖母	曾祖母	曾孙(曾孙男)、曾孙女	令曾祖母	家曾祖母
父亲的父亲	祖父(爷爷)	孙(孙男)、孙女	令祖(令祖父)	家祖父(家祖、家公)
父亲的母亲	祖母(奶奶)	孙(孙男)、孙女	令祖母(尊祖母)	家祖母
父亲的伯父	伯祖父	侄孙(侄孙男)、侄孙女	令伯祖父	家伯祖父
父亲的伯母	伯祖母	侄孙(侄孙男)、侄孙女	令伯祖母	家伯祖母
父亲的叔父	叔祖父	侄孙(侄孙男)、侄孙女	令叔祖父	家叔祖父
父亲的叔母(婶母)	叔祖母	外侄孙(外侄孙男)、外侄孙女	令外叔祖母	家外叔祖母

续 表

对　象	称呼对方	自　称	敬　称	谦　称
父亲的姑父	姑祖父(姑爷爷)	内侄孙(内侄孙男)、内侄孙女	令姑祖父	家姑祖父
父亲的姑母	姑祖母(姑奶奶)	内侄孙(内侄孙男)、内侄孙女	令姑祖母	家姑祖母
父亲的舅父	舅祖父(舅爷爷)	外孙(外孙男)、外孙女	令舅祖父	家舅祖父
父亲的舅母	舅祖母(舅奶奶)	外孙(外孙男)、外孙女	令舅祖母	家舅祖母
父亲的姨父	姨祖父(姨爷爷)	姨外孙(姨外孙男)、姨外孙女	令姨祖父	家姨祖父
父亲的姨母	姨祖母(姨奶奶)	姨外孙(姨外孙男)、姨外孙女	令姨祖母	家姨祖母
父亲的哥哥 父亲的弟弟	伯父(伯伯) 叔父(叔叔)	侄(侄子)、侄女	令伯(尊伯) 令叔(贤叔)	家伯父 家叔父(家贤叔)
父亲的嫂子 父亲的弟媳	伯母 叔母(婶母)	侄(侄子)、侄女	令伯母 令叔母	家伯母 家叔母(家婶母)
父亲的姐妹	姑母(姑妈)	内侄(内侄子)、内侄女	令姑母	家姑母
父亲的姐夫 妹夫	姑父	内侄(内侄子)、内侄女	令姑父	家姑父
父亲	父亲(爸爸、爹爹)	子(儿、男)、女(儿、女儿)	令尊(尊翁、尊君、尊公)	家父(家严、家公、家君、家尊)
父亲的妻子	母亲(妈妈)	子(儿、男)、女(儿、女儿)	令堂(令慈、令母、令萱)	家母(家慈、家堂、家萱)
父亲的继妻	继母(妈妈)	继子、继女	令继母(令堂)	家继母(家慈)

续表

对象	称呼对方	自称	敬称	谦称
丈夫的父亲	父亲(爸爸、公公)	媳妇	令尊	家父、家尊
丈夫的母亲	母亲(妈妈、婆婆)	媳妇	令堂	家母、家慈
伯、叔父的儿子	堂兄或堂弟	堂弟、堂兄	令堂弟、令堂兄	家兄、舍弟
伯、叔父的女儿	堂姐或堂妹	堂妹、堂姐	令堂妹、令堂姐	家姐、家妹
丈夫	称名字、爱称或称哥	称名字或按习惯	尊夫、贤夫	外子、拙夫
妻子	称名字、爱称或称妹	称名字或按习惯	令妻、令室、贤内助、尊夫人	内人、内子
哥哥	哥哥(兄)	弟	令兄	家兄
弟弟	弟弟(弟)	兄	令弟	舍弟
姐姐	姐姐	弟、妹	令姐	家姐
妹妹	妹妹	兄、姐	令妹	家妹
儿子	儿子	父亲或母亲	令子、令郎	小儿、犬子
女儿	女儿	父亲或母亲	令爱	小女、犬女
媳	媳妇	公公或婆婆	令媳	小媳
婿	女婿	岳父或岳母	令婿	小婿
孙子	孙子	祖父或祖母	令孙	小孙
孙女	孙女	祖父或祖母	令孙女	小孙女
外孙	外孙	外祖父或外祖母	令外孙	小外孙
外孙女	外孙女	外祖父或外祖母	令外孙女	小外孙女

母系亲属

对　象	称呼对方	自　称	敬　称	谦　称
母亲的祖父	外曾祖父	外曾孙(外曾孙男)、外曾孙女	令外曾祖	家外曾祖父
母亲的祖母	外曾祖母	外曾孙(外曾孙男)、外曾孙女	令外曾祖母	家外曾祖母
母亲的父亲	外祖父(外公、姥爷)	外孙(外孙男)、外孙女	令外祖父	家外祖父
母亲的母亲	外祖母(外婆、姥姥)	外孙(外孙男)、外孙女	令外祖母	家外祖母
母亲的伯父	外伯祖父	外侄孙(外侄孙男)、外侄孙女	令外伯祖父	家外伯祖父
母亲的伯母	外伯祖母	外侄孙(外侄孙男)、外侄孙女	令外伯祖母	家外伯祖母
母亲的叔父	外叔祖父	外侄孙(外侄孙男)、外侄孙女	令外叔祖父	家外叔祖父
母亲的叔母(婶母)	外叔祖母	外侄孙(外侄孙男)、外侄孙女	令外叔祖母	家外叔祖母
母亲的姑父	外姑祖父	外侄孙(外侄孙男)、外侄孙女	令外姑祖父	家外姑祖父
母亲的姑母	外姑祖母	外侄孙(外侄孙男)、外侄孙女	令外姑祖母	家外姑祖母
母亲的舅父	外舅祖父	外孙(外孙男)、外孙女	令外舅祖父	家外舅祖父
母亲的舅母	外舅祖母	外孙(外孙男)、外孙女	令外舅祖母	家外舅祖母
母亲的姨父	外姨祖父	外姨孙(外姨孙男)、外姨孙女	令外姨祖父	家外姨祖父

续 表

对　　象	称呼对方	自　称	敬　称	谦　称
母亲的姨母	外姨祖母	外姨孙(外姨孙男)、外姨孙女	令外姨祖母	家外姨祖母
母亲的兄弟	舅父(母舅、舅舅)	外甥(外甥男)、外甥女	令舅父	家舅父
母亲的嫂子、弟妇	舅母(舅妈)	外甥(外甥男)、外甥女	令舅母	家舅母
母亲的姐妹	姨母(姨妈)	姨外甥、姨外甥女(襟侄、襟侄女)	令姨母	家姨母
母亲的姐夫妹夫	姨父(姨爹)	姨外甥、姨外甥女(襟侄、襟侄女)	令姨父	家姨父
母亲	母亲(妈妈)	子(儿、男)、女(儿、女儿)	令堂(令慈、令母、令萱)	家母(家慈、家堂、家萱)
母亲的丈夫	父亲(爸爸、爹爹)	子(儿、男)、女(儿、女儿)	令尊(令翁、尊君、尊公)	家父(家严、家公、家君、家尊)
母亲的后夫	继父(爸爸)	继子、继女	令继父(令尊)	家继父(家严)
妻子的父亲	岳父(爸爸)	婿(女婿)	令岳翁(令岳父)	家岳父、家妻父
妻子的母亲	岳母(妈妈)	婿(女婿)	令岳母	家岳母、家妻母
姑、舅、姨的儿子	表兄或表弟	表弟、表兄	令表弟、令表兄	家兄(愚兄)
姑、舅、姨的女儿	表姐或表妹	表妹、表姐	令表妹、令表姐	家妹、家姐

二、历代家训族规选录

周公《诫伯禽书》

原文：君子不施其亲,不使大臣怨乎不以。故旧无大故则不弃也,无求备于一人。

今译：有德行的人不怠慢他的亲戚,不让大臣抱怨没被任用。老臣故人没有发生严重过失,就不要抛弃他。不要对某一人求全责备。

原文：君子力如牛,不与牛争力;走如马,不与马争走;智如士,不与士争智。

今译：有德行的人即使力大如牛,也不会与牛竞争力气的大小;即使飞跑如马,也不会与马竞争速度的快慢;即使智慧如士,也不会与士竞争智力的高下。

原文：德行广大而守以恭者,荣;土地博裕而守以险者,安;禄位尊盛而守以卑者,贵;人众兵强而守以畏者,胜;聪明睿智而守以愚者,益;博文多记而守以浅者,广。

今译：德行广大者以谦恭的态度自处,便会得到荣耀;土地广阔富饶,以节俭的方式生活,便会永远平安;官高位尊而用卑微的方式自律,便会更显尊贵;兵多人众而用畏怯的心理坚守,必然就会胜利;聪明睿智而用愚陋的态度处世,将会获益良多;博闻强记而以肤浅自谦,将会见识更广。

诸葛亮《诫子书》

原文：夫君子之行,静以修身,俭以养德。非淡泊无以明志,非宁静无以致远。夫学须静也,才须学也,非学无以广才,非志无以成学。淫慢则不能励精,险躁则不能冶性。年与时驰,意与日去,遂成枯落,多不接世,悲守穷庐,将复何及!

今译：品德高尚、德才兼备的人,是依靠内心安静、精力集中来修养身心的,是依靠俭朴的作风来培养品德的。不看清世俗的名利就不能明确自己的志向,不身心宁静就不能实现远大的理想。学习必须专心致志,增长才干必须刻苦学习。不努力学习就不能增长才智,不明确志向就不能在学习上获得成就。过度享乐和怠惰散漫就不能奋发向上,轻浮急躁就不能陶冶性情。年华随着光阴流逝,意志随着岁月消磨,最后就像枯枝败叶那样(成了无所作为的人),对社会没有任何用处,(到那时)守在破房子里,悲伤叹息,又怎么来得及呢?

诸葛亮《诫外甥书》

原文:夫志当存高远,慕先贤,绝情欲,弃疑滞。使庶几之志揭然有所存,恻然有所感。忍屈伸,去细碎,广咨问,除嫌吝,虽有淹留,何损于美趣,何患于不济。若志不强毅,意不慷慨,徒碌碌滞于俗,默默束于情,永窜伏于凡庸,不免于下流矣。

今译:一个人应该树立远大的理想,追慕先贤,节制情欲,去掉郁结在胸中的俗念,将自己的远大志向树立起来,并不断地用它激励自己。不局限于琐碎的事情,虚心广泛地学习,去掉疑惑、吝啬,即使未能得到提拔、录用,这对于自己美好志趣是没有损害的,更何愁理想不能实现?如果意志不坚强,意气不昂扬,沉溺于习俗私情,碌碌无为,就将永远处于平庸的地位,甚至沦落到社会下层。

羊祜《诫子书》

原文:恭为德首,慎为行基。愿汝等言则忠信,行则笃敬。无口许人以财,无传不经之谈,无听毁誉之语。闻人之过,耳可得受,口不得宣,思而后动。

今译:恭敬是修养品德的开始,谨慎是做事为人的基础。说话务必忠实诚信,行为务必笃厚恭敬。不可口里答应给人财物却失信于人,不可传播荒谬无据的话,不要听信议论是非长短的言语。听到别人的过失,耳朵可以听,嘴里不可以讲,任何事情要想清楚再做。

颜之推《颜氏家训》

原文：上智不教而成，下愚虽教无益，中庸之人，不教不知也。古者圣王，有"胎教"之法，怀子三月，出居别宫，目不邪视，耳不妄听，音声滋味，以礼节之。书之玉版，藏诸金匮。生子咳提，师保固明孝仁礼义，导习之矣。凡庶纵不能尔，当及婴稚识人颜色、知人喜怒，便加教诲，使为则为，使止则止，比及数岁，可省笞罚。父母威严而有慈，则子女畏慎而生孝矣。

今译：上智的人不用教育就能成才，下愚的人即使教育再多也不起作用，只有绝大多数普通人要教育，不教就不知。古时候的圣王，有"胎教"的做法，怀孕三个月的时候，出去住到别的好房子里，眼睛不能斜视，耳朵不能乱听，听音乐吃美味，都要按照礼义加以节制，还得把这些写到玉版上，藏进金柜里。到胎儿出生还在幼儿时，担任"师"和"保"的人，就要讲解孝、仁、礼、义，来引导学习。普通老百姓家纵使不能如此，也应在婴儿识人脸色、懂得喜怒时，就加以教导训诲，叫做就得做，叫不做就得不做，等到长大几岁，就可省免鞭打惩罚。只要父母既威严又慈爱，子女自然敬畏谨慎而有孝行了。

原文：吾见世间无教而有爱，每不能然，饮食运为，恣其所欲，宜诫翻奖，应呵反笑，至有识知，谓法当尔。骄慢已习，方复制之，捶挞至死而无威，忿怒日隆而增怨，逮于成长，终为败德。孔子云："少成若天性，习惯如自然。"是也。俗谚曰："教妇初来，教儿婴孩。"诚哉斯语。

今译：我见到世上那种对孩子不讲教育而只有慈爱的，常常不以为然。要吃什么，要干什么，任意放纵孩子，不加管制，该训诫时反而夸奖，该训斥责骂时反而欢笑，到孩子懂事时，就认为这些道理本来就是这样。到骄傲怠慢已经成为习惯时，才开始去加以制止,那就纵使鞭打得再狠也树立不起威严,愤怒得再厉害也只会增加怨恨,直到长大成人,最终成为品德败坏的人。孔子说:"从小养成的就像天性,习惯了的也就成为自然。"是很有道理的。俗谚说:"教媳妇要在初来时,教儿女要在婴孩时。"这话确实有道理。

原文:父子之严,不可以狎;骨肉之爱,不可以简。简则慈孝不接,狎则怠慢生焉。

今译:父子之间要讲严肃,而不可以轻忽;骨肉之间要有爱,但不可以简慢。简慢了就会连慈孝都做不好,轻忽了怠慢就会产生。

原文:巧伪不如拙诚。

今译:巧妙的虚伪不如守拙的真诚。

原文:与善人居,如入芝兰之室,久而自芳也;与恶人居,如入鲍鱼之肆,久而自臭也。

今译:和善人住在一起,就像进了开满兰花的房间,久而久之自己也满身芳香;和恶人住在一起,就像进了卖渍鱼的商店,久而久之自己也满身臭气了。

原文:婚姻勿贪势家。

今译:婚姻不可贪图高攀权势之家。

原文:父不慈则子不孝。

今译:父亲不知道对儿子慈爱,儿子就不知道孝敬父亲。

唐太宗《诫皇属》

原文:朕即位十三年矣,外绝游观之乐,内却声色之娱。汝等生于富贵,长自深宫。夫帝子亲王,先须克己。每着一衣,则悯蚕妇;每餐一食,则念耕夫。至于听断之间,勿先恣其喜怒。朕每亲临庶政,岂敢惮于焦劳。汝等勿鄙人短,勿恃己长,乃可永久富贵,以保贞吉,先贤有言:"逆吾者是吾师,顺吾者是吾贼。"不可不察也。

今译:我在位十三年了,出外时从未享受过游览观赏风光名胜的乐趣,在宫中也不敢沉溺于歌舞女色。你们这些人生于富贵之家,长在深宫大院之内,作为皇亲贵戚,必须严格要求自己。每穿一件衣服,则想到养蚕妇人的辛苦;每吃一顿饭,则要想到种田农夫的艰难。至于在听取别人的言语时,一定要冷静思考,做出正确的判断,不能凭着自己的喜怒感情用事。我经常亲自处理各种烦杂的政务,怎么敢因过于辛劳而推辞呢!你们不要讥笑别人的短处,也不要因为自己比别人强就妄自尊大,只有这样才能永久享有富贵,确保一生吉祥顺利。先贤曾说过:"敢于触犯我的人是我的老师,一味顺从我的人是我的仇敌。"这句话不可不仔细体会啊。

袁采《袁氏世范》

原文:人之至亲,莫过于父子兄弟。而父子兄弟有不和者,父子或因于责善,兄弟或因于争财。有不因责善、争财而不和者,世人见其不和,或就其中分别是非而莫名其由。盖人之性,或宽缓,或褊急,或刚暴,或柔懦,或严重,或轻薄,或持检,或放纵,或喜闲静,或喜纷拏,或所见者小,或所见者大,所禀自是不同。父必欲子之强合于己,子之性未必然;兄必欲弟之性合于己,弟之性未必然。其性不可得而合,则其言行亦不可得而合。此父子兄弟不和之根源也。

今译:在人类的社会生活中,最亲的莫过于父子和兄弟。然而,父子与兄弟有相处不融洽、不和睦的。父与子之间,或者因为父亲对孩子求全责备,要求太过苛刻,兄与弟之间,或者因为相互争夺家产财物。有的父子或兄弟之间并没有求全责备、争夺财产,却很不和睦,周围的人看见他们不和,有的便从这种不和中分辨是非,最终仍找不到任何有说服力的理由。人的性情,有的宽容缓和,有的偏颇急躁,有的刚戾粗暴,有的柔弱儒雅,有的严肃庄重,有的轻靡浮薄,有的克制检点,有的放肆纵情,有的喜欢娴雅恬静,有的喜欢纷纷扰扰,有的人识见短浅,有的人识见广博,各自的禀性气质各有不同。父亲如果一定要强迫自己的子女合于自己的脾性，而子女的脾性未必是那个样子；兄长如果一定要强迫自己的弟弟合于自己的性格，而弟弟的性格也未必如此。他们的性格不可能做到相合，那么他们的言语与行动也不可能相合。这就是父与子、兄与弟之间不和睦的最根本的原因。

司马光《训子孙文》

原文：

有德者皆由俭来也。俭则寡欲，君子寡欲则不役于物，可以直道而行；小人寡欲而能谨身节用，远罪丰家。故曰：俭，德之共。侈则多欲，君子多欲则贪慕富贵，枉道速祸；小人多欲则多求妄用，败家丧身，是以居官必贿，居乡必盗。故曰：侈，恶之大也。

为人父祖者，莫不思利其后世，然果能利之者鲜矣。何以言之？今之为后世谋者，不过广营生计以遗之，田畴连阡陌，邸肆跨坊曲，粟麦盈囷仓，金帛充箧笥，慊慊然求之尤未足，施施然自以为子子孙孙累世用之莫能尽也。然不知以义方训其子，以礼法齐其家，自于十数年中，勤身苦体以聚之，而子孙以岁时之间，奢靡游荡以散之，反笑其祖考之愚，不知自娱，又怨其吝啬无恩于我而厉之也。

夫生生之资，固人所不能无，然勿求多余，多余希不为累矣。使其子孙果贤耶，岂疏粝布褐不能自营，死于道路乎？其不贤也，虽积金满堂室，又奚益哉？故多藏以遗子孙者，吾见其愚之甚。然则圣贤不预子孙之匮乏耶？何为其然也，昔者圣贤遗子孙以廉以俭。

今译：

有德行的人都是从俭朴中培养出来的。俭朴就会减少欲望，君子减少欲望就不会被外物役使，就可以正道直行；小人减少欲望就能自谨其身，节约费用，远离罪过，使家庭丰裕。所以，俭和德同时并存。奢侈就会有过多的欲求,君子欲求过多就会贪图富贵,乱道招祸;小人欲求过多就会贪求浪费,使家庭破败,使自身丧命,这样他们做官必然接受贿赂,住在乡野必然成为盗贼,所以,奢侈是最大的罪恶。

做长辈的没有不想为后代谋福利的,但是真正能给后代带来福利的实在太少,为什么这样说呢?今天为后代谋福利的人,只不过广泛地经营生计来留给后代,他们已经有田地阡陌相连了,有住宅商店横跨街坊,有满仓的粟麦,有满箱的金银布匹,心里还是感到不满足,不肯停止营求,喜悦自得地认为这些财物子子孙孙累世都用不完了。但他们不知道用仁义方正的品行去教诲子女,用礼仪法则来治理家庭。这样自己通过十几年勤劳辛苦聚积得来的财富,子孙却会在一年里奢侈淫靡、游乐放荡而把它们用光,还反过来嘲笑祖先们的愚蠢,说他们不知道自己娱乐,又怨恨祖先原先过于吝啬,对他们不恩宠,过于严厉。

人所赖以生存的生活资料固然不可缺少,但不要追求过多,过多就会成为牵累。假如子孙真的贤能,难道不能自己经营生计却因饥寒死于道路吗?假如子孙不贤能,即使积累了满屋黄金,又有什么好处呢?所以储藏过多财物而留给子孙的人,我觉得他太愚蠢了。那么,难道圣人就不管子孙的贫困了吗?其实,过去那些圣贤留给子孙的是廉洁、俭朴的优良品德。

朱熹《朱子家训》
原文:

君之所贵者,仁也。臣之所贵者,忠也。父之所贵者,慈也。子之所贵者,孝也。兄之所贵者,友也。弟之所贵者,恭也。夫之所贵者,和也。妇之所贵者,柔也。事师长贵乎礼也,交朋友贵乎信也。

见老者,敬之;见幼者,爱之。有德者,年虽下于我,我必尊之;

不肖者,年虽高于我,我必远之。慎勿谈人之短,切莫矜己之长。仇者以义解之,怨者以直报之,随所遇而安。人有小过,含容而忍之;人有大过,以理而谕之。勿以善小而不为,勿以恶小而为之。人有恶,则掩之;人有善,则扬之。

处世无私仇,治家无私法。勿损人而利己,勿妒贤而嫉能。勿称忿而报横逆,勿非礼而害物命。见不义之财勿取,遇合理之事则从。诗书不可不读,礼义不可不知。子孙不可不教,童仆不可不恤。斯文不可不敬,患难不可不扶。守我之分者,礼也;听我之命者,天也。人能如是,天必相之。此乃日用常行之道,若衣服之于身体,饮食之于口腹,不可一日无也,可不慎哉!

今译:

当国君所珍贵的是"仁",爱护人民。当人臣所珍贵的是"忠",忠君爱国。当父亲所珍贵的是"慈",疼爱子女。当儿子所珍贵的是"孝",孝顺父母。当兄长所珍贵的是"友",爱护弟弟。当弟弟所珍贵的是"恭",尊敬兄长。当丈夫所珍贵的是"和",对妻子和睦。当妻子所珍贵的是"柔",对丈夫温顺。侍奉师长要有礼貌,交朋友应当重视信用。

遇见老人要尊敬,遇见小孩要爱护。有德行的人,即使年纪比我小,我一定尊敬他。品行不端的人,即使年纪比我大,我一定远离他。不要随便议论别人的缺点,切莫夸耀自己的长处。对有仇隙的人,用讲事实摆道理的办法来解除仇隙。对埋怨自己的人,用坦诚正直的态度来对待他。不论是顺境还是逆境,都要平静安详处之。别人有小过失,要谅解容忍;别人有大错误,要按道理劝导帮助他。不要因为是细小的好事就不去做,不要因为是细小的坏事就去做。别人做了坏事,应该帮助他改过,不要宣扬他的恶行。别人做了好事,应该多加表扬。

待人办事没有私人仇怨,治理家务不要另立私法。不要做损人利己的事，不要妒忌贤才和嫉视有能力的人。不要声言忿愤对待蛮不讲理的人，不要违反正当事理而随便伤害人和动物的生命。不要接受不义的财物，遇到合理的事物要拥护。不可不勤读诗书，不可不懂得礼义。子孙一定要教育，童仆一定要怜恤。一定要尊敬有德行有学识的人，一定要扶助有困难的人。这些都是做人应该懂得的道理，每个人尽本分去做才符合"礼"的标准。这样做也就完成天地万物赋予我们的使命，顺乎"天命"的道理法则。一个人能做到以上各点，天必定会来相助的。这些基本的道理，都是日常生活中随处可做的。就像衣服之于身体，饮食之于口腹，是每天都不可离开，每天都不可缺少的。我们对这些基本的生活道理，怎可不谨慎呢！

朱柏庐《治家格言》

原文：一粥一饭，当思来处不易；半丝半缕，恒念物力维艰。

今译：一碗粥一碗饭，应当想想来之不易；半根丝半根线，要常常想到这些东西得来艰难。

原文：宜未雨而绸缪，毋临渴而掘井。

今译：天还没有下雨，先把门窗绑牢，不要等到口渴了才去挖井。

曾国藩《曾国藩家训》

男儿自立，必须有倔强之气。

举止端庄，言不妄发。

仕宦之家，由俭入奢易，由奢返俭难。

青年读书应当"有志有识有恒"。

家庭三致祥：孝致祥，勤致祥，恕致祥。

人德八本：习勤、崇俭、谦谨、敬恕、毋贪、去私、专一、有恒。

口腹不节，致疾之因；念虑不正，杀身之本。

举世惟一真字难得。

尽人事以听天,吾唯日日谨慎而已。

清高太过则伤仁,和顺太过则伤义,是以贵中道也。

傅雷家书选录

你考虑这许多细节的时候,必须心平气和,精神上很镇静,切勿烦躁,也切勿焦急。有问题终得想法解决,不要怕用脑筋。我历次给你写信,总是非常冷静、非常客观的。唯有冷静与客观,终能想出最好的办法。

一切伟大的艺术家(不论是作曲家,是文学家,是画家……)必然兼有独特的个性与普遍的人间性。我们只要能发掘自己心中的人间性,就找到了与艺术家沟通的桥梁。再若能细心揣摩,把他独特的个性也体味出来,那就能把一件艺术品整个儿了解了。

假如心烦而坐不下来写信,可不可以想到为安慰爸爸妈妈起见而勉强写,开头是为了我们勉强写,但写到三四页以上,我相信你的心情就会静下来,而变得很自然很高兴的,自动的想写下去了。我告诉你这个方法,不但可逼你多写信,同时也可以消除一时的烦闷。人总得常常强迫自己,不强迫就解决不了问题。

艺术不但不能限于感性认识,还不能限于理性认识,必须要进行第三步的感情深入。换言之,艺术家最需要的,除了理智以外,还有一个"爱"字!

对外国朋友固然要客气,也要阔气,但必须有分寸。像西卜太太之流,到处都有,你得提防。巴尔扎克小说中人物,不是虚造的。人的心理是:难得收到的礼,是看重的,常常得到的不但不看重,反而认为是应享的权利,临了非但不感激,倒容易生怨望,所以我特别要嘱咐你"有分寸"!

我劝你千万不要为了技巧而烦恼,主要是常常静下心来,细细思考,发掘自己的毛病,寻找毛病的根源,然后想法对症下药,或者向别的师友讨教。烦恼只有打扰你的学习,反而把你的技巧拉下来。

　　坚持真理原是一件艰巨的斗争,也是教育工作;需要好的方法、方式、手段,还有是耐心。

　　我以前在信中和你提过感情的 ruin[创伤,覆灭],就是要你把这件事当作心灵的灰烬看,看的时候不免感触万端,但不要刻骨铭心地伤害自己,而要像对着古战场一般的存着凭吊的心怀。

后 记

孔子教育儿子孔鲤说:"不学礼,无以立。"荀子也说:"人无礼则不立,事无礼则不成,国无礼则不宁。"礼仪是整个社会文明的基础,是社会文明最直接全面的表现方式。《礼记》中"礼"所涉内容包括哲学、道德、法律、政治、宗教、仪式、器物、艺术等,几乎渗透古代社会的各个方面,形成了一套宏大的礼仪思想和礼仪规范。对礼仪的了解,意味着对中国传统文化及中华文明的把握。

中国礼仪文明对世界文化发展也有重要影响,特别是对东亚国家的社会历史发展有着广泛深远的影响。当前,加强国际交流、中国文化"走出去"以彰显文化软实力的战略不断推进,但要传播中国文化,首先要对中国文化内涵进行研究,礼仪文化是中国文化的核心,更有必要加以研究。

中国素有"礼仪之邦"的美称,但近年来,社会上不知礼、不懂礼、失礼、背礼的现象屡屡发生,引起公众的讨论,要求礼仪回归的呼声日渐高涨。但无论是礼仪,还是中国传统文化的复兴回归,并不是过去规则的简单复制,尤其要避免"沉渣泛起"。礼仪回归不是倒退,而是在礼仪内核基础上的更新。正如周作人所说:"中国现在所切要的是一种新的自由与新的节制,去建造中国的新文明。"

本书的构想基于上述问题的思考。围绕一天中的晨昏礼、一年中的节日礼、一生中的人生礼、一家人的家庭礼、人与社会这几个方面,较全面介绍中国基本礼仪,呈现日常生活礼仪,反映优秀传统文化,也注意传统与现代的比较变迁、中外礼仪的跨文化比较,以全面理解中国礼仪精髓,提高自身礼仪修养。

本书撰写分工如下:前言、后记、附录——常峻,第一、二、五章——彭佳琪,第三、六章——陆瑶,第四章——金翠。书中关于上海风俗的文字由许东明撰写、审阅,全书最后由常峻统改定稿。

撰写本书的过程中,我们参阅了国内外学者的相关论著,尤其得到上海市教育委员会创新项目资金的资助以及上海大学出版社编辑陈强先生的大力支持和耐心帮助,在此表示衷心感谢!

上海大学国际交流学院　常　峻
2017年8月于上海